大夏书系·语文之道

静悄悄的课程建设

—周益民语文课谱—

周益民————

著

华东师范大学出版社
全国百佳图书出版单位

开的花还不多；
且把这一树嫩黄的新叶
当作花看罢。

——胡适

目　录
CONTENTS

序一
美好的"惊动"

成尚荣 [1]

阅读了周益民老师的这本集子，情不自禁地给他发了一条短信息："看了你的教学实录以及有关论述和专家评论，好不感动。你不仅在实践，而且在研究，你的教学就是研究，具有文化学、社会学、儿童论、课程论、教学论以及语言学、教材建设等多方面的意义和价值。我们应当回到以上各方面的'话语'上去，构建新的语文教材体系。而这一切，你又总是静静的……"不到一分钟，他回了这么一条信息："我没有那样的奢望，只是凭着朴素的理解与喜好，做一件有意思的事。"

这就是周益民，谦虚，安静，素朴，从不张扬。如今这个时代，多少人要高视阔步啊，可他总是低调轻步，悄悄前行。他不想标新立异，更不想故弄玄虚，惊动大家。但他恰恰是在创新，他恰恰"惊动"了我们，准确地说，我们"被惊动"了。

他"惊动"了我们的教材观。语文教材，理当是千百万年来人类馈赠给孩子们的文化的结晶，理当让孩子们去触摸人类那唇齿间的智慧，去亲吻田野上

---

① 成尚荣，国家督学，江苏省教育科学研究所原所长。

的花朵。也许我们走得太远了，忘了出发的地方，忘了为什么而出发，现有的教材总是有着缺憾，那"母歌"总是在遥远的地方深情而又微弱地呼唤，那人生的摇篮曲总是离我们的生命而去，以至于在教材中老去。周益民，以他的专业敏感以及专业理性，默默地做着"补救"工作。这件工作之于语文教材究竟有何意义和价值？金波作了这样的评价："我很欣喜，很震动。因为在我的印象中，还没有哪位老师把绕口令纳入到小学语文教材中去。虽然低年级语文教材中出现过一些民间传统童谣，但还没有出现过颠倒歌、绕口令这种类型的传统童谣。所以我认为这是个创举。"一位德高望重的儿童文学作家、国家语文教材审查委员，这样的判断与评价，完全是发自内心的，真诚的，客观的。

　　周益民也"惊动"了公开课。我也曾听到少数人这样的议论：周益民的公开课为什么不上语文教材上的课文，却要自编教材来上这样的语文课呢？这样的议论当然不奇怪。以往我只是从新课改理念去理解，比如，课改提倡教师是课程领导者的观念，周益民完全可以去创生教材、创造教材；比如，一本语文书不能满足儿童发展的需要，完全应该基于教材，超越教材，像苏霍姆林斯基所说的那样，教材只是一块起跳板；等等。这些固然都对，但是，如今我才发现，我们还没有走进周益民的内心世界，还没有回到话语的故乡去。公开课就应是试验课、研究课，就应是创新课、探索课。我想，语文及语文公开课，应当被当作最幸福的礼物让孩子们领受。周益民创造了这件礼物。

　　俄罗斯语文学副博士、语文学家巴赫金曾提出过语言与文学的狂欢理论。巴赫金的理论被誉为"20 世纪的理论富矿"，狂欢理论当属之。巴赫金在对民间口头文化详加考证与分析后，建立了"朴素的民间文化形式的普通诗学"，认为"狂欢的实质在于借助'人的物质性肉体是自由的'来达到个性解放"。他指出"复调对话与狂欢也有内在同一性，主要表现语言层面上具有同一源头——民间笑文化"（以上均摘自凌建侯《巴赫金哲学思想与文本分析法》，北京大学出版社 2007 年版，第 227—228 页）。持同样观点的还有我国的郑振铎。早在20 世纪二三十年代，他就提出了这样的观点："'俗文学'就是通俗的文学，就是民间的文学"，"不仅成了中国文学史主要的成分，且也成了中国文学史的中心"。（郑振铎《中国俗文学史》上册，上海书店出版社 1984 年版，第 1—2

页，转摘自凌建侯《巴赫金哲学思想与文本分析法》）这一更为大胆的观点，是在揭示文学的源头在民间，在民间文学。这正是周益民所要寻找到的话语故乡。由此，我以为，回到话语之乡，就是回到民间去，回到田野去，回到"草根"去，回到生活中去，回到生命中去。"草根"的狂欢，创造了丰富、生动、永不枯竭的语言和文学的源头活水。但是，我们却毫无道理地远离了它，于是，语文里没了民间狂欢的情境，于是，素朴的老百姓，包括那个时代智慧的孩提们，在现在的语文教育以至整个教育里成了"沉默的大多数"。让"沉默的"苏醒过来，让源头活水汩汩流淌起来，让古老的"母歌"再一次响起来，让田野的花朵再次开放起来。这是一项具有抢救意义和拯救价值的工作。这大概就是周益民所说的"有意思"吧。这哪里是"另类"，而是"正类""正道"。周益民总是这么举重若轻——他悄悄地"惊动"了语文之根、之源、之命。

返本而开新。周益民返回故里，开了语文教学改革之新。返本绝不是简单地返回，而是回归中的提升，在珍视、捍卫传统的"母歌"的同时，要加以时代的解释。维特根斯坦，这位英国哲学家旨在凭借语言的界限来解释思想的界限，曾提出"语言游戏说"，指出由意义结成关系，但"意义在于使用"。他认为，语言本身就是人的一种活动，并努力将这种活动嵌入人的"生活形式"之中。这亦即巴赫金所认为的"话语是独一无二的行为"。正因为此，周益民把童谣、颠倒歌、对联、神话、猜谜语、巧女故事作为教学活动，作为语文教学的一场"语言游戏"，让它们在教学中复活、彰显意义。值得关注的是，周益民在教学中细心地引领孩子们领悟其中的道德意义、真理的力量和审美的意蕴，把人性之美、智慧之美、崇高之美悄悄地阐发得如此细致、准确、到位。这是一种文化重建、价值重构，当然是文化启蒙与思想启蒙。语文教育应当"惊动"一下文化和价值。

周益民是"诗化语文"的倡导者。如今的试验，与他的诗化语文是何种关系？我以为，这些试验是诗化语文的题中应有之义，又是对诗化语文的提升。高尔基曾经这么评说诗："诗不是属于现实部分的事实，而是属于那比现实更高部分的事实。"歌德也说过同样意思的话：应该拿现实提举到和诗一般高。"和诗一般高"就是崇高，就是里尔克所说的，将诗人的工作阐释为"我赞美"。马克斯·范梅南认为："所谓诗化不仅仅是诗歌的一种形式，或一种韵律的形成。诗化是对初始经验的思考，是最初体验的描述。"歌德在《浮士德》里也这样写过："太初有言""太初有思""太初有力""太初有为"。"最初"的、"太初"的、"初始"的，在哪里？在那些"母歌"里，在唇齿间，在田野里。能不能这么说，周益民试图用诗化语文来给自己的语文"立法"（雪莱语）——他自己要"惊动"自己的诗化语文？

周益民从来不惊动儿童。他爱儿童，呵护儿童，他自己像"大男孩"。但他从来没有忘掉自己的职责和使命：引领儿童发展。我被周益民童谣里"变大还是变小"的话题吸引。这是一个极富穿透性的话题。是啊，孩子要变大，成人要变小，变大是成长，变小也是成长。周益民通过讨论，让孩子们一会儿变大，一会儿又变小，就在变大与变小的过程中，孩子们回到话语之乡去了，怀着乡情，怀着梦想，从源头起飞，在语言的上空盘旋。在周益民的语文课堂里，孩子们变大了，我们也变智慧了，变年轻了。

谢谢周益民，谢谢你美好的"惊动"。

序二
回到话语之乡

——我的民间文学阅读与教学

周益民

我就像一个海边嬉戏的孩子，偶然发现一堆五彩的贝壳，顿时被深深吸引，于是，停下足步细细把玩，竟然发现奥妙无穷，进而发现那原本就是生命的一个部分，抑制不住地把它们推介给了更多的玩伴，大家也都由惊异到由衷地热爱。那些彩贝就是民间文学，我与民间文学一见钟情。

一、与童年的天然亲近

那是 2007 年，中秋节即将来临，我计划着在班级上一节关于月亮的文化阅读课。在中国传统文化中，月亮是一个重要的意象，也是一个富于哲思的精神寓所，相关材料浩如烟海。如何取舍？我想到了课的定位。我们一直在言说、传承月亮文化，但却很少考虑接受人群的特点。于是，我将这一课定位在"童年视野中的月亮"。这样，在搜集资料的过程中，很多以吟咏月亮为主题的童谣自然出现在我的视野。比如：

月光光

月亮光光，装满筐筐，

抬进屋去，全都漏光。

我犹如发现了一个宝藏，一遍遍诵读，童谣所特有的音韵、节律以及内容的风趣吸引了我。在童谣中，月亮是儿童可亲的人，月亮是一个游戏者的形象，月亮带给孩子的是快乐与遐想。在童谣中，在语言中，儿童建构起一个特有的月亮。意料之中，当我将这些材料呈现给学生时，那些已经上高年级的孩子立时快乐无比，一个个喜笑颜开地诵读起来，并且拍着桌面轻轻打起了节奏，课堂出现了少有的活泼与生机。

这一偶然的尝试成功引起了我的注意，我开始有意识地搜集相关材料，并将这类阅读材料介绍给学生。

首先是童谣的系列阅读，除去一般童谣外，我更关注到绕口令、颠倒歌、摇篮曲、谜语等特殊形式的童谣。无一例外，这些都让学生充满兴趣。记得一次在外地教学绕口令，临下课，一名学生兴奋地递给我一张纸。原来读着那些有趣的绕口令，他忍不住模仿着也编了一则：

驼鸟高，企鹅胖，驼鸟没有企鹅胖，企鹅没有驼鸟高。企鹅骑在了驼鸟上，驼鸟不让企鹅骑在驼鸟上，企鹅偏要骑在驼鸟上。不知是高高的驼鸟打了胖胖的企鹅，还是胖胖的企鹅打了高高的驼鸟。

而在一次教学颠倒歌时，一旁听课的老师也忍不住跃跃欲试，在课堂上与学生一起编起了颠倒歌。

我受到极大鼓舞，进一步拓展内容，将民间文学中的神话、传说、故事、对联等悉数纳入计划，开始了自觉的民间文学阅读课程的探索，这同样获得了学生的共鸣。有一回过节，班上的李瀚诚同学在贺卡上写了一副自创对联送给我：

春风习习拂绿草，秋雨潇潇映红枫。

看着孩子们投入的状态，我不由想起了自己的童年。小时候，很长一段时间我住在外婆家。外婆家邻村有一位民间说书人，夏天的夜晚，在空旷的场地中央搭一个临时舞台，村里的男女老少把空地围得水泄不通。说书人端坐在舞台中央，醒木一拍，就开始了他的说书，间或操起胡琴唱上一曲。记得所说故事有杨家将、狄青、花木兰、秦香莲，等等。他既是故事的叙述者，又分身模拟传说故事中各种人物的语气、神情，说到紧张处，偌大的场地没有一丁点声音，所有人的眼睛都紧盯着台上。而当说到险情解除时，大人孩子都不约而同地长长吐出一口气。每一回我都听得如痴如醉，常常是夜很深了，在说书人"欲知后事如何，且听明朝分解"的套话中，依依不舍地往回走。第二天，就盼着天快点暗下，说书早点开场。那些故事中的人物形象更是一直在脑海里盘旋。有一次，我甚至傻乎乎地问外婆：你小的时候是否见过穆桂英？现在回想，说书人的嗓音其实并不动听，甚至有点苍老和沙哑，但那分明是我童年记忆中最美妙的乐音。

其实，这样的记忆很多人都有。梁从诫先生说："不识字的保姆竟然是我最早的文学老师。她教了我许多老北京儿歌。近七十年过去了，我仍然铭记心头。"鲁迅先生更是对那"画着人面的兽，九头的蛇，三脚的鸟，生着翅膀的人，没有头而以两乳当作眼睛的怪物"的《山海经》日思夜念，及至长妈妈给他买来时，"似乎遇着了一个霹雳，全体都震悚起来"，称其是"最为心爱的宝书"。有人说，民间文学是民众狂欢的形式，童谣的音韵、神话的神秘、传说的传奇、故事的有趣……正与儿童的好奇、天真、游戏心理契合，成为童年贴心的牵挂和营养，儿童在它们的浸泡中获得极大的愉悦与满足。正如周作人所说，"对于神异故事之原始的要求，长在我们的血脉里"。

二、播下民族文化品格的种子

民间文学的阅读教学实践始终伴随着孩子们的快乐与满足，我也重新体验到久违的口耳相传的愉悦。不过，与此同时，我心底的疑问也在渐渐浮起。随着所谓社会文明的发展，人们日益推崇"文字的权力化"，作为田间野花的民间文学已经边缘化，难登大雅之堂。在当下的文化语境中，现代意义的儿童阅读民间文学还有价值与必要吗?

就在我犹豫彷徨之际，遇到了诗人学者耿占春先生的一本书:《回忆和话语之乡》。耿先生把这本书称为"个人记忆的考古学"，在书中，他用很大的篇幅回忆童年时期姥姥给自己唱过的数不尽的歌谣，回想那些歌谣里的神秘图景:

> 芝麻秆，顶花碗，
> 花碗破，狗拉磨，
> 鸡打水，猫烧锅，
> 老鼠上去捏窝窝。
> ……

打动我的，除了真挚的情感和远逝的温馨场景，更有作者的深刻思考。耿先生认为，姥姥的这些歌谣传递给自己的是奇异的语言的力量，"它是初始的，因而是有持久作用的力量"。在这些非现实的叙事中，他惊异，幻想，欣喜。那些充满嬉戏情趣的童谣，因为韵脚的改变，使得事物之间有了神奇的联系。确实，"板凳板凳歪歪，菊花菊花开开"，原本风马牛不相及，是押韵让它们走到了一起。这种荒诞与意义为作者打开了隐秘的语言之门。

这是我第一次真正地开始审视语言的力量，第一次真切地意会语言超越"工具"的存在，我信服了语言与人的同位一体。

由歌谣出发，我似乎看到了原先被遮蔽的民间文学的芳华与光芒，于是，我一方面继续阅读民间文学作品，一方面开始了民间文学理论的研习。民间文学的价值之门在我心中逐渐洞开。

民间文学是一个民族的文化传统，是民族历史的积淀。"民间文学是属于民众自己的知识，是民众自己叙述的知识，是民众对于自己的思想、观念和感情的展演。"（万建中语）它传承着民间的风土人情、风俗习惯、思维方式和道德观念，成为一种具有强大再生力的文化原型。泰勒在《原始文化》中这样说:"他们把自己祖先思想和语言的传家宝放到了神话中的神和英雄的生活中去，他们在自己的传奇的结构中表现出了自己思维的进程，因此，他们就保留了他们那个时代的艺术和风俗、哲学和宗教……"

日本临床医学家河合隼雄先生在《日本人的传说与心灵》一书中，以日本的民间传说解读日本人的心灵，古老的中国也同样如此，那些久远的故事流淌进一辈辈中国人的血液，在心中打下相同的印记。奔涌流淌的江水诉说着蛮荒年代的洪水神话，成为孕育生命、化育万物的始源和圣物；巍然耸立的高山讲述着百姓心中的瑰丽传说，成为诞生诡谲、构筑虚幻的灵异时空。精卫填海、嫦娥奔月、吴刚伐桂、鹊桥相会……这是中国人独有的想象与生活，构成了我们民族的原始意象与深层心理结构，是不可缺少的"话语"。那些俗语俚谚与笑话，保留了语言自身的多样性、丰富性和独创性，展示出民族文化的异彩纷呈与自然亲切，张扬着母语的本真特点。所有这些深深镌刻的古老记忆，成为我们的一种文化身份。

民间文学总是与山川河流，与花鸟虫鱼，与人们丰富的日常生活紧密联系在一起，它是山野之花，灿烂而芬芳。

然而，今天的儿童似乎已没有了这种与山川、自然对话的机会与兴趣。作家三毛有篇文章叫《塑料儿童》，五六岁的孩子已被电视、可乐、动漫包围，对室外游戏、夏夜星空、月下山峦毫无兴趣，成了心灵脆弱、脱离自然的"塑料儿童"。这些在城市文明中长大的孩子正在失去大自然天赋的灵性，已经习惯用物质代言欢乐，无法与自然和谐共存。民间文学作为另一种意义上的自然，儿童也正与它日渐疏离，民间文学负载的民族文化同样正令人忧虑地远去。

在热爱歌唱的侗族人的心中，学唱侗族大歌的目的不在于歌唱本身，而在于成为一个真正意义上的侗族人。我似乎接近了民间文学潜藏的密码，于此，一个念头在心中悄然诞生：把民间文学的阅读传播作为一种"寻根"，在孩子的心中播下民族文化品格的种子。

三、用心书写儿童的记忆

1. 口耳相传是最质朴最重要的方式

"老的不讲古，小的失了谱。"在漫长的人类历史中，古老的歌谣和故事并非借助文字，而是凭着口耳相传，一辈辈得以传承。1909 年，美国传教士泰勒·何德兰在《中国的男孩女孩》一书中，记录了不少他所听到的儿歌，比如：

> 小老鼠，上灯台，
> 偷油吃，下不来，
> 哭着闹着叫奶奶，
> 奶奶赶集还在外。
> ……

100 多年过去了，这样的童谣仍在今天的孩子口中说唱，而这之前，谁又能说清它究竟已经诞生了多久？我们不得不惊叹那些老奶奶、老爷爷们巫术般的语言魔力，令一个孩子沉醉在语言的狂欢和幸福里。确实，相比文字记录，口传文化传承的历史形态往往更加生动、直感、具体、丰富，它直接地面对着表述的对象。

泰勒·何德兰在《中国的男孩女孩》一书中，还不惜篇幅，非常具体地记述了一个夏日的午后，他听老保姆给孩子讲故事的情景。在孩子一次次的央求下，老保姆不断地讲述着，孩子听得入了迷。这样的场景在以前家家户户都存在着，它就诞生在奶奶的膝头、怀抱中，孩子们在聆听中感知天地的诞生、演进，感知其间的英雄，"那童年的冬夜故事会，就是我人生最初的文学、美学和人性学的启蒙老师"（毛芦芦语）。

所以，民间文学"有一种不依赖于文字的口耳相传的传统，这种传统并且是很稳固的，不过书写形式的威望使我们看不见罢了"（费尔迪南·德·索绪尔语）。

民间文学的阅读就要依着其本来存在的方式进行还原。对韵语体的歌谣，自然采取诵读的方式，而散文体的神话、传说、故事等，就采用讲述的方式。你讲我听，我讲大家听，声音与表情、语调、体态一起流动。从模仿讲述到创造讲述，从讲清情节到讲清细节，再到讲出情感、讲出自我。因为"民间故事，不论谁讲，常是不定型的，它每时每刻都在不断地变化着、丰富着，同一个人讲同一个故事，此时此地对此人讲和彼时彼地对彼人讲，讲法总不尽相同。每次我们听到的都不过是一个故事丰富多彩的生活历史的一个瞬间。但在每一个瞬间里却都是表现了这不断变化着丰富着发展着的生命的一般特点"（刘魁立语）。质朴古老的方式使我们最为自然地亲近母语。

2. 方言是最亲切的精神家园

方言是民间文学阅读与教学中的一个重要问题，也是当下需要我们关注的一个文化话题。

民间文学通过民众口耳相传的路径传播，带有鲜明的地域特色，其中，方言土语起着极强的表达功能。故事中的命名乃至一切细节在现实生活中都是用方言言说的。在方言里，我们听到了来自悠远的不绝的田间劳作之声，嗅到了水边花草的清香与鱼虾的腥味，这样的声音与气味有时是无法用其他语言翻译的。所以有人说，方言是地域文化最佳的也是最后的载体和生存之所。

以方言写成的文学作品也多有经典之作，最早可上溯至先秦的《诗经》，《诗经》中的"国风"大多为口语化的民谣，其中有些就可能属于非雅言的方言词语。如今的京味小说、东北二人转、西北的信天游与花儿，还有各种地方戏曲，都呈现着方言的独特魅力。

海德格尔深刻指出："方言的差异并不单单而且不首先在于语言器官的运动方式的不同。在方言中总是不同地说话的是地方，亦即大地。口也不只是有机体的肉体身上的一种器官，不如说，肉体和口归属于大地的涌动和生长，而我们总有一死的人就成长于这大地的涌动和生长中，我们从大地那里获得了一种稳靠的根基持存状态。"

这方面我自己有着深刻的体会。当我在外地带着陌生的孩子阅读民间故事、诵读童谣时，面对黑压压的听课教师，孩子们多少有点拘谨，而一旦让他们用自己的方言诵读童谣，他们马上放松下来，笑声不绝。有很多孩子和老师说，第一次发现，自己的方言竟如此动听。

所以，在民间文学的阅读教学中，我很着力的一点即是唤醒孩子对自己方言的认同与悦纳，诵读自己家乡的歌谣，用方言讲述家乡的古老传说。同时，适时展示、感受其他方言的表现形式，聆听相关地方戏曲，感受方言的韵味。我还在班级设立了"方言日"。在方言日，除了上课，其他时间交流要求用方言进行。

3. 故事背后的文化语境需要显现

在中低年级，民间文学的阅读目标最主要的定位在故事（歌谣）自身，能够讲出、诵唱，甚至是喜欢，就是我们需要的目标。随着年级增高，在这一前提下，需要进一步观照故事（歌谣）背后的文化语境。这也就是我常常将低年级甚至学龄前儿童诵读的童谣放至高年级课堂的一个重要原因。

形式的赏析。譬如摇篮曲，高年级学生阅读时，我指导学生感受其句式多反复、所用之景多优柔的特点。绕口令既有实用功能，又有娱乐、审美功能。高年级学生学习时，就需要了解数字令、交换令、对偶令等的不同特点，并在尝试编创中体验语言的游戏。民间故事更是个宝藏，变形化生、人兽婚配、仙乡淹留、灰姑娘、难女婿、巧媳妇、识宝寻宝、死而复生、善恶报应……丰富的叙事模式有很多值得说道的内容。

文化意象的揣摩。有人说，神话的意义不在于具体的形象，而在于其深刻的隐喻和象征，作用于我们的精神生活。我们需要引导学生从"夸父逐日""女娲补天""精卫填海"中感受中华民族博大坚韧、自强不息的民族精神，习得祖先崇尚道德、宽厚仁道的淳朴民风，濡染故事中的智慧与活力。

跨文化的比较。在以中华民间文学为主体的阅读中，同时辅以他民族的民间文学阅读，感受不同民族的个性风貌以及先民的共有特点。比如创世神话，我们就将埃及创世英雄拉神、巴比伦创世英雄玛尔都克、希伯来创世英雄上帝、印度创世英雄梵天的神话放在一起，让学生阅读、比较，学生会发现很多颇有意思的现象。再如中秋节，我们将各国月神故事组合在一起阅读，当学生看到英国剑桥大学神话学教授朱尔斯·卡什福特说"嫦娥的形象是各国月神中最美丽的"时，都会意地笑了。

相关艺术表现的了解。民间文学是各种文学意识的不竭资源，一个故事往往被多种艺术形式表现。譬如著名的四大民间传说，就有绘画、戏曲、雕塑、舞蹈、歌曲等多种艺术表现形式，阅读与教学中引导学生了解、欣赏其他艺术形式的表现，并不只是获得一种审美，更在于让学生切身地感受民间文学的源文化价值。

4.感受民间文学的生长态势

民间文学是古老的，但又是新鲜的，对于今天的我们，它也可以是一种生活的态度与方式。学生观光旅游，我有意识地引导学生了解名胜景点的传说和历史故事，是故事，让旅游罩上了一层神秘传奇的色彩。有一回，班级（四年级）阅读小组决定去西湖游玩，我组织他们首先阅读《西湖民间故事》一书，同学们被传说中的西湖深深吸引，我又指导他们对这些故事作初步的分析。实地旅游时，要求他们与故事对照，找到故事中的地点，大家兴味十足。

《西湖民间故事》之名人分析表

人　物	类　别	故事名	特　点	喜/厌	收视率
岳飞	历史：忠	《精忠柏》	忠心耿耿	喜	中
秦桧	历史：奸	《油炸桧》	出卖祖国	厌	高
鲁班	历史：善	《石香炉》	手艺精巧	喜	中
法海	传说：恶	《白娘子》	奸诈	厌	高
苏东坡	历史：善	《画扇判官》	爱民如子	喜	中
白居易	历史：善	《白公堤》	为民造福	喜	中
瑞石	历史：善	《瑞石》	善良	喜	低

另一方面，我也发现，当下有为数不多的作家颇具眼光，在重述神话、重写民间方面积极探索，创作了具有一定价值的作品。譬如黄蓓佳受卡尔维诺启发，改写了《牛郎织女》《亲亲的蛇郎》等10个民间故事，结集为《中国童话》。薛涛的"山海经新传说"丛书（《夸父与小菊仙》《精卫鸟与女娃》《盘古与透明女孩》），以本土化精神构思谋篇，展现了浓郁的地域特色，以民族化的表达方式揭示了人与人之间真纯的友谊、唯美的情调、古典东方文化的魅力。我又读到广西儿童文学作家王勇英的"弄泥的童年风景"系列中《花一样的村谣》，这是一部以博白客家村谣为背景的小说，所有村谣完全保留当地方言南音特色。我把这样的作品推荐给孩子们，当这些新鲜中飘散古风的文字与今天的儿童相遇，他们会有一种似曾相识的感觉，心底深处的某个记忆被唤醒。

祝愿，那些花一样的古老歌谣，能够一直在今天的儿童心里萦绕。

1. 想念那话语之乡

——《童年的月亮爬上来》教学记录

教学年级：五年级

教学时间：60 分钟

执教日期：2007 年 11 月

从形式上看，这是一节童谣童诗诵读课；从内容上看，这是一节以月亮为主题的文化阅读课；隐藏在课堂背后的，则是我对语言与人之存在关系的一点思考。

中华文化崇尚月亮，敬拜月亮，月亮早已不再是一个普通星球，而成为人们表达心迹、抒情言志的文化寄托，成为一个富于哲学沉思的精神寓所：神秘、含蓄、蕴藉、清逸、宁静、空灵、深远……

无以计数的诗词歌赋颂赞月亮，流传世代的神话故事传说月亮，世世代代的孩子大人向往月亮：月亮、月亮文化，理应进入孩子的文化阅读视野。

这个世界是由孩子与成人组成的，自然地，也就诞生了儿童文化与成人文化。然而，我们又处于一个极其隔膜、极其漠视儿童的时代，儿童文化便如水中之月般飘渺虚无。只要成人在侧，儿童与月亮的意义就只有淡淡的乡愁、深深的思恋与团圆的幸福——此时的儿童成了"小大人""伪大人"。

其实，月亮既富于母性的色彩，更富于童话的光泽。在儿童的眼睛里，月亮就是诗，就是童话，就是传说，是可以跟我们对话、交往的，是可以同玩同乐的；月亮充满着游戏色彩，充满着神秘诱惑。

这种神奇的月亮世界恰恰在童谣童诗（尤其是童谣）中得到了完整的建构。童谣是儿童的民间文学，是最质朴、最自然、最原始的声音，传神地表达出儿童心中的世界。孩子用童谣这一独特话语建构起了一个有别于成人视野的月亮世界。

为何将教学年级选定在高年级？

耿占春说，"语言的力量在我的生命里是一种圣洁的源泉，是心灵的力量"。语言奇异的力量，最初是姥姥的那些数不尽的歌谣给予我的惊异，"它是初始的，因而是有持久作用的力量"。高年级孩子正处于"反儿童化"时期，心中渴慕着长大，渴慕着"挣脱"。此时的童谣童诗阅读颇具一点"返顾"意味：面对似乎正在远去的童谣短诗，对这种话语作一点分析，进行一番深度阅读。孩子的语言编织出的月亮世界，其实就是心灵的反映。在那神秘的语言空间，事物获得了另一种存在方式。这种语言的狂欢、自由，魔术般的游戏精神，如此朴素，却又不朽，为我们的生命垫下了最扎实的根基，看不到影子，可影响一直在。

如许感受的获得驱使着这些大孩子们重新沉浸到那个语言的世界，进而愉悦地用自己的语言再现、重构、编织。

于是，月亮、月亮文化，在儿童的语言中获得了永恒。

一、引入，切向童年视角与文化视角

师：今天，我带来一组词串，哪位同学愿意来读一读？（出示词串，指名朗读。）

> 夜空　圆缺　晶莹
>
> 嫦娥　玉兔　吴刚
>
> 凝望　沉思　怀想
>
> 李白　阿炳　华章

师：这组词串说的是什么？再请一位同学读，大家边听边体会。（指名读）

生：说的是月亮。

生：都是有关月亮的。

师：都说是月亮，何以见得？

生：玉兔、嫦娥、吴刚都是有关月亮的传说。

师：嫦娥奔月、吴刚伐桂，那都是流传了数千年的有关月亮的美丽传说。

生：夜晚的月亮有时圆有时缺，是晶莹透亮的。

师：对，苏轼曾有词云——

生：（齐）月有阴晴圆缺。

生：李白写有关于月亮的诗篇。

师：告诉大家，李白是古代诗人中描写月亮最多的诗人，他对月亮可以说是情有独钟。

生：阿炳谱写了著名的二胡曲《二泉映月》。

师：李白、阿炳，还有许许多多的李白、阿炳们，为月亮书写了瑰丽的诗篇、乐章。

生："凝望、沉思、怀想"是人们由月亮引起的情感。

师：看来，这组词串未着一个"月"字，但又处处写着"月"。咱们想着月亮，一起来读。（生齐读词串）

师：从古到今，从童年到老年，月亮都是人类不变的朋友。千万年来，月亮用她那晶莹的光芒普照着大地。因为月亮，我们的夜晚更加迷人；因为月亮，我们的生活更加多彩。这几天，月亮正牵动着亿万人的目光，知道这一事件吗？

生：是"嫦娥一号"成功发射升空。

师：知道是哪一天吗？

生：是 10 月 24 日 18 时 05 分。

师：同学们的信息很准确。10 月 24 日 18 时 05 分，我国首颗月球探测卫星"嫦娥一号"成功发射升空。2004 年 2 月，我国绕月探测工程领导小组第一次会议召开，将工程命名为"嫦娥工程"。这几天，老师也在思考一个看起来有点儿怪怪的问题：月亮究竟有几个？

生：我认为有两个，天上有一个，水里有一个。

师：是啊，咱们小时候读过一个童话故事，叫作猴子——

生：（齐）捞月。

师：还有个说法，雾里看花，水中——

生：（齐）捞月。

师：水中望月。

生：我认为月亮有很多个，因为河流有很多条，所以月亮就有很多个。

师：我们学校就有一条美丽的月亮河，那月亮河里就有一轮月亮。

生：我觉得有O（字母）个月亮。因为世界上的河流湖泊数不清，月亮也就数不清，就用字母O来代表。O的形状又有点像月亮。

师：月亮的方程式都出来了。（众笑）天上的月亮只有一轮，但映照在不同的山川河流，就有了不同的波光月影，成为各地的独特景观。比如卢沟晓月、三潭印月、平湖秋月、二泉映月。（出示，学生齐读。）

生：我觉得只有一个，因为在人们心中它是独一无二的。

师：那我要问问你，假如你到了异乡，到了国外，你成了一名游子，这时候哪里的月亮是独一无二的？

生：是故乡的月亮，是中国的月亮。

师：哦，是故乡海门的月亮。如果你出了国，那就是——

生：中国的月亮。

师：这样，有几轮月亮？

生：只有一轮。

师：我明白了，外国的月亮再圆再亮，在你心中也不及家乡的，在你心中，只有中国的月亮、家乡海门的月亮。难怪人们总说，水是家乡的甜——

生：（齐）月是故乡的明。

师：故乡的概念放大了，就是中国。在中国文化里，月亮可不是一颗普通的星球，而是神话的世界，是独特的"中国月亮"。有一首歌叫《中国的月亮》，其中有这样两句："你传说美丽的嫦娥，你讲述勤劳的吴刚。"

生：我觉得有13亿个月亮。每个中国人都有一个月亮，黑夜里为你带来光明，让你不再惧怕黑暗。

师：说得真好！这样看来，这些月亮照耀在我们的头顶，更照耀在我们的——

生：心里。

师：月亮照耀在我们心里，有多少文人雅士因而情意绵绵、灵感丛生。贝多芬因月而奏响月光曲，李白因月而独自静夜思。可以说，有多少首诗就有多少轮月，有多少支歌，也就有——

生：（齐）多少轮月。

师：看来，每个人的心头都爬着一轮自己的月亮。今天，我们不读那些流传广远的经典诗文，而是回到小时候，做一回小小孩，来看看孩子眼中的月亮。

让那——（出示课题）

生：（齐）"童年的月亮爬上来"。

二、趣味诵读，感受韵律，唤醒童真

师：请大家捧起这些大多是幼儿园、一二年级孩子阅读的童谣童诗，选择自己特别喜欢的尽情地读一读。

（生自由读，而后通过个别读、领合读、对读、击掌读、叩桌读等方式，重温童谣童诗的趣味与韵律。）

（一学生读《拜月亮》）

拜月亮

月亮公公，月亮婆婆，

请你下来，吃只馍馍。

师：早在周朝时我国就有秋天拜月的习俗。民间视月亮为神灵，在中秋，月亮升起之前，大家在家门口对好月亮出来的方向摆设香案，供品主要有月饼、水果等。大人们面对月亮非常虔诚地朝拜，求保佑，求平安。你们想，孩子拜月亮是一种怎样的心情呢？

生：孩子会想，月亮公公，月亮婆婆，求你下点西瓜雨、瓜子雨吧，解解我的馋。（众笑）

师：大人在祈求平安，小孩在旁边看了也拜了起来，其实是模仿大人呢。我们模仿着也来拜一拜。（生双手祈祷状齐诵）

师：大人们拜个没完，小孩呢，一只眼睛看月亮，一只眼睛——

生：一只眼睛在看香案上的好吃的东西，口水都要流下来了。

师：是啊，爸爸妈妈还在慢条斯理，你可着急了。齐诵。（生齐诵）爸爸妈妈没听见。再提醒。（生急切地诵读）

师：读着这些童谣童诗，你们有什么样的感觉，或者想起了什么？

生：我想起了小时候要伸手抓月亮吃的样子。

生：我想起了小时候站在凳子上抓月亮的事。

生：我想起了小时候，躺在床上，外婆给我说童谣的情景。

师：哦，你有个书香外婆！（生笑）外婆用什么话说的？

生：用家乡话。

师：能不能展示一下？

（生用海门话说童谣，气氛活跃。）

师：真好听啊！乡音乡韵最动人。月亮高高地挂在天上，那么神秘。看着它，小小的心中就会飞起无数个问号。当年大诗人屈原仰望苍天，一口气问了170多个问题，其中有这样两句——（出示）

夜光何德，死则又育？

厥利维何，而顾菟在腹？

——屈原《天问》

师：意思是说：（出示）月亮有着什么德行，竟能死了又再重生？月中黑点那是何物，是否兔子在腹中藏身？屈原是"天问"，今天，我们也来一回"月问"。想一想，在你小的时候，或者就把现在的自己当成一个小小孩，看着那神秘的月亮，有过什么疑问？

（出示：月亮月亮我问你，_____？）

生：月亮月亮我问你，你为什么又大又圆，馋得我流口水？（笑）

生：月亮月亮我问你，你为什么消失以后又重生，为什么不一直保持圆又圆的形态？

生：月亮月亮我问你，吴刚是否还在那儿不停地砍桂树？

师：嗯，月亮月亮我问你，吴刚是否还住在你家里？

生：月亮月亮我问你，早晨为什么看不见你，难道真是长了青春痘？（笑）

生：月亮月亮我问你，为什么你挂在天空却不掉下来？

师：这究竟是何道理？

生：月亮月亮我问你，你为何有时会被狗吃掉？

师：看得我们心里好着急。

生：月亮月亮我问你，你为什么这么胆小，晚上才出门？

师：晚上出门那是胆大啊！（笑）

生：月亮月亮我问你，我真不明白你，为何白天不工作，到了晚上才加班加点？（笑）

生：月亮月亮我问你，为何你增肥快来减肥也快？

生：月亮月亮我问你，你究竟是啥滋味，馋得天狗流口水？

师：我们智慧的火花在闪耀。有孩子的疑问，就会有孩子的回答。看看，刚才诵读的童谣童诗中，哪些解答了这些疑问。（生默读）

生：我从《河里有个大月亮》知道了月亮的滋味。（读）"河里有个大月亮 / 像块饼干喷喷香 / 馋得小鱼流口水 / 你争我抢都来尝 / 咂咂咂咂 / 哎呀呀、哎呀呀 / 怎么不甜也不香"。

师：月亮究竟是啥滋味？原来不甜也不香。

生：我知道月亮为什么增肥快来减肥快。（读）"初五 / 月亮又瘦又小 / 它想：要加紧锻炼 / 慢慢地慢慢地 / 它变得又圆又美 / 它想：我长得多俊俏 / 多么的迷人 / 慢慢地慢慢地 / 它开始变得又瘦又小"。

生：我来回答为什么月亮白天不出来。（读）"月亮小姐 / 为什么 / 白天都没有看到你 / 是不是没有化妆 / 还是长了青春痘 / 所以才不敢出门"。

师：大家看，先是孩子的天真问月，后是孩子的有趣想象，合起来也可以是一首有意思的童谣了。请同学们作一下整理，第一节整理刚才的问题，第二节以童谣中的内容为素材作答，当然也可以自己创造。哪些同学自告奋勇现场创编？（选定部分同学现场创编）

三、深度阅读，聚焦"儿童视角"

师：他们搞创编，当诗人，我们其他同学一起进行研究。这些诗句充满了童趣，我们一起研究研究，透过这些童谣童诗，思考孩子看月亮都有些什么特点。想一想，小组里讨论讨论。

（出示）

文学小研究

分析童谣童诗，我们发现孩子看月亮具有如下特点：

1._____，比如《　　》中写道：_____。

2._____，比如《　　》中写道：_____。

……

在孩子眼里，月亮_____。

（生思考、讨论，而后交流。）

生：我看出孩子看月亮把月亮当作小姐……

师：对不起打断一下，孩子把月亮当作小姐这是一个现象，由这个现象看出孩子是把月亮当什么了？

生：我觉得孩子看月亮很天真，他把月亮当作人了。

师：是啊，我们看看这些童谣里都把月亮称作什么。（出示，生齐读：月亮婆婆、月亮姑姑、月亮姐姐、月亮阿姨、月亮公公。）

师：这些称呼给人什么感觉？

生：很亲切。

生：月亮很温柔。

生：感觉月亮是很可爱的。

师：孩子看月亮，月亮是可亲可近的。继续交流，孩子看月亮还有什么特点？

生：我觉得孩子看月亮时充满了幻想，从《捞月网》中可以看出，他想捞月亮呢。

生：从其他童诗中也可以看出，小孩子认为月亮会跟自己捉迷藏，认为月亮长了青春痘所以不出门。

师：儿童的月亮是富于幻想色彩的。大概 30 年前，我国有一位小学生画了一幅儿童画《我上月亮荡秋千》（见下图），在世界儿童绘画比赛中获了奖。

师：研究组成果不错。现在，创编组该展示自己的作品了。

生：月亮月亮我问你

减肥秘诀在哪里

自我感觉非常好

跑步锻炼不能少

长肥原因在哪里

心中秘密告诉你

多吃多睡来迷你

生：月亮月亮我问你

你为何增肥快来减肥快

月亮回答

加紧锻炼

我望着月亮好羡慕

月亮委屈地说

唉，十一二做的礼服十五六就穿不了

生：月亮月亮我问你

为何白天看不见你

哦，原来长了青春痘怕羞羞

就一个人躲在家里

琢磨着怎么变成个大美女

师：其实有了痘痘没关系，我们绝对不会笑话你，因为火红青春最美丽。

（众笑）

生：月亮月亮我问你

为何白天不出门

是他人所逼还是身不由己

哦，胆小鬼儿就是你

生：月亮月亮我问你

白天怎么看不见你

是不是长了青春痘

记住一不要用手抓

二不要随意搽

小心脸上留个疤

记住用迪豆哦

师：通过刚才的童谣创编与研究，我们发现，在孩子眼里，月亮——

生：月亮可亲又可爱。

生：月亮是童心幻想的依托。

师：是的，月亮就是传说，月亮就是神话。

生：在孩子眼里，月亮是我们的亲人。

师：同学们说得真好，在孩子眼里，月亮是有生命的，是可以对话的。月亮就是诗，就是童话，就是传说。

师：接下来，我要考考大家的感觉。看看下面这首诗中的月亮，是不是孩子看到的。跟刚才诵读的童谣童诗比较比较。（出示：《月之故乡》，生读。）

生：我觉得这是一个常年在异乡漂泊的大人看到的月亮。

师：孩子看见水里月亮是怎么说的？

生："我到月下去洗脸／她进水盆来亲我"。

生："河里有个大月亮／像块饼干喷喷香"。

生：我补充一点。一个在水里，一个在天上，游子在外，故乡就像月亮一样是多么遥不可及。

师：因而才有点伤感。尽管遥不可及，可是故乡就像头顶的月亮一样，一直在陪伴着游子。同学们，这首诗使用的字词似乎很简单，一年级的小孩都认识，然而抒发的情感却是深沉、凝重的，是一个成人对久别故乡的深深思念。作者彭邦桢是著名的台湾诗人（出示诗人照片），写这首诗时快要 60 岁了。确实，成人和孩子眼里的月亮是不完全一样的。在成人眼里，月亮常常跟乡愁、亲情、爱情联系在一起。同一个李白，小时候的李白看见月亮"呼作白玉盘"，以为是神仙用的镜子，飞在蓝天之中。而长大后的李白，身在他乡，却是——

生：（齐）"举头望明月，低头思故乡"。

师：当然，成人的月亮与我们孩子的月亮也并不是完全相对的，很多人即使长大了仍会记得童年的时光，记得童年的月亮。大家猜猜，"嫦娥工程"的科学家们小时候是怎样的？

生：他们肯定对月亮充满了幻想。

生：想飞到月亮上去看看嫦娥，会会吴刚。

师：他们是听着神话长大的。那么长大后呢？

生：他们就想去探索月亮的奥秘。

师：你们看，童年的幻想成了成年后的动力与资源。于是，他们把那么富于科学含量的月球探测工程命名为"嫦娥工程"。他们心中，既有一个科学的月亮，也有一个——

生：神话的月亮。

生：文学的月亮。

四、留驻"童年的月亮"

师：童年真是美妙的时光，爬上童年天空的其实不光有可爱可亲的月亮，还有什么也会爬上来？

生：还有童年的太阳。

生：还有童年的星星。

师：也许还有那绽放的花朵，那晶莹的水珠，甚至一声蛙鸣。童年的世界就成了一个奇异的世界，成了一个诗的世界，一个童话的世界，它吸引着我们不断去探索，去创造，这成了我们走向成熟的源泉。祝愿各位同学，在我们心中永远爬着一轮——

生：（齐）童年的月亮。

附：阅读材料

月光光

月亮光光，装满筐筐，
抬进屋去，全都漏光。

月亮歌

初一一条线，
初二看得见，

初三初四像娥眉，
十五十六圆又圆。

月亮婆婆

月亮婆婆喜欢我，
我到哪里她跟着。
我到月下去洗脸，
她进水盆来亲我。

月亮姑姑

月亮姑姑跟我走
我快走，她快走
我慢走，她慢走
我停下，她不走
我笑月亮羞羞羞

拜月亮

月亮公公，月亮婆婆，
请你下来，吃只馍馍。

月姐姐

月姐姐，多变化，初一二，黑麻麻，
初三四，银钩样，初八九，似龙牙，
十一二，半边瓜，十五银盘高高挂。
中秋月，净无瑕，圆如镜子照我家。
打麦场边屋檐下，照着地上小娃娃。
娃娃牵手同玩耍，转个圈儿眼昏花。
一不留神摔地下，连声喊痛叫妈妈。
云里月姐说他傻，引得大家笑哈哈。

河里有个大月亮

河里有个大月亮，
像块饼干喷喷香，
馋得小鱼流口水，
你争我抢都来尝，
咂咂咂咂，
哎呀呀、哎呀呀，
怎么不甜也不香。

古朗月行

李　白

小时不识月，
呼作白玉盘。
又疑瑶台镜，
飞在青云端。

小小的船

叶圣陶

弯弯的月儿小小的船，
小小的船儿两头尖。
我在小小的船里坐，
只看见闪闪的星星蓝蓝的天。

月　亮

林菊红

初五
月亮又瘦又小
它想：要加紧锻炼

慢慢地慢慢地
它变得又圆又美
它想：我长得多俊俏
多么的迷人
慢慢地慢慢地
它开始变得又瘦又小

月亮小姐

宗瑞菁

月亮小姐
为什么
白天都没有看到你
是不是没有化妆
还是长了青春痘
所以才不敢出门

月　亮

潘　晴

我有好多天没看见月亮，
昨天我看见它躲在树林里，
哦，原来它是在和我捉迷藏。

妈妈叫我吃饭，
我走进厨房，
它也跟着我，在窗子外面望。

我走了，它跟着我走，
一座高房子把它挡住了，
它只好孤零零地回到天上。

小白船

（朝鲜民谣）

蓝蓝的天空银河里

有只小白船

船上有棵桂花树

白兔在游玩

桨儿桨儿看不见

船上也没帆

飘呀飘呀，飘向西天

捞月网

［美］谢尔·希尔弗斯坦

我自己做了张捞月网，

准备今晚捉月亮。

我边跑边把它舞过头，

要抓那个大光球。

如果你明晚没看到，

圆圆的月亮在天上。

那一定是我捉到了它，

把它装进我的捞月网。

如果月亮还在放光明，

你瞧瞧月亮下面会看清，

我正在天空把秋千荡，

一颗星星进了我的捞月网。

月亮的隐喻和童年的想象

——在《童年的月亮爬上来》的背后

成尚荣

很喜欢《童年的月亮爬上来》。喜欢的理由很多。比如，题目的诗情画意，以及由此引起的无限的美好遐想；比如，主题的格调，思乡的民族情怀，以及由此内容与视野的拓展，天上人间，古代今日，童诗童谣与经典诗词的比照；比如，周益民教学的风格，以及由此表现出的儒雅、清新、洒脱的教学气质，文化的含量及有品位的幽默；等等。无疑，这是一堂有创意的课，总觉得童年的月亮也悄悄地爬上了我们的心头，升在湛蓝的"心空"。

不过，周益民这节课主题内容的设定和教学过程的设计，似乎还有更深层的思考与追求，他期盼自己的教学有新的进展与突破，而他又把这一切不声不响地隐藏在教学之中，隐藏在语言文字的表达中。如果把这些揭示出来，使之从个性化情景走向较为普遍意义的彰显，应该是更有必要的。

教有关月亮的课文的不在少数，各有各的定位，各有各的风格。应该说不同的定位并没有好坏之分，但肯定有高低之别。高与低的区别主要在对月亮文化意义与审美价值的认识、阐释和教学的追求及其实现上。月亮并无年龄的规定，却可以赋予其年龄的象征。周益民的教学主旨不在"月亮"，而在"童年"，但是把"童年"依附在"月亮"上却别有一番意蕴。显然，此时的"月亮"，是儿童眼中的月亮，是对儿时月亮的回望，是对月光下童年生活的复现与追忆，甚至可以认为月亮是儿童的代意词。这样，教学的价值指向儿童对月亮象征意义的理解与想象，月亮带给我们关于童年生活的反思。当下的儿童已失去了真正的童年生活，稍大点的孩子已失去了对童年生活幸福的回忆，他们不知道蚂蚁的家在哪里，不知道蜜蜂为什么而忙碌，再也不会用苇叶放在嘴里吹奏，再也不会把木块做成心爱的手枪，无暇仰望星空、追随月亮。在这样的生存状态下，月亮的圆缺、月亮的乡愁、月亮的思恋虽很重要，对儿童来说已在其次，重要的是通过对关于月亮童诗童谣的朗读与讨论，在"拜月亮"中，激起快要泯灭的童趣，儿童沉浸在遐想的欢乐之中，此时，孩子才像孩子，儿童才真正过一回儿童自己的生活。教学中"月问"的设计，儿童问的其实不仅仅是月亮，更重要的是让儿童敞开心扉，与月亮有一次美丽的约会、一次真诚的对话、一次顽皮的游戏，是让月亮问问儿童：你们还好吗？儿童与月亮融为一体，已分不清哪是月亮哪是儿童。月亮被标上了儿童文化的色彩，于是真正成了"童年的月亮"，于是爬上了儿童的心头，映照着一颗颗童心。

值得注意的是，月亮的这种儿童文化意义的赋予又搁置在审美价值上。康德把美与崇高联系在一起："我们把那绝对的大的东西称为崇高。"车尔尼雪夫斯基也有同样的论述，他说："一件东西必须出类拔萃，方称得上美，这是千真万确的。"他进一步论述："假使认为美学是关于艺术的科学，那么它自然必须论及崇高。"（格·尼·波斯彼洛夫《论美和艺术》）所以，美、审美应该与崇高相伴。儿童与月亮的话题极易上得生动、有趣，但很可能缺少崇高感。周益民在教学中从"用'O'来代表月亮"，引申出在人们心中月亮是"独一无二"的，引申出"故乡概念放大"后的"中国月亮"，以及"嫦娥一号"，让学生心中悄然升起民族的自豪感，在轻松中有了崇高感，在笑谈中有了庄严感，那种被康德称为"大的东西"在儿童心灵中生成、升起来，是真正的审美教育。《童年的月亮爬上来》追寻的正是这种关于月亮的儿童文化意义与审美价值。这可能是周益民的思考之一。

周益民的思考似乎还在深入。他还思考什么呢？他在《课后"写在前面"》中说："隐藏在课堂背后的，则是我对语言与人之存在关系的一点思考。"问题很清楚，他关注童诗童谣，关注语言，但更关注童诗童谣和语言中的"人之存在"，或者说，关注语言还不是他的终极目的，终极目的是语言中的人，抑或他关注语言是如何让人生存的，人在生存中是如何依凭语言去创造的。这样就使他的教学具有哲学上的思考。

关于语言与人的关系，海德格尔早就有精辟的论述："语言是存在的家。"他的进一步解释是：言说"近乎生存的揭示"，"人这个在者正是以说话的方式揭示世界也揭示自己"。在"诗"的层面上，也同样如此，海德格尔认为，诗人"以他自己的方式即诗的方式，把他经受的语言之体验形诸语言"（海德格尔《人，诗意地安居——海德格尔语要》）。一部人类文化史告诉我们，开始的语言几乎是诗。维柯就有如此的论述，原始的民族，"由于一种……本性上的必然，都是些用诗性文字来说话的诗人"。中国文化更是一种"诗性文化"（刘士林《中国诗性文化》）。周益民选择关于月亮的诗与歌谣来教，显然是让儿童在诗与诗性文化中认识自己、发现自己、提升自己。首先，周益民让学生诵读正在远去的传统童谣，让他们与月亮婆婆、月亮姑姑、月亮姐姐交谈，交谈中有点顽皮，有点撒娇，显出一个个真正儿童的可爱。从主旨出发，周益民指点的是诗谣中的"我"，且让学生进行文学小研究：孩子看月亮有什么特点？孩子把月亮当什么了？这些称呼给人什么感觉？完全站在儿童的立场上，以儿童的眼光来观察，以儿童的方式来提问。在诵读与研究中，学生发现的不仅仅是月亮，而是月亮与"我"、月亮中的"我"。这种对"我"的认知与追寻，正是对童年的追溯，是对儿童好奇心、想象力的开发。其次，让学生自己创编关于月亮的儿歌。因为有了传统诗谣和"月问"的基础，又有了儿童画《我上月亮荡秋千》的启发，学生们用自己的语言现场编作了五首儿歌。他的点睛之笔在："通过童谣的创编与研究，我们发现，在孩子眼里，月亮——"让学生在想象中归纳、小结"月亮是我们的亲人"，仍然回到了"人"的主题上。周益民的用意在于，诗人言说自己，我们也是小诗人，也应当言说自己，表达自己的情感体验，在"形诸语言"中"揭示世界也揭示自己"。再次，教学往"大诗人"上推移，诵读彭邦桢的《月之故乡》和李白的诗句，"成人和孩子眼里的月亮是不完全一样的"，"成人的月亮与我们孩子的月亮也并不是完全相对的"，但"人即使长大了仍会记得童年的时光，记得童年的月亮"，"童年的幻想成了成年后的动力与资源"。于是，无论是儿童还是成人都在语言中确认了自己，都用语言表达了自己、提升了自己。《童年的月亮爬上来》想揭示的正是这样的理念：让语言在人的创造中成为一种图景，获得生命，让人在语言的言说中成为一种价值存在；语言的自觉实质是人的自觉，语言的实践是人的问题。这可能是周益民的思考之二。

以上两方面归结起来，周益民希冀通过这堂课的探索与研究，对自己"诗化语文"的命题作出更深入的思考，有更准确的把握。我是非常赞成"诗化语文"的，倒不是它要变成另一种语文，也不是标新立异、夺人眼球，更不是故弄玄虚、制造一个概念，而是对语文本质的深刻追问、对语文教学现状的严肃反思。说老实话，命题提出至今，不少人仍存有疑虑：所有的语文怎么可能都"诗化"呢？"诗化"会不会虚化，使语文华而不实而丢弃了语文独当之任呢？应当承认，这些疑虑与忧虑不是没有道理的，正如美国科学哲学家托马斯·库恩在讨论"范式"概念时所说："术语会误导读者。"因此有必要对"诗化语文"的规定性作出比较清晰的解释。这任务依靠大家来完成，但首先应是周益民这位"始作俑者"。

我们可以先讨论一下"诗"。"诗化语文"离不开对"诗"的理解。大家们曾对诗有过许多精深的论述。非常有意思的是，美国诗人弗洛斯特说过这么一句令人不断回味的话："诗歌就是翻译中失去的东西。"因为"诗是联接人、社会、宇宙的心"（池田大作语），"诗不是属于现实部分的事实，而是属于那比现实更高部分的事实"（高尔基语），显然，诗旨肯定和艺术联系在一起，"艺术的本质是诗"（海德格尔语），在古希腊语里，诗学的本义是指创作或塑造的艺术，而艺术与审美"带有令人解放的性质"（黑格尔语）。所以，千万不要把诗只当作一种语言形式，只当作一种华丽的词藻、浪漫的情调、斑斓的色彩。

我们再讨论一下"诗化"。加拿大教育现象学者马克斯·范梅南曾对诗化作过一种解释，他说："所谓诗化不仅仅是诗歌的一种形式，或一种韵律的形式。诗化是对初始经验的思考，是最初体验的描述。"诗化是一种描述的过程、思考的过程、提炼的过程，而不是在形式上在韵律上把语言变成诗，把语文变成诗。没有对体验的描述，没有对经验的思考，哪来的诗，何以谈得上"诗化"？如此看来，以往我们对诗、对诗化的认识是远远不够的。我以为，"诗化语文"就是让语文在教师的召唤下，在儿童的自主建构中"呼出时代和生命的真实感——这就是诗的本质"（卢获语）。

更为重要的是诗与语言的关系。法国启蒙主义时期学者尔格·哈曼强调，"诗是人类的母语"，有学者还指出，语言的源头是诗。诗、诗化，离不开语言，离不开母语；诗、诗化正是从另一个层面，或曰从"根"上关注母语、关注语言，关注中国的诗性文化与诗性智慧。

以上的讨论，实际上是自我追问与思考，进而追寻"诗化语文"的理论依据。我们所讨论的是诗化语文的基本思想，这些基本思想应该成为诗化语文的基本规定性。回过头来看这些基本思想和规定性，在《童年的月亮爬上来》的教学中得到了体现和落实，即聚焦在月亮被赋予儿童文化的意义、审美的价值，以及在童诗童谣里发现人、发现儿童上，语言真正成为儿童们的家。

童年的月亮，让我们进入了诗化的境界；《童年的月亮爬上来》，让我们眺望了那空灵的教育智慧。

语文的文化，儿童的文化

——《童年的月亮爬上来》教学内容评析

郑飞艺①

从楚辞《天问》到童谣童诗，从神话传说到探月工程；六年级学生诵读着童谣童诗，创编与阅读同堂同时展开……《童年的月亮爬上来》（以下简称《童年的月亮》）异质纷呈，每一种异质都值得说道，本文试图谈论的是这堂课教学内容的合宜性。谈论这一点基于如下背景：一是我国中小学语文课程与教学内容的研制严重落后，教学内容随意与僵化现象并存（王荣生语）；二是新课改以来，小学语文界充满活力，具有实验性质的教学实践不断涌现，相当一部分涉及课程与教学内容的改革。在课程与教学内容研制严重落后的情形下，教师个性化的实践如果经得起学理的追问，就不仅仅是一种实验的价值，更具有普遍的意义，是课程与教学内容研制的有效构成。我以为《童年的月亮》就具有这样的意义。

《童年的月亮》教学内容是什么？周老师如是说："从形式上看，这是一节童谣童诗诵读课；从内容上看，这是一节以月亮为主题的文化阅读课。"月亮因附丽了思乡之情、童真之趣而成为文化的载体，所以读出月亮所载之情与趣的过程就是文化阅读的过程；洋溢于课堂间，最为醒目悦耳怡神的是真切的童真童趣以及由此辐射的文化韵味，因而，我以为本课的主要教学内容就是有关月亮文化的读法，即如何读出童真之趣、思乡之情等文化之韵。合宜的教学内容应该适合特定的学生，并能达成一定的课程目标，由于当前的课程标准缺乏有关文化阅读的具体目标及内容，本文的评析上溯至语文学科的内在要求。下面就从语文学科和学习者两个维度加以展开。

---

① 郑飞艺，华东师范大学课程与教学系博士，任职于浙江师范大学杭州幼儿师范学院。

一、语文的文化

文化，即所谓人文。时下语文课堂人文游离语文的现象并不少见，从语文学科的角度来考察"文化阅读课"，首要的是探讨教学中人文与语文的关系处理得是否恰当。我们的原则是：人文原在语文中（王尚文语），文化渗透于对语言文字的理解与运用之中。

《童年的月亮》中有一项明显的语文、人文双赢活动——由"月问"出发的童诗创编。学生所表达的正是童真之趣，童年的意义与语言的能力得到了同时的建构，人文就在语文活动之中。那么在阅读活动中，人文与语文的关系又如何呢？童真之趣等文化之韵是如何读出来的？读法与阅读目的或话语体式相适应吗？试从具体读法作点分析。

以教师出示的"读什么"来区分，这堂课的阅读内容有三类：第一，一组词串；第二，一组童谣童诗；第三，《月之故乡》等成人视角的诗词。先来看看核心内容——一组童谣童诗的阅读。

首先是学生自由诵读，目的是"重温童谣童诗的趣味与韵律"。以自己特别喜欢的方式尽情地诵读，是一个反复浸润在文本话语形式中的过程，韵律、情趣都在声音世界里以整体的形态被感知着。重温趣味与韵律是一种体验与感悟，体验与感悟用诵读法是无可争议的。

接着是教师引导读《拜月亮》，"你们想，孩子拜月亮是一种怎样的心情呢？"自由诵读是学生对童真童趣的整体的感性触摸，现在则要求把体验外显，教学指向的是童心童趣的进一步体会与激发。教师首先介绍祭拜月亮的民俗，铺设月亮文化的背景，接着学生道出童心童真，在此基础上要求学生读出相应的语气语调。这是教师促动下的文本意义和自我意义双向建构过程，自由诵读时这种建构也在发生，不过是自然状态的，更多地依赖于学生的语感。现在有了通向语感提升的路标，自由诵读时唤醒的感受在言说和引导性的诵读中舒展开来了，童真之趣开始明确地从文本蔓延到每一个学生。

然后是默读，目的在于寻求"月问"的答案，但读的还是文本。"有孩子的疑问，就会有孩子的回答。看看，刚才诵读的童谣童诗中，哪些解答了这些疑问。"这里主要是理解性的信息搜索，采用默读的方式浏览最为快捷。接下来的回答式朗读，是文本童真童趣的再度感受，更是回应自己的疑问以内化童真与语言的过程。

最后是深度阅读，小组研读做文学小研究。"这些诗句充满了童趣，我们一起研究研究，透过这些童谣童诗，思考孩子看月亮都有些什么特点。"阅读的目的是获取规律性的理性知识，是所谓的理性认知的建构。对于六年级的学生来说，做这样的文学阅读是有一定难度的，于是采用了新的阅读形式：出示"文学小研究"的要求指引阅读思考的路径；小小组讨论综合集体智慧；交流中教师适时引导帮助学生架设思维的桥梁。这最后的深度阅读可以说充满教学智慧。"思考孩子看月亮都有些什么特点。"这一问题和随后呈现的"文学小研究"要求，把人文毫无痕迹地内含于语文要求和语文活动之中；完成文学小研究要求的前提，是从具体的话语形式中读出各式各样的童真童趣来，然后才能加以归纳。人文、语文如此交融，是钱梦龙先生所谓的"大雪无痕"的境界。

下面再来看看开始的词串阅读与最后的比较阅读。

一组词串，是以诵读的方式整体感知的。"这组词串说的是什么？"师生紧扣词串的交流无一不是从语词出发的，所读出的美丽传说和动人旋律都来源于一个个语词，而非空穴来风。词是单一、零散的，但每一个词都承载着历史长河的积淀，特定的情境能激发其生机；词串，是一个充满空白的语境，联想能使零散的语词构连成整体。诵读，听读，是整体感知的阅读，就是以联想建构语境直至意义的过程。一组词串在整体感知中读成了故事，读成了散文，读成了诗歌。词串阅读是个引子，由此出发，随后的课堂交流从神话到科学，从诗词到音乐，天上月，水中月，故乡月，童年月，一轮明月渐渐放射出了文化的光芒。

对《月之故乡》采用的是比较阅读。"我要考考大家的感觉。看看下面这首诗中的月亮，是不是孩子看到的。跟刚才诵读的童谣童诗比较。"阅读的直接目标是"考考大家的感觉"，其实就是对深度阅读所获理性知识的检测。学生的感受和分析完全从文本的话语形式而来，可以说相当到位，对李白诗句的迅速反应也是证明。这一环节不要如何？我以为，如果教学的目标仅仅定位于语文知识的学习，没有这一对比阅读并无大碍，但从文化阅读的角度来看有和没有则大不一样。童真之趣、思乡之情都是从诗词歌谣中读出的人性、人情，当人性、人情具有长度、宽度与厚度时，便能酿就浓浓的文化的醇香。成人的思乡之情与孩子的童真之趣所构造出的正是这样一个多维的文化空间，成年的月亮不仅是为了凸显童年的月亮，同时也是月亮文化的必要构成。成年月亮的代表是《月之故乡》，另外还有作为"月问"引子出现的屈原《天问》、李白诗和苏轼词的片段等。孩子感受成人咏月诗词尽管不能如童谣童诗般真切，但也并非一片空白，朦胧之中埋下的正是一粒文化的种子。所以比较阅读实际也是蕴含着人文的语文活动，以此压轴，是文化的语文性浓重深厚的一笔。

诵读、研读，感受、探究，从多样的阅读形式可以看出教师对阅读目的与方法的合宜有着明确的追求，《童年的月亮》是沿着语文之路来寻求文化之韵的。

二、儿童的文化

追问文化的儿童性，有必要先明确在相关问题上我所基于的儿童立场。教育是有目的的活动，它传承过去，适应现在，面向未来，预设与引导始终是教育的基本秉性，完全以儿童当前的需要为教学内容并不能有效达成教育的目的，这是为历史的经验所证明了的；发展心理学的研究启示我们，知识与意义的建构应建立在学生自由学习和生命体验的前提下，如此才能唤醒学习者心中的教育自我；课程与教学组织最重要的就是找到一个唤醒教育自我的激发点，它连接着儿童的生命需要和学习的内容。

那么，《童年的月亮》读出童真之趣等文化之韵的过程合乎儿童的接受心理吗？以下评析的视点是所读文本、读法与学生的关系。

所读文本的特质与学生的相关性是衡量教学内容合宜与否的重要尺度。一组童谣童诗是课堂中主要的阅读对象。在自然的阅读状态中，童谣童诗可以说是专门属于儿童的语言艺术。童谣简直如天籁般自然，被称为人之初文学样式，可见它与儿童接受心理的契合度；而童诗原本就是表达儿童情趣与心声的文体，所以优秀的童谣童诗是儿童生命及需要的艺术表现，是充满童心与诗心的乐园。小学语文课堂的文化阅读聚焦于童谣童诗，可以说找到了一个与儿童关联最为适宜的对象，因为它从内容到形式都属于儿童。更何况，流传久远的童谣本身已成为文化的一部分。"月亮光光／装满筐筐／抬进屋去／全都漏光"，活泼和谐的韵律润泽了一代代儿童的身心；"月亮公公／月亮婆婆／请你下来／吃只馍馍"，儿童真挚的情感、美好的想象与特定的民族文化合二为一。以这样的童谣童诗作为连接儿童生命需要和学习内容的载体，作为学生童年意义生长的土壤，为文化的儿童品性提供了根本的保障。

适宜的教学方法能有效地唤醒学生的教育自我。在这里，读法的合宜表现为以各种语文实践方式使"文化"感性化、个体化。文化不是客观的，它总是感性的、特定的，《童年的月亮》中的文化实际上就是学生从童谣童诗、诗词词串中读出的美好想象、幽默情怀，乃至天籁般的韵律，它们因穿越时空而获得了长度与厚度。童谣童诗之月亮文化相异于成人咏月诗词之月亮文化当然是一种感性，但它还是类化的，是儿童的，而非这一个孩子的，所以教学还需要让它走进每一个孩子的心里。

由六年级孩子来建构"童年的月亮"是"文化"儿童化的基本前提。尽管在自然的阅读状态中，童谣被称为人之初文学，儿童文学理论关于儿歌、童谣的界定几乎也总脱不了"适合低幼儿童"的说法，但当"一组童谣童诗"在语文课堂呈现出人性、人情的长度与厚度时，由低幼儿童来体验、解读显然是不合适的。在我看来，这"一组童谣童诗"与六年级孩子是生命间的相遇。有了阅读主体与阅读对象的契合与一致，体验或探究等具体的读法才有可能指向真正的自主建构。

自由诵读是实现阅读内容感性化、个体化的经典读法。阅读心理学研究表明，读者将文字转化为有声语言的过程是一种探究。诵读是对文本声音形态的感知与表现，所表现的声音形态是读者与文本相互对象化的产物，学生所读出的不仅是和谐的韵律、美好的情怀、富有童趣的想象，也是自己的经验、感受与个性。特别值得注意的是诵读的趣味性。学生先是自由读，而后个别读、领合读、对读、击掌读、叩桌读等，诵读变得好玩儿起来了，课堂里充满了游戏感。这种游戏感在要求学生以急切的语气齐诵《拜月亮》时同样强烈。游戏感意味着什么？生活中儿童的游戏基于自由选择的情感，是一种自发冲动下的活动，教学活动具有游戏感至少能使孩子的身心处于欢乐状态，以较为充沛的精力专注于教学活动。而在这里，更具有别样的意义，游戏感所带来的轻松、自如的童真状态，与童谣童诗所表现的童真之趣具有同构性。如此读法，学生的心灵与所读的童谣童诗就可能会有更多的共鸣点，意义与语言也会具有更大的高效建构的可能。还值得一提的是一个精彩的创生细节——请学生用海门话念童谣。语言与言说主体的心灵紧密相连，家乡话是每一个人生命的基音，用家乡话念童谣，是月亮文化的地域化，更是文化走进个体心灵的一条捷径。

由"月问"开始的创编是明显的文化个体化活动，因为每一个学生都在建构属于自己的意义与语言。听一听孩子们充满智慧与想象的问题，读一读孩子们创编的童诗，可以发现有着明显的所诵读童谣童诗的影子，但又仅仅是影子，整体呈现出的还是属于孩子自己的想象、情趣与语言。我们可以看到，所读的内容正在走进孩子的心灵，正在内化为其心理结构的一部分，在阅读文化的同时，孩子们也在创造着自己的月亮文化。

坚守文化的语文和儿童品性，《童年的月亮》以合宜的教学内容提供了小学语文文化阅读的范本，拓展了小学语文课程的范畴，具有课程重构的意义。行文至此，我想表达一个期望。文化阅读，从理论上说其阅读内容应该具有经典性。经典是所谓文质兼美的，而像《月光光》《拜月亮》等童谣确为经典。如此看来，一部分童诗的语言质地还不能说是精品；退一步说，即便这些童诗仅具有样本功能（实际上确实发挥了样本功能，学生的创编基本上仿拟童诗而非童谣的样式），也应要求语言质地的上乘。基于《童年的月亮》所具有的课程重构意义，我衷心期望它能不断生长，在实践中，在积累中，臻于完美。

甘泉与"氧分"

——听周益民老师《童年的月亮爬上来》

薛瑞萍[①]

一、舒服

我确信：教师成熟的标志，就是其课堂教学形成独特的风格，稳定的节奏及一气贯穿、内在完满的韵律。追求属于自己的风格、节奏和韵律，这应当成为教师群体里每一个不甘平庸者的志向。

11月10日，在太原，第一次听《童年的月亮爬上来》。这不是我第一次听周老师的课，我知道我会感觉舒服。可是我没有想到，一堂关于月亮的课，可以上得如此舒服——确切地说，是如此滋润，如此养耳润心。

我的眼力极坏，戴上眼镜是中度近视，去掉眼镜几为盲人。那个上午，坐在第一排的我，从头到尾，周老师的面容我都看不清楚，更不要说课件和板书了，所以我的听课，是真正的"听课"，我的感觉，是真正的养耳润心。

二、中国的月亮

今天，我带来一组词串，哪位同学愿意来读一读？
于是我听见一个男孩正确流利地念：

夜空　圆缺　晶莹

嫦娥　玉兔　吴刚

凝望　沉思　怀想

李白　阿炳　华章

---

① 薛瑞萍，网名"看云"，安徽省合肥市第62中学小学部教师。

随着童音，感觉心中有一大块坚实僵固的东西在松动、在分解。我当然知道这些词语都和什么相关，孩子大约也是知道的。然而，周老师并不急于让学生展示那属于思维和意识层面的"知道"，周老师的目光似乎盯在答案背后更深的东西上。用了他一以贯之的从容和悠然，周老师又说："这组词串说的是什么？再请一位同学读，大家边听边体会。"

于是我听见一个女生字正腔圆地念：

夜空　圆缺　晶莹

嫦娥　玉兔　吴刚

凝望　沉思　怀想

李白　阿炳　华章

我不知道台上台下的那些学生和老师是什么感受，在当时，当我第二次听见孩子念出这串词语的时候，已然松动、分解的一块块东西，复又融通起来、流荡起来并且弥漫开去，随着那东西的融通、流荡和弥漫，我的心胸也随之变得开阔清朗。我知道，那是月光。不是我的思维，而是我的身心，被带到了月下。嫦娥的月亮，李白的月亮，阿炳的月亮，诗歌的月亮，音乐的月亮……古往今来，承载了无数世代的人们那不尽的情思和不尽的凝望的——中国的月亮。

读美国教师的《灰姑娘》教学实录，我们都会有所动有所悟。因为那个故事，那些问题，是诉诸所有人的思维、所有人的生活的。可是，周老师这不着一个"月"字的满堂月色，必定只有我们中国人，才能看得见，才能感觉到。

"月到天心处，风来水面时。一般清新味，料得少人知。"一首禅诗无端地浮上心头。这是中国人的月亮，这是周老师的月亮。

三、月亮月亮有几个？

"这几天，月亮正牵动着亿万人的目光，知道这一事件吗？"

"是'嫦娥一号'成功发射升空。"

"知道是哪一天吗？"

"是10月24日18时05分。"

这班孩子真的很棒啊！

"2004 年 2 月，我国绕月探测工程领导小组第一次会议召开，将工程命名为'嫦娥工程'。这几天，老师也在思考一个看起来有点儿怪怪的问题：月亮月亮究竟有几个？"

孩子们的回答精彩纷呈——

"有两个，一个是神话传说中的属于嫦娥和吴刚的月亮，一个是自然界的月亮。"

"对于思乡的人来说，月亮有两个，一个是故乡的月亮，一个是异乡的月亮。"

"对于水边望月的人来说，天上有一个月亮，水里有一个月亮。"

"月亮有无数个。因为天上一轮明月，地上有无数的江河湖泊，只要是有水的地方，就有一个月亮。"

……

孩子真的很了不起。一堂好课好比是一轮明月，一群聪慧秀颖的孩子，就是让那轮明月得以吐出清辉的夜空啊。

也许有人会说，恰巧遇到出色的学生，是公开课教师的幸运，是可遇不可求的好事。我则认为，这样的美缘、善缘，其实是早就注定了的。只要教师胸中先有了一轮明月，何愁不会遇上青冥浩荡的夜空。

这轮明月一旦升起，无论日后的课堂遇着怎样的风雨阴晴，都丝毫无损于明月的皎洁圆满，因为这月亮是属于性灵的。

四、月亮月亮我问你

个别读、领合读、对读、击掌读、叩桌读，读过那些童诗童谣之后。"月亮高高地挂在天上，那么神秘。看着它，小小的心中就会飞起无数个问号。当年大诗人屈原仰望苍天，一口气问了 170 多个问题，其中有这样两句：'夜光何德，死则又育？厥利维何，而顾菟在腹？'意思是说：月亮有着什么德行，竟能死了又再重生？月中黑点那是何物，是否兔子腹中藏身？屈原是'天问'，今天，我们也来一回'月问'。想一想，在你小的时候，或者就把现在的自己当成一个小小孩，看着那神秘的月亮，有过什么疑问？"

踊跃提问之后，学生发现几乎所有的问题——念到的童诗童谣都已经提出，并且回答过了。就这样，孩子们又把童诗童谣读了一回。

"古往今来皆如此，牛山何必独沾衣"啊。这个时候，课堂教学回归的是文本，是月亮，更是古今一也的童心——是童心应有的圆融合一，是个体生命及生命与生命之间的融通合一。

充分提问与充分回答之后，教师让学生尝试着把疑问及答案用诗歌的形式表达出来。于是，我听见诸如此类的个人作品朗读：

> 月亮月亮我问你，
> 白天何时下来和我玩？
> 月亮婆婆笑眯眯，
> 孩子啊，
> 白天我在你心里藏。

> 月亮月亮我问你，
> 你为什么升得这么高？
> 月亮婆婆笑嘻嘻，
> 孩子啊，
> 夜空把我捧胸前。

> 月亮月亮我问你，
> 你那又大又圆的盘子里
> 装载了多少游子的思乡情？
> 月亮婆婆抹抹泪，
> 孩子啊，
> 所有的游子所有的情。

五、风流蕴藉

没有音乐，没有画面。"素月分辉，明河共影，表里俱澄澈。"这是月亮的本色，也该是关于月亮的课堂教学的本色。如此本色的月亮，我在周老师的课堂上看见了——听见了。

关于月亮的诗歌太多，周老师独独选择童诗童谣和儿童谈月亮，让童年的月亮爬进课堂，这是大有深意的。关于月亮的诗歌，即便是小学生，脱口而出的大多也是："春江潮水连海平，海上明月共潮生。""海上生明月，天涯共此时。""秦时明月汉时关，万里长征人未还。"……然而那些都是成人的月亮，古人的月亮，诗人的月亮。属于孩子的，真正能够让童心泛滥起无边的清辉和无边的想象的童年的月亮在哪里呢？童年的月亮，难道不更是孩子应当亲近的纯净、高远和神奇？

那天，周老师把这轮童年的月亮带给孩子，也带给了我。我听得很舒服，我的舒服源自童年应当享有的清浅和新鲜。在周老师的课堂上，我于无意中邂逅了自己的童年，那个在夏夜凝望天空想入非非的毛丫头。童真童趣之于成人，如同甘泉一样具有滋养的功能；童真童趣之于儿童，更如空气中的"氧分"一样一时不可或缺。这是周老师的课，让我在舒服之余体悟到的。

"瘦瘦的，戴眼镜，看起来很斯文"，这是课前一个孩子对周老师的评价。真是说到点子上了。半开玩笑地，周老师向那个孩子承诺："周老师决心把斯文进行到底。"

其实，斯文与否以及是否能够将其进行到底，这实在是一件非关决心的事情。周老师的斯文，是从骨子里面散发出来的一种气息，和煦、秀雅，澄澈、清新——因他没有丁点儿的方巾气、道学气，所以我不说他是儒雅的。

风流如斯，蕴藉如斯。斯人也而有斯月，斯人也而有斯课。愿童年的月亮永驻周老师心间。

2.语言的狂欢与精神的自由

——《这里有个颠倒的世界》教学记录

教学年级：五年级

教学时间：60 分钟

执教日期：2008 年 3 月

基本思路：由情趣至理趣，由趣味向意味

（课前游戏："反口令"。教师说"坐下"，学生"起立"，教师说"左手"，学生举"右手"，等等。学生玩得兴致勃勃。）

一、引出颠倒歌

师：同学们的反应都很机敏，下面考考大家对语言的敏感程度。词语搭配，请以最快的速度说出答案。（出示）

咬　牛奶	夹　火车
喝　面包	上　皮包

生：咬面包，喝牛奶，夹皮包，上火车。

师：完全正确。我想，谁要是说成"咬牛奶，喝面包，夹火车，上皮包"（生笑），那肯定要被笑掉大牙了。不过咱们先别笑，有人偏就这么说了，这不算，他还连着说了一长串。你们看——（出示）

咬牛奶，喝面包，

夹着火车上皮包。

东西街，南北走，

出门看见人咬狗。

拿起狗来打砖头，

又怕砖头咬我手。

所有事情全颠倒，

你说该有多好笑。

（指名一生读，该生边读边笑，座位上的学生也笑个不停。）

师：刚才不少同学在笑，你们为什么笑呢？

生：因为我没有见过人会咬狗。

生：我从来没看到人夹着火车走的。

师：嗯，是从来没看到过，那人有特异功能，或者夹的是火车模型。（生大笑）

生：我没有看到砖头会咬人，用狗来打砖头。

师：这些咱们都没看到过。看来，这首童谣把事物的正常面貌颠倒过来了。像这样的童谣儿歌，故意把事物的本来面目颠倒过来叙述，人们叫它"颠倒歌"，也叫"古怪歌""倒唱歌"。那么，这首颠倒歌如果正过来说会怎么样呢？同桌讨论下。（学生同桌间热烈讨论，而后教师指名交流。）

生：咬面包，喝牛奶，夹着皮包上火车。东西街，东西走，出门看见狗咬人。拿起砖头来打狗，又怕狗咬我的手。所有事情不颠倒，你说该有多不好笑。（生笑）

生：我觉得最后可以这么说：所有事情不颠倒，你说该有多无聊。（众笑）

师：这样一改，更注意了音节的统一，更富有韵律感，很好。"所有事情不颠倒，你说该有多无聊。"确实，幽默诙谐，生动有趣，正是颠倒歌的主要特点。我们一齐诵读这首颠倒歌，读出其中的趣味。（生齐读）

二、趣味诵读

师：我们再来看一首颠倒歌。（出示）

姐姐十五我十六，

妈生姐姐我煮粥。

爸爸睡在摇篮里，

没有奶吃向我哭。

（指名读，读至三、四行，生大笑。）

师：这爸爸可真够可爱、可怜的。你们看过曹文轩的长篇小说《草房子》吗？（不少学生说看过）这是小说主人公桑桑大声说唱的一首颠倒歌。我们一起来看一下。（放映电影《草房子》片段，教师相机介绍：这就是桑桑……走过去的女孩叫纸月……）小说里，桑桑对纸月产生了一种微妙的感觉，他看见纸月从身旁经过，非常兴奋，就大声念起了这首颠倒歌。这里，颠倒歌传达出了人物的快乐情绪。

这首颠倒歌，除了影片中桑桑那样的读法，咱们还可以创造出很多不同的、很有意思的读法。比如，像说相声那样。相声有捧哏和逗哏，看周老师怎么加上应答，做个捧哏的。找个同学合作下，你只管说颠倒歌，看我怎么应答。

（师生合作）

生：姐姐十五我十六。

师：有这事儿？

生：妈生姐姐我煮粥。

师：不会吧！

生：爸爸睡在摇篮里。

师：啊？

生：没有奶吃向我哭。

师：嘿！

（学生笑并鼓掌）

师：哪位同学上来挑战周老师，也来做回捧哏？其他同学一起配合下。

生：（齐）姐姐十五我十六。

生：没搞错吧？

生：（齐）妈生姐姐我煮粥。

生：你会吗？

生：（齐）爸爸睡在摇篮里。

生:（作晕倒状）我的天！

生:（齐）没有奶吃向我哭。

生: 有你了吗？

师: 你的捧哏很棒，很有创意。我们要学会欣赏，大家掌声响起。（生鼓掌）我们还可以加上衬词，比如"那个""啊"之类。老师也先试一下。

姐姐那个十五我啊十六，

妈生那个姐姐我啊正在煮粥。

爸爸睡在那个摇篮里啊，

没有那个奶吃正在向着我哭。

（生鼓掌，笑。）

生:（边笑边说）我试试看。

姐姐刚满十五我已经十六，

妈生那个姐姐喊着叫我煮粥。

爸爸一天到晚睡在那个摇篮里啊，

没有那个奶吃只会向着我哭，哇哇——

（生大笑）

师: 他的衬词加得很有变化。我们再试验着用各种节奏诵读，快的，慢的，先快后慢的，先慢后快的，等等，都可以。听过周杰伦的歌吗？（生齐说听过）他的歌里有很多说唱，你也可以那样说。

（学生用各种节奏读，有的模仿周杰伦的歌曲风格，有的用类似音乐节拍中的四分音符、八分音符、附点音符的节奏型，教师均给予鼓励。）

师: 我们还可以用方言，也就是用家乡话说。当然，在说的时候，有些词语需要换成本地方言中的说法。比如海门话里，"睡"得说成"困"。我先用海门话说一遍。

（教师用海门话说，学生笑并鼓掌。）

师: 谢谢同学们，你们的掌声不是给我的，是给我的家乡文化的。家乡话是地域文化的重要组成部分。谁愿意用你的家乡话来说一说？

（一生说得结结巴巴，夹杂着普通话。另一生则比较流利、比较纯粹。）

师：你们的家乡话多好听啊，咱们学了普通话，千万不要忘了家乡话。刚才咱们设计的诵读方式，既有时尚元素，又有原生态风情，为颠倒歌注入了更多的趣味。今天，我们就一起来步入一个颠倒的世界。（出示课题：这里有个颠倒的世界）

三、由点及面的感受

师：我为大家带来了一组颠倒歌。大家拿到后，先完整诵读一遍，然后选一首，想想我们刚才的那些诵读方式，独立或者跟旁边的同学设计诵读，看谁的诵读有意思，希望还有更多的创造。

（分发颠倒歌阅读材料。学生阅读，讨论设计诵读方式，约6分钟。）

（学生分别选择其中的颠倒歌用多种方式诵读展示，形式很丰富。用家乡话，各种节奏，还有同学把相声与方言进行了组合，衬词与方言组合，有同学填上了熟悉的曲调演唱，有的演起了双簧。）

师：我看到了同学们的智慧，要感谢颠倒歌，是它唤醒了大家。最后咱们一起合作，再体验一种方式：反复说第三首第一句，"一个老头七十七"，要说得有节奏。看老师手势，我手势越低，你们声音就——（有学生说"越高"），呵呵，咱们现在不颠倒（生笑），我手势越低你们声音就越低。我手势越高，你们声音就越高。

（全体学生随着教师手势指挥控制音量，从低逐渐到高，到最高音后一下降至最低音，反复有节奏地念诵"一个老头七十七"，类似合唱的感觉。学生很兴奋。）

师：这些颠倒歌涉及的面很广，动植物、生活习俗、学习、自然现象，等等。在这个颠倒的世界里，四季可以打乱，雌雄可以混淆，弱者可以战胜强者。如果仔细些，还会发现，这些颠倒歌之间还有着细微的差别，有些颠倒歌就是纯粹的颠倒句的组合，比如第二首。

（学生齐读：稀奇稀奇真稀奇，麻雀踩死老母鸡，蚂蚁身长三尺六，八十岁的老翁睡在摇篮里。）

师：有些则富有情节性，好比一个小故事，比如第三首。

（学生边拍桌子边读：一个老头七十七，娶个老婆八十一，生个儿子九十九，得个孙子一百一。）

师：这位同学读得多投入啊，他一边拍桌子一边脑袋还不停地点着（生笑），感觉很好。这里边，有许多都是传统儿歌。小河边，月光下，它们不知吟了多少辈，传了多少代。所以有人说这是"长胡子的童谣"，也有人说这是"祖母的歌"。我们的传统儿歌还引起了很多老外的兴趣。1900 年，有个叫何德兰的美国人就收集编印了一本《孺子歌图》，在纽约印刷发行。孺子就是小孩子，孺子歌就是——

生：（齐）小孩子的歌。

师：对，就是儿歌、童谣。这是我国第一部被翻译介绍到国外去的儿歌集。在这本书里，就收录了这样一首颠倒歌（出示）：

> 忽听门外人咬狗，
>
> 拿起门来开开手，
>
> 拾起狗来打砖头，
>
> 又怕砖头咬我手。
>
> 骑了轿子抬了马，
>
> 吹了鼓，打喇叭。

（指名一生读）

师：有没有发现，这首颠倒歌跟我们开始上课时读的那首很像？（生：是）算起来，这首童谣至少有一百几十岁了。一百多年来，世界已经发生了翻天覆地的变化，奇怪的是，这样的童谣流传到今天，几乎没怎么变模样，可见生命力有多强大。（指名再读）

四、创作交流

师：读了这么多，同学们心里也有点儿跃跃欲试了吧。咱们也来创作颠倒歌。可以单独创作，可以同桌、前后四位同学合作。可以写下来，也可以口头创作，儿歌本来就是口耳相传的。老师给大家几点创作"小贴示"（出示）：

> 创作"小贴示"：
>
> （1）选定范围（事、人……）；
>
> （2）有趣、顺口；
>
> （3）可用以下句子开头：
>
> 倒唱歌，顺唱歌，河里石头滚上坡。

太阳从西往东落，听我唱个颠倒歌。

怪事多，怪事多，天下怪事实在多。

（学生情绪很高地讨论、写作，约7分钟，而后交流，教师简单评点。具体见"附1"。）

五、颠倒的意味

师：同学们创编的这些颠倒歌很有意思，大家课后可以多多诵读，最好利用课余时间去教幼儿园、低年级的小朋友说说。

颠倒歌好玩有趣，让人一听就忘不了。有一位叫耿占春的诗人，小时候跟姥姥学了很多颠倒歌。现在他已经年过半百了，他是怎么回忆那段时光的呢？（出示，教师朗读。）

> 这和强者欺侮弱者的生活世界是多么不同，和刻板的环境是多么不同。它颠倒了自古以来的世界秩序……童谣的编唱者在话语中颠覆了它，为无数失败的反抗者复了仇，为被奴役者喊出了疯狂的愿望。……在这些童谣中，我度过了一个古老的语言的狂欢节。
>
> ——耿占春

师：这段话看起来有点深奥，这样，你们跟着我来读读（生跟教师逐句读）。看看刚才读的这首颠倒歌，里面为谁复了仇？（出示）

小槐树，结樱桃，

杨柳树上结辣椒，

吹着鼓，打着号，

抬着大车拉着轿。

蚊子踢死驴，

蚂蚁踩塌桥，

木头沉了底，

石头水上漂。

小鸡叼个饿老雕，

老鼠拉个大狸猫，

你说好笑不好笑。

生：为蚊子和蚂蚁复了仇。

师：你来读。

生：（读）"蚊子踢死驴，蚂蚁踩塌桥"。（语气较平淡）

师：你能不能把颠覆后的畅快读出来？

（生再读，语气很好。）

师：是啊，驴啊，原来你也有今天！好痛快！（生笑）

生：还为小鸡、老鼠、麻雀复了仇。（很有感觉地读）"小鸡叼个饿老雕""老鼠拉个大狸猫""麻雀踩死老母鸡"。

师：那你们说说是谁为这些弱小者复了仇？

生：是这些颠倒歌。

生：是童谣的编唱者，是那些爷爷、奶奶们。

师：是的，是童谣的编唱者，是童谣，是语言。现实中很多不可能的存在，在语言中实现了。真应该感谢这些童谣的编唱者，感谢我们古老的语言。一起读这首颠倒歌，表现出颠覆后的痛快淋漓。

（生齐读，语气很好。）

师：可见，颠倒歌让人痛快，除了它好玩有趣，有一些颠倒歌其实还是绕着弯地、曲折地说出了人们的心里话，说出了人们的愿望，耐人咀嚼。自古以来，我国民间就流传有不少这样的颠倒歌，抨击不合理的社会现象和是非颠倒的怪事，诉说自己的不满。新中国成立前老百姓中就流传着这么一首颠倒歌（出示）：

泥瓦匠，住草房；

纺织娘，没衣裳；

卖盐的，喝淡汤；

种田的，吃米糠。

编凉席的睡光床，

当奶妈的卖儿郎。

（指名一生读）

师：还是颠倒歌，不过已经让人笑不起来了。大概正是因为这种颠倒世界的耐人寻味，许多童话作品也有这样的描写。看过郑渊洁的童话吗？（很多学生点头表示看过）他有一部童话叫《魔方大厦》，其中的第三集是《装在罐头里的爸爸妈妈》。这天，主人公来克来到了一座奇怪的城市，这座城市的所有大人都归孩子管，连市长都由孩子轮流当。这回，来克当上了市长。我们来看看来克市长办了件什么事——

（放映动画片片段。来克想到自己的爸爸妈妈整天把他关在家里，总是按照大人的意志来管他，还不让他交朋友，憋得难受。他就想让大人也尝尝憋得慌的滋味儿。他宣布了施政方案："把所有的爸爸妈妈都装进罐头里。"）

师：你们觉得郑渊洁了解咱们孩子的心思吗？

生：我觉得他很了解我们，我们孩子总是被大人管头管脚。

生：我们孩子不是一天到晚都该待在家里的，爸爸妈妈真不了解我们，现在让他们尝尝这样的滋味。

生：跟我想的是一样的，有时候爸爸妈妈啰嗦死了，我就恨不得马上长大，不再受他们的管束。

师：爸爸妈妈们想要我们学习好，出发点是好的，但是他们却不知道那样压抑了我们的个性发展，郑渊洁正是用这样一种荒诞又极端的方式说出了我们的心声。如果说前面颠倒歌里大多是一般生活知识、常识的颠倒，是直接的内容颠倒，那么这些则是需要思想后才能发现的对生活现实的颠倒，是思想的颠倒。我想，今天我们学到了一种方法，以后，当我们感到郁闷、压抑、烦恼的时候，也可以通过这样一种方式进行宣泄（有学生说"写颠倒歌"），是的，可以到语言里去颠倒一下。（生点头，笑。）

六、趣味结课

师：下面，我再送大家一首颠倒歌（出示，教师读）：

> 空手把锄头，
> 步行骑水牛，
> 人从桥上过，
> 桥流水不流。

——（南北朝）傅大士

师：你们都听明白了吗？

生：（齐）明白了。

师：这首歌可大有来历，大概有 1400 多年了。传说这是佛学大师傅大士写的。傅大士是南北朝时的佛学大师，据传是弥勒菩萨的化身。他写了这首众生颠倒的偈子（佛经中的唱词），千古以来，没有几人参透，如果能参透，就悟道了，也就是知道了天地的玄机，人生的奥秘。我很高兴，刚才很多同学都说读懂了。（众笑）好，我们一齐记住这首颠倒歌，祝愿你们早日悟道。（生齐读）

师：最后，让我们以颠倒的形式来结束今天的学习。（教师说"上课""坐下""老师们再见"，学生起立说"同学再见"。）现在，我送给大家一首我写的颠倒歌（出示，教师念读）：

> 嘿
> 不说拜拜反倒问声好
> 离开教室却嚷开始上课了
> 一个学生倒有几十个先生教
> 心里快活还把那嘴巴
> 咴得比天都要高

（众笑，鼓掌，下课。）

附 1：部分学生课堂现场创编的颠倒歌

> 秦武帝，汉始皇，
> 赵匡胤撞见关云长。
> 刘邦跳江项羽称王，
> 孔子和朱熹只隔一面墙。
>
> ——周子杨

> 怪事多，怪事多，天下怪事实在多。
> 鱼儿天上飞飞飞，鸟儿水里游游游。
> 蜘蛛长了四条腿，蛇儿变成八脚怪。
> 白天月儿挂上天，夜晚太阳提灯笼。

裤子戴在头顶上，帽子挂在膝盖边。

萝卜结在桃树上，樱桃埋在泥土中。

——张致睿　夏之林

我系鞋带鞋系我，

我下床来床打我，

脱了衣服去上学，

路上遇见小巫婆。

眼看太阳快落下，

还不上学要迟到。

一到学校真不早，

老师读着漫画在睡觉，

同学趴在桌上做早操。

——金　天

夏天穿个大棉袄，冬天穿个短衣裤。

见了老师就叫猫，拿着鸟粪喊元宝。

举着棉花要磨刀，拆下大门说防盗。

你说这事怪不怪，要是不懂来找我。

——武　佩　王　劫

小学操场真有趣，

抬起手来打足球，

举起脚来投篮球，

跑步用的是双手，

乒乓靠的是双脚。

——袁腾飞

造房子，造房子，

砸了玻璃拆了窗，

撬了地板开门洞，

这种房子给谁住，

齐天大圣孙悟空。

119，来救火；
120，来救护；
110，抓小偷；
114，百事通。

—— 陈一波

书包背我上学去，西边太阳东边雨。
上课调皮是好事，考了零分得奖励。

—— 陈佳黛

太阳从西往东落，我考零分妈妈笑。
语文课上做数学，课间休息上补习。
母鸡下出小狗崽，刘翔打起乒乓球。
戴上鞋子穿上帽，爸爸留起长辫子。
你说奇怪不奇怪，这个世界颠倒了。

—— 陈任智美 莫 莉

狗给人来上课，
猫给人来按摩，
狗飞鸡跳，
蝉捕螳螂，
鸡给黄鼠狼来拜年。

—— 穆 桂

去北京的火车向着上海开，车头拼命冲向沙漠来。
北辙南辕真好玩，乐得那司机晕了菜。

前不见来者，后不见古人。
诸葛亮来唱 RAP，周杰伦来打曹操。
华雄温酒斩关羽，三个诸葛亮顶个臭皮匠。

—— 蔡方琛

今天我们来上课，认识了什么叫作怪事多。

说举左手却右手，说要起立却一屁股坐。

老师后脑勺戴眼镜，麦克风被两腿夹。

平常都是狗咬人，今天来这人咬狗。

一切事情都反了，我要唱首颠倒歌。

明天的太阳今天到，

白日的霞光晚上照，

街上的男人穿裙子，

街上的女人睡摇篮。

冬天热，夏天冷，

老鼠吃了大花猫，

地上小鸡把鹰叼，

你说好笑不好笑。

——郭淼媛　安　泰

附2：阅读材料

一

小槐（huái）树，结樱桃，

杨柳树上结辣椒，

吹着鼓，打着号，

抬着大车拉着轿。

蚊子踢死驴，

蚂蚁踩塌桥，

木头沉了底，

石头水上漂。

小鸡叼个饿老雕，

老鼠拉个大狸猫，

你说好笑不好笑。

二

稀奇稀奇真稀奇，

麻雀踩死老母鸡，

蚂蚁身长三尺六，

八十岁的老翁睡在摇篮里。

三

一个老头七十七，

娶个老婆八十一，

生个儿子九十九，

得个孙子一百一。

四

太阳出西落在了东，
胡萝卜发芽长了一根葱。
天上无云下大雨，
树梢不动刮大风。
滚油锅里鱼打浪，
高山顶上把船撑。
东洋大海失了火，
烧毁了龙王的水晶宫。
一只蚂蚱（zhà）咬死驴，
小麻雀一嘴叼死鹰。
阳关道上有人骑着大刀扛着马，
又来个口袋驮驴一溜风。
半空中有个兔子咬死鹰，
院子里老鼠拉猫钻窟（kū）窿。
小鸡吃了黄鼠狼，
青蛙吃了个长蛇精。

五

打起喇叭吹起锣，
听我唱支颠倒歌——
黑夜做了个白日梦，
梦见个小孩胡子多，
七点半上课八点走，
急急忙忙倒着挪（nuó）。
下课问了一声老师早，
上课他比老师说话多。
对着地图头挠（náo）手，

缩缩眼睛挤挤脖：
长白山在广东省，
辽宁有个大渡河，
耳朵看了直流泪，
眼睛听了直打嗝（gé）。

六

脚上戴好帽子，
手上穿好鞋子，
爷爷梳梳辫子，
奶奶捋（lǚ）捋胡子。
提水拿竹篮子，
装豆拿网兜（dōu）子。

七

嘴巴听，
鼻子看，
耳朵说话眼吃饭。

手走路，
脚提篮，
肩膀跳舞腿挑担。

八

仲秋月夜黑洞洞，
树枝不动刮大风。
兔子枕着狗腿睡，
三天的孩子牙根疼。

比梦更美　比幻想更动人

——试读周益民《这里有个颠倒的世界》

曹春华 [①]

诚如新批评派们所宣告的：文学作品一旦产生，作者便宣告"死亡"。当然此处的"死亡"仅是一个譬喻，其含义和"消隐"差近。就是说文学作品完成之后便成为阅读的"文本"，此时阅读的主体便是读者，应尽可能多地减少作者在"阅读接受"过程中的影响，即减少"阅读谬误"，以保证阅读的科学、客观和公正。如果我们不妨将周益民先生创作的此课也看作一部文学作品的话，既已诞生，便成为一个凝固状态的时空文本。请周先生原谅我的冒昧，让我们暂宣告他的"死亡"（消隐），而细细地来品读这一特殊的文本吧。

恩格斯说过，思维是人类最美丽的花朵。思维何其乎美丽？恐怕是因为人总是以"美"的尺度来创造的吧。人要以"美"的尺度来创造，前提必须是"自由"，即马克思所说的"人的自由和谐的发展"。然而，至少在今天，人还不够"自由"，马克思所说的人的自由的境界还在"彼岸"，那是人类矢志不渝奋斗的方向。因为人的精神生命在当下发展的路途中，还存在着如海德格尔所说的"遮蔽"。对此我国的古人早就看得清楚："年岁既长，染指益多，积弊遂重"，而到了物质高度发展的现代，由于"遮蔽"而引起的人的"异化"已经到了无以复加的程度，以至于哲学家牟宗三惊呼："现在的人太苦了，人人都拔了根，挂了空。人人都剥掉了应有的陪衬，人人都在游离之中。"面对现代文明的症结，西哲尼采作过同样痛苦的判决："我漫步在人中间，如同漫步在人的碎片和断肢中间！……我的目光从今天望到过去，发现比比皆是人的碎片、断肢和

---

① 曹春华，任职于江苏省海安县教育局。

可怕的偶然——可就是没有人。"从某种意义上说，人类一切的能称为"文化"的行为，其目的都可以归结为：人类在尘世获得自赎的努力。他们在"究天人之际，通古今之变"的过程中实现"为天地立心，为生民立命，为往圣继绝学，为万世开太平"的不朽功业。毫无疑问，人终有一个世界"在"，但从梦里醒来，人该往何处去？何处才是人诗意栖居的"家"？先贤们在哲学、艺术、宗教等诸多领域中孜孜以求，终于，"遮蔽"的秘密得以揭示，"遮蔽"得以"反拔"而获得"澄明"。维柯给我们提示了思考的方向：一种东西的本性就是它的起源。沿着这样的路径，尼采经过痛苦的思索发现："艺术家本来就已经是一种停滞的生灵，因为他停留在少年及儿童时代的游戏之中。"海德格尔认为：人的精神生命的澄明之境，那是"诗"。他说："（真理）产生的过程将这种在者以这样一种方式置于敞开之境中：那最初产生的在者在其出现的区域使敞开之境的敞开变得澄明。"就是说人只有在"诗"中才能取得生命的本真存在。刘士林先生进而分析说："只有在诗本体的虚无结构中，人的精神生命才能自由出场，人的本真存在也不再受逻辑、符号、模式的扭曲与遮蔽，实现自身展示自身的澄明。"这种摒除了一切"遮蔽"的"诗"的澄明之境，让我们想到了"儿童"状态——诚如老子所言："复归于婴儿。"尼采不是把象征着"完美的开始"的精神状态也谓之精神的"婴儿"状态吗？明代文论家李贽说："夫童心者，绝假纯真，最初一念之本心也。"他进而认为"天下之至文，未有不出于童心焉者也"。对人类命运有自觉担负的人及其作品，我们都可以看到其中"保卫儿童"的努力。正如海德格尔所指出的"事实本身是不会从遮蔽状态站出来站到无蔽中去的"，那么"保卫儿童"的行为不正可视为人类主动的"去蔽"吗？《这里有个颠倒的世界》正可视为这样一个"保卫儿童"的文本。

《这里有个颠倒的世界》这一教学文本对"保卫儿童"的努力，首先表现在让儿童眼界的"去蔽"，让儿童能以一种"混沌初开"的眼睛直观世界，尽可能地减少"视界惯习"染指的影响。儿童眼睛里的世界是什么样的，取决于他们以什么样的眼光去看这个世界。单调的眼睛看到的只能是单调的世界，诗意的眼睛看到的当然是一个诗意的世界。李贽在分析"童心"逐步丢失的原因时说："然童心胡然而遽失也？盖方其始也，有闻见从耳目而入，而以为主于其内，而童心失；其长也，有道理从闻见而入，而以为主于其内，而童心失。"这很让人不解，为何"闻见"越多，而童心越失？为何"道理"越多，而童心越失？见多识广、明道知理不应更加智慧？殊不知具有批判精神和启蒙意识的李贽看破玄机：一旦"闻见"和"道理"被当作一种僵死的教条，那就会束缚"童心"，遮蔽"童心"，以至"童心既障，于是发而为言语，则言不由衷"。这便失去了王国维所说的"赤子之心"。古今对人性的观点是何其相通，身为古人的李贽深谙人性对于语言的相关性，一语道明"童心既障"对语言的危害，正如现代学界所指出的思维与语言的同一性。《这里有个颠倒的世界》对"童心遮蔽"展开了强有力的颠覆。"从来如此，便对吗"？老鼠与小猫就是天生的宿敌？乌鸦天生就是愚蠢的代名词？在大狼面前，小羊只有被吃的份？还有那一大堆理所当然的量词、动词的搭配？这个世界多些可能而不是全是一元那该多么好玩多么美妙？可悲的是这些都是孩子们在学习中被以定论的形式学得的啊。我们看看，《这里有个颠倒的世界》都教的孩子们什么——

> 咬牛奶，喝面包 / 夹着火车上皮包 / 东西街，南北走 / 出门看见人咬狗
>
> 姐姐十五我十六 / 妈生姐姐我煮粥 / 爸爸睡在摇篮里 / 没有奶吃向我哭
>
> 稀奇稀奇真稀奇 / 麻雀踩死老母鸡 / 蚂蚁身长三尺六 / 八十岁的老翁睡在摇篮里

好玩，有趣，真逗，但丝毫不感荒诞。我们完全可以猜想在受着年复一年"科学知识"教育的孩子们乍见这样文字的惊异，更可想象继而他们的思维如久居牢笼的小鸟一朝放飞是何等的自由和快乐。恍若梦境，比梦更美；恍若幻想，比幻想更动人。海德格尔说："作为真理设定在作品里，一切艺术本身就其本质而言都是诗。"孩子们在这样的"诗"中何止是过着一个语言的狂欢节，那不更是一个思维的狂欢节吗？《这里有个颠倒的世界》一课的价值，我觉得便是还孩子们以"自由"，是思维去除束缚遮蔽之后的自由驰骋，是知识去除僵化遮蔽之后的自由智慧。因着这"自由"，孩子们在后来的创作中，思维才绽现出那样美丽的花朵——感谢这样有着"当头棒喝"意味的石破天惊。

或许，有人会说"荒诞"，其言下之意为：颠倒是非，与事实不符。殊不知，如果我们把这个教学文本看作"诗"，本来"'诗'比事实更真实"，更何况我们可以把这种差异看作一种富有"张力"的修辞；我们更可以把这个文本看作一场语言的游戏，其目的就是引发学生对现实世界的重新观照；退一步说，用索绪尔的观点看"能指"和"所指"，本身就不是一种唯一可能的对应。总而

言之，这貌似"荒诞"的背后蕴含着多么丰富的意味。

或许，有人会追问教学的"意义"。或许他们会认为以如此"荒诞不经"的教学，于提高学生们的"分数"丝毫没有帮助。但在一个"功利"的土地里生长不出"诗"的树苗。更要知道，精神突围的思维灵光何其可贵，往大里说那是民族创新的源头活水。虽不敢肯定该课对民族精神的精神意义如何，但在课程和教学观意义上的启蒙价值是不言而喻的。

还是让我们把这样动人的"诗"的作者请回来吧。是周益民用他的真心创造了这"诗"意盎然的世界，是他不减的"童心"留下了这片自由的空地。费尔巴哈说"只有真情才能跟真情对话"，那么不也可以说只有"童心"才能跟"童心"对话，也只有"童心"才能创造"童心"？

我想到了周益民《皇帝的新装》一课的教学，在那一课中体现着他"穿越谎言的迷雾，抵达真实的世界"的努力。与那"打假"一课遥相呼应的此课，创造的是一个虚幻迷离的世界。这可以看出周益民在"保卫儿童"征途上新的努力，更看出周益民在这一课背后形上的意蕴。唯其"虚"方能"静"，唯其"静"才能更"真"。这更让我联想到了佛家看山水的眼光：山是山，水是水；山不是山，水不是水；山还是山，水还是水。

山还是山，水还是水。但多了更多的可能，多了更多的意蕴。或许，经过此课，当孩子们回过头来看这个世界时，世界当然还是这个世界，但可以肯定，他们看到的已经不是原来的那个世界。

游戏一样好玩的语文课

张康桥 [1]

李振村先生曾提出"让语文变得好玩一点",我也常想:如果语文课能像游戏一样就好了。因为儿童对游戏总是充满兴趣、乐此不疲,如游戏一样的语文课肯定是高效的。周老师的《这里有个颠倒的世界》就是一节"如游戏一样好玩的语文课",课堂生动活泼,洋溢着童趣,孩子乐在其中。

一、游戏从缩短心理距离开始

正是因为心理距离比较远,所以儿童才不愿意和老师"玩",自然也不愿意和文本"玩"。所以,教学要成为游戏,首先要解决的是缩短教师、学生与文本之间的心理距离。周老师深谙其道,课前先与学生一起玩了一个"反口令游戏"。在愉悦的笑声中儿童觉得老师原来挺好玩的,我们学习的内容也是挺好玩的。有了这样的铺垫,下面的学习活动也就水到渠成了。

二、任何游戏者都应该知道从哪儿开始到哪儿去

任何人玩游戏,都知道起点在哪里,终点在哪里。如果不知道,游戏者就会失去方向。所以周老师的一些不太引人注目的话其实很重要:

"'所有事情不颠倒,你说该有多无聊。'确实,幽默诙谐,生动有趣,正是颠倒歌的主要特点。我们一齐诵读这首颠倒歌,读出其中的趣味。"

"读了这么多,同学们心里也有点儿跃跃欲试了吧。咱们也来创作颠倒歌。可以单独创作,也可以同桌、前后四位同学合作。可以写下来,也可以口头创作,儿歌本来就是口耳相传的。"

---

[1] 张康桥,特级教师,江苏省溧阳市实验小学校长。

这些话成功地实现了教学目标与学习目标的转化，让每个游戏者都知道了"从哪儿开始到哪儿去"。这一点，对于当前的阅读教学有重要意义。之所以教学不能成为游戏，是因为学习者不知道学习的方向，总是要等到教师的肯定后才知道原来我们要到"这里"。

三、没有全身心的投入就没有真正的游戏

真正的游戏总是需要游戏者全身心投入。如何让学生全身心投入？周老师巧妙地安排了一个"趣味诵读"的环节，引入了相声捧逗、加衬词、打节奏、用家乡话诵读以及说唱等多种形式来调动学生各种感官参与学习。其实不仅如此，阅读下面的片段，我们还会有新的发现：

> 师：哪位同学上来挑战周老师，也来做回捧哏？其他同学配合一下。
>
> 生：（齐）姐姐十五我十六。
>
> 生：没搞错吧？
>
> 生：（齐）妈生姐姐我煮粥。
>
> 生：你会吗？
>
> 生：（齐）爸爸睡在摇篮里。
>
> 生：（作晕倒状）我的天！
>
> 生：（齐）没有奶吃向我哭。
>
> 生：有你了吗？

最为重要的是：在此过程中，每个儿童都充满了新奇感与创造感。个人以为，新奇感与创造感才是吸引儿童全身心投入的秘密所在。

如果在我们的语文课堂上都能让孩子充满了新奇感与创造感，那么教学自然而然就成为游戏了。

四、游戏的规则是让学生自由欢唱

为什么孩子喜欢游戏？因为游戏的本质是自由——这个世界上没有一个孩子不喜欢自由。"颠倒歌"为什么对孩子有吸引力？就是因为它打破了许多常识

的束缚，不仅是"为弱小者复了仇"，更为重要的是让孩子享受到了突破常识束缚后所带来的解放与新奇。但不要以为孩子喜欢散漫的自由，他们更喜欢的是有内在规则的自由，也就是真正的自由。因此，孩子们在玩游戏时，总是十分认真地对待规则，对于违反游戏规则的人轻者表示愤慨，重则不和他玩。

还是从"趣味诵读"这个版块来看，周老师有这样三个重要步骤：第一步，让每个孩子知道读颠倒歌"要读出其中的趣味"；第二步，通过相声的逗、捧、衬词、说唱节奏、家乡话等各种形式引领孩子诵读；第三步，由点及面，孩子自由选择诵读。

解读这三个步骤：第一步引入基本规则——要有趣味；第二步实际上就是建构游戏方法规则，启发多种游戏方法；第三步就是自由创造，享受游戏。其实，整堂课从"引入颠倒歌""趣味诵读颠倒歌"到"自由创作颠倒歌"等，也是如此。

这告诉我们——没有规则就没有真正的自由，没有规则也就没有真正的游戏。只有孩子掌握了游戏的规则，才能体验真正的游戏快乐。仅举一例："我系鞋带鞋系我，我下床来床打我，脱了衣服去上学，路上遇见小巫婆。眼看太阳快落下，还不上学要迟到……"当这个学生宣读自己的作品时，不需要老师表扬，他自己就感受到了幸福，因为他已能依据颠倒"规则"进行新的创造。

五、好的游戏是充满魅力的

但是，语文教学不能仅仅停留在简单的游戏层面，游戏真正的魅力来自学生对语文的热爱。要做到这一点，就必须让语文本身焕发魅力。问题是教师如何让语文本身焕发魅力。

在教学的第一个版块中，有这样一个环节：当周老师要求把"颠倒歌"正过来说时，有两个学生发言，一说："咬面包，喝牛奶，夹着皮包上火车。东西街，东西走，出门看见狗咬人。拿起砖头来打狗，又怕狗咬我的手。所有事情不颠倒，你说该多有不好笑。"另一学生说："我觉得最后可以这么说：所有事情不颠倒，你说该有多无聊。"此时，周老师道："这样一改，更注意了音节的统一，更富有韵律感……"这里的评价就是帮助学生分享了语言的奥秘，让语文散发出了魅力。

值得注意的是在"颠倒的意味"这一部分，周老师引用了耿占春的话，说明了"颠倒歌"的背后耐人寻味的深意；通过郑渊洁的《装在罐头里的爸爸妈妈》，揭示了"颠倒歌"不仅好玩有趣，更重要的是表达了人们的心愿。至此，孩子们真正懂得了"颠倒歌"的内涵与意义。如果没有这样的环节，孩子们就会认为"颠倒歌"只是为了新奇和好玩，那终究是会为更刺激的"新奇与好玩"所取代。

　　总而言之，让孩子爱上语文本身才是"教学成为游戏"的目的，而不是为了游戏本身！

3. 回互其辞的智慧

——《谜之谜》教学记录

教学年级：五年级

教学时间：60分钟

执教日期：2008年11月

一、猜谜，引出谜语

师：同学们喜欢猜谜吗？那我们就来猜个谜吧。请听好：麻屋子，红帐子，里面裹着个白胖子。是什么？

生：是花生。

师：说说理由。

生：它说"里面裹着个白胖子"就是花生的果肉。

师：就是通常说的花生仁。"麻屋子""红帐子"呢？

生："麻屋子"是花生的壳，"红帐子"是裹在花生仁外面的那一层皮。

师：是那层"衣"。这个谜面描绘了花生的样子，所以我们一下就猜出来了。咱们同学真会动脑子。请继续听题：草地来了一群羊。打一水果。

生：是草莓。

师：怎么是"草莓"呢？

生：因为"没有"的"没"和"草莓"的"莓"是别音。

师：是谐音。

生：哦，是谐音。草地上来了羊之后，羊就会吃草，草就没有了，这就是草莓（没）。

师：都听明白了吗？

生：（齐）听明白了。

师：你很会思考，又善于表述，将思考的过程讲解得清清楚楚。这个谜面也是描绘样子的吗？

生：不是，它是……要我们想一想的。

师：我明白你的意思，但不容易表述清楚，这则谜面是说事物之间关系的。请继续听：接着又来了一群狼。

生：是杨梅。（几个学生抢着说"杨梅"）

师：请解释。

生：狼把羊吃没了，就是"杨梅"（羊没）。

师：我有点奇怪，刚才咱们猜草莓的时候，举手的同学还不多，这回猜"杨梅"，怎么那么多同学争先恐后地举手？

生：我是受到刚才同学的启发，一下猜出来了。

师：怎么受的启发？

生：两个谜语比较相似。

师：看来多猜是提高猜谜水平的好办法。不过，有时同一则谜面可能会有不同的谜底。"接着又来了一群狼"，还有别的谜底吗？（启发地）想一想，狼来了，羊跟草一样在原地不动吗？

生：（恍然）杨桃（羊逃）。

师：还是谐音，不用再加解释了吧？可见，有时候，经验能帮助我们解决新问题，但有时候又不能完全依赖经验。

二、简介谜语

师：看出同学们对猜谜挺感兴趣。那么，你们对谜语了解多少呢？我们用"谜"字来组组词语吧，注意是言字旁的"谜"。（生组词语，略。）

师：你们组的这些只是冰山一角，我为大家带来了一组"谜词"。（出示，指名学生分行读。）

谜语、谜面、谜底、谜目

谜格、谜体、谜法、谜道

谜材、谜作、谜史、谜界

谜人、谜友、谜家、谜圣

谜社、谜协、谜坛、谜会

谜展、谜事、谜风、谜味

谜集、谜草、谜籍、谜话

谜刊、谜评、谜学、谜艺

……

师：读了这些"谜"字词语，你有什么想法？

生：我没想到有这么多词语。

师：一个词语就是谜语的一个话题。

生：我觉得谜语的世界真是丰富多彩。

生：我想谜语的世界肯定有很多奥秘。

师：确实，小小谜语，奥秘无穷。我们就说几个最基本的概念吧，什么叫谜面、谜底、谜目？谁能结合具体的谜语来谈。（出示）

一物生来真奇怪，腰里长出胡子来，拨开胡子看一看，露出牙齿一排排。

——打一植物

师：猜出来了吧？

生：是玉米。

生："一物生来真奇怪，腰里长出胡子来，拨开胡子看一看，露出牙齿一排排"这是谜面。"打一植物"是谜目。"玉米"是谜底。

师：说得很清楚。谜目"打一植物"有什么用？

生：可以提示我们猜什么。

师：它的作用，如果用打比方的方法，就像——

生：就像一座桥。

生：好比路标一样。

师：比喻得好，像一座桥，连接着谜面和谜底；像路标，指明了猜测的方向。谜目附在谜面的后面，"打一植物"，"打"是什么意思？

生：是猜的意思。

师：知道了这些，还不算很了解谜语。有句话叫"行家伸伸手，便知有没有"，看过武侠电影的同学知道，武林高手要知道面前的人是否懂武，一出手就能探测出虚实。同样，谜界中人，也就是"谜人"，想要知道面前的你我是否懂谜，也不用出谜猜，只要说个把词，立马就能作出判断。你们想不想测试一番？（学生频频点头）

（教师出示：射虎、离合、市语、弹壁、闷儿、昏子）

师：猜猜这些是什么意思。

生："射虎"可能是一个动作，打猎射击老虎吧？

生：我说"离合"。有个词叫"悲欢离合"，可能是说某部小说里人物的命运。

生："昏子"是说人头晕眼花，是说身体状况。

生："闷儿"是说心情郁闷吧？

生："市语"可能是说某种方言。

师：大家猜测得很有意思，到底猜测得对不对呢？阅读了下面这则小资料就明白了。（出示资料）

> 谜语在春秋时叫言隐、隐语、廋（sōu）辞；在汉时叫射覆、离合；在唐时叫反语、歇后；在五代叫覆射；在宋时叫社谜、藏头、市语；在元时叫独脚虎、谜韵；在明时叫反切、猜灯、弹壁；在清时叫切口、缩脚韵、文虎、灯虎等，俗称闷儿、昏子。

（学生边看边笑）

生：我明白了，刚才那些原来都是"谜语"的意思。

师：是啊，这些词语切不可望文生义。由于猜谜十分不容易，要费尽心机，好像射虎一般，因而，猜谜又被称为"射虎"。

三、谜语竞猜与欣赏

1. 猜谜

师：下面，我们就一起来"射射虎"，看你们能"射"中几只。（出示）

（1）一个小姑娘，坐在水中央；身穿粉红衫，坐在绿船上。（打一花名）

（2）千条线，万条线，掉到河里看不见。（打一自然现象）

（3）枪打没洞，刀砍无痕，八十岁公公咬得动。（打一物）

生：第一则谜底是荷花。"粉红衫"是荷花，"绿船"是荷叶，"坐在水中央"是说荷花生长的地点。

师：你很善于分析，这则谜语描写了荷花的样子和生活习性，所以你们一下就猜出来了。

生：第二则谜底是下雨。

生：这则谜面描绘了下雨时的样子。

生：第三则谜底是水。

师：请解释一下。

生：谜面写出了水的特点。

师：是水的样子的特点吗？

生：不是，是说……

师：跟前两则不同，不是描写样子，而是说水的性质的特点。我们猜谜语，就是要找到谜面中的有关特点的蛛丝马迹，进行分析判断。

2. 谜面的形式分析

师：这些谜语是怎么编出来的呢？接下来我们一起来破解编制谜语的秘密，好不好？

生：（齐）好！

师：小小组里讨论讨论，看看编谜语要注意什么，最好结合刚才的谜语来谈。

（小小组讨论，而后组织交流。）

生：我们认为，谜面要注意两点：一是要写出事物的特点。二是不要用事物原有的状态，要用夸张或者比喻。

师：这一点概括得非常好，就是事物的名称不能在谜面里出现。刚才谈的这两点，你能结合具体的谜面谈谈吗？

生：比如第一则，它就抓住了荷花颜色、形状的特点。

生：我认为要搞得漂亮一些，比如，荷叶要说成是"绿船"。

师：我明白你的意思，你的意思是要说得形象一些，对吗？

生：是的。

生：我要补充一下，谜面还讲究押韵，读起来像一首诗，或者顺口溜。

生：就是读起来要朗朗上口。

师：补充得好，我们来读读刚才的三则谜面，体会谜面的这种韵律美。（生齐读）

师：1500多年前，南朝有位文艺理论家刘勰，他写了本非常有名的书叫《文心雕龙》，在这本书里他这样论说谜语——（出示）

谜也者，回互其辞，使昏迷也。

——（南朝）刘勰（xié）《文心雕龙》

（译文：所谓"谜"，就是绕着弯子说话，使人产生错觉。）

（教师解释、领读）

师：用刘勰的观点看，编谜语关键是什么？

生：关键在"弯子"要绕得巧，绕得妙。

生：关键是要使人产生错觉。

师：看看刚才这几条谜面，它们是用什么方法"绕弯子"的？

生：我说第一则，它把荷花当成人来写了，很美好。

师：这则谜面主要用的什么方法？

生：用的是拟人。

生：第二则，也是说得很形象，把雨比作了线，用的比喻的方法。

生：第三则谜语很有意思，它是要让人产生错觉。

师：为什么会产生错觉？一般情况下……

生：一般情况下，枪打会有个洞，刀砍会有刀痕，八十岁公公已经没牙了，很多东西咬不动了。这样就产生了不一样的感觉。

师：你说了很重要的一点：产生不一样的感觉。这是用的"矛盾法"。综合同学们的发现，我编了个"谜语编制秘笈"。（出示）

要想谜语编得妙，

寻找特征很重要。

拟人拟物打比方，

巧用矛盾是高招。

师：请各自看阅读材料上的 12 则谜语，先猜谜底，再评选自己心目中的最佳谜面。

（学生阅读、猜测，教师组织交流，要求说出"为什么喜欢"，分析其"绕弯子"的方法。具体略。）

师：你们发现 1 和 2，3 和 4 两组谜语的奥秘了吗？

生：谜底都是一样的。

师：是的，这样的两条谜语叫同底谜。（出示同题谜语比较）

样子多轻柔，逍遥漫天游，风来它就躲，雨来它带头。

像是烟来没有火，说是雨来又不落，有时能遮半边天，有时只见一朵朵。

师：这两则谜面谜底都是云，谜面的编制有什么不同？

生：第一则用的拟人方法，很形象。第二则用的矛盾方法，让人很好奇。

师：所以，事物的特征往往不是唯一的，从不同的角度着眼可以编出不同的谜面，用不同的方法也可以编出不同的谜语。

师：下面，我们再来欣赏一种特殊的谜语，在民间比较流行，叫对歌，就是你问我答。广西有个歌仙刘三姐，美丽聪明，常常跟人对歌。有一回，她跟村里的一群后生就对起了歌。

（出示唱词，男女生对读。）

男：什么水面打跟斗，什么水面起高楼，什么水面撑阳伞，什么水面共白头？

刘三姐：鸭子水面打跟斗，大船水面起高楼，荷叶水面撑阳伞，鸳鸯水面共白头。

男：什么结果抱娘颈，什么结果一条心，什么结果包梳子，什么结果披鱼鳞？

刘三姐：木瓜结果抱娘颈，香蕉结果一条心，柚子结果包梳子，菠萝结果披鱼鳞。

男：什么有嘴不讲话，什么无嘴闹喳喳，什么有脚不走路，什么无脚走天下？

刘三姐：菩萨有嘴不讲话，铜锣无嘴闹喳喳。财主有脚不走路，铜钱无脚走天下。

（随后播放演唱录音，再让学生跟唱。）

3. 试编谜面

师：说了这么多，下面我们也来编个谜语试试，注意运用"编制秘笈"。（出示要求）

（1）以"梳子""筷子"或其他事物为谜底编制谜面。

（2）以对歌形式编制连环谜，谜底自选（仿照《刘三姐对歌》）。

（学生讨论、编写谜语，交流。）

生：两个兄弟真和睦，天天一起上饭桌。大家叫它高个子，人们用了香喷喷。——打一日常生活用品。

师：你用的什么方式编的？

生：用的拟人。

生：一件物品长得怪，男女老少都需要，一边有齿一边无，天天围着头发转。

师：描写了梳子的样子，后面也用了拟人的方法。

生：一对双胞胎，真是好兄弟，天天在一起，吃饭才容易。

生：什么水面不见影，什么水面供人站，什么水面长眼睛，什么水面有摇篮。

空气水面不见影，冰块水面供人站，莲蓬水面长眼睛，莲花水面有摇篮。

生：什么嘎嘎披黑衣，什么喳喳穿礼服，什么叽叽来报喜，什么咿呀把话学。

乌鸦嘎嘎披黑衣，燕子喳喳穿礼服，喜鹊叽叽来报喜，八哥咿呀把话学。

师：我们同学是初编谜语，编成这样很不错了。我们来看看两则经典谜面

是怎么编的。同自己编的比较，想想它们为什么成为经典。（出示）

> 牙齿尖尖，
>
> 背脊驼驼，
>
> 皇帝老子也要从我脚下过。

> 两个娘子小身材，
>
> 捏着腰儿脚便开，
>
> 若要尝中滋味好，
>
> 除非伸出舌头来。

生：皇帝老子也要从我脚下过。这句特别妙。

生："捏着腰儿脚便开"，写夹筷子时的动作，很形象。

生：我们编的尽管符合特点，但太一般化了。

生：我们编的读起来感觉没那么好听。

生：它们写出了我们没想到的，但又很符合实际。

师：好的谜面是艺术品，是别出心裁的。第二则谜面是宋代女诗人朱淑真编的。要编制出富于韵味的谜面，就要多揣摩多品味，成为一名语言魔术师。我们再来欣赏一则经典谜语。（出示）

> 少小时，
>
> 绿鬓（bìn）婆娑（suō），
>
> 自入郎手，
>
> 青少黄多，
>
> 经过多少磋（cuō）磨，
>
> 历尽几许风波，
>
> 莫提起，
>
> 提起来，
>
> 泪洒江河。

（谜底：船篙）

师：年轻的时候，我一头绿发那么轻柔飘逸，自从到了你的手中，开始面黄肌瘦，失去了青春的光泽，经过多少磋磨，历尽几许风波，别提了，一提起，就泪洒江河。你仿佛看到一个怎样的形象？表情是怎样的？

生：我看到一个女子，很忧伤的女子。

生：我看到一个心事重重的人。

师：她在感叹什么？

生：感叹命运怎么这么不公呢。

师：看来，谜语也能编出感情来。齐读。

师：读了这则谜语，你对谜语、对编谜语的人又有什么新的感受？

生：要编出一则好的谜语，要经历生活中的很多事。比如这则"船篙"，这个人应该年纪比较大了，所以有了很多想法。

师：说得深刻，好的谜语凝聚着编写者的情感。

生：我认为这个人可能是先写出一首诗，然后再改编成谜语的。

师：你的这个观点跟一些理论家们不谋而合。谜语跟诗是有亲缘关系的。"谜人应兼有诗人的气质"。

四、谜语寻根

师：如果把谜语比作一个人，你觉得那是一个怎样的人？

生：我觉得他琢磨不透。

生：我觉得他很神秘。

生：我感到他是个智慧、机智的人。

生：我认为他富有幽默感。

生：我觉得他还富有感情。

师：所以，谜语总是和快乐、笑声联系在一起，即使皱着眉头，也是一种思考的愉悦。难怪古今中外的人都喜欢猜谜，谜语成了世界上许多民族共有的民俗文化现象。你们再猜猜，"谜语"这位老人多大年纪了？

生：我认为什么时候出现人类，就是什么时候有了谜语。

生：应该是无数岁了。

师：谜语的出现确实非常古老，欧洲谜语最早出现于古希腊神话——"斯芬克斯之谜"。来看看我国最早的谜歌。（出示）

《弹歌》："断竹续竹，飞土逐肉。"（弹弓）

［译文：砍下了竹子，系成了弓子，射出了弹子，打死了麂（jǐ）子。］

师：有人认为这是黄帝时的歌谣，那就差不多 5000 年了。周作人认为这是中国最好的谜语。大家一起读读。（生读）

师：再看 2000 多年前《周易》中收录的一则谜语。（出示）

女承筐，无实；士刲（kuī）羊，无血。

——《周易》

（译文：一个女子挎着竹筐，筐里什么东西也没有；一个男子正在用锋利的刀子割羊，可是羊并不流血。）

师：这是在干什么？（生迷茫）读了文学家郭沫若的这段话就明白了。（出示）

……假使你画出一片碧绿的草原，草原上你画出一群雪白的羊，在那前景的一端你画出一对原始人的青年夫妇，很和睦的一位剪着羊毛，一位承着篮子。这怕会比米勒的一牧羊少女，还要有风致罢？

——郭沫若

师：原来，他们在剪羊毛呢。（生齐读谜面）

师：最早的谜语是怎么产生的呢？大家不妨大胆地猜一猜。

生：他们有不理解的，就去问别人，这样就产生了谜语。

师：这是"问题说"。

生：我认为是当时的人写了批判朝廷的文章，不能公开地说，就用隐晦的方式写，后来就产生了谜语。

师：用隐晦的语言，"隐语说"。

生：可能是觉得无聊，就编出了谜语。

师：哦，"解闷说"。

生：有人很幽默，很有才华，要表现给人看。

师："表现说"。

生：也有可能是为了测验一个人的智商。

师:"测试说"。我国古代,有不少利用谜语选拔人才、挑选女婿的故事,外交上也有这样的情况。

生:《三国演义》里有"杨修之死"的故事。

师:你很有心。我国的古典名著《红楼梦》中也有大段描写猜谜的章回。

生:有可能是间谍发现了情况,用这样的方式汇报给自己的人。

师:"情报说",跟刚才同学的隐语说很相近。历史上确实有敌国靠它刺探对方的军情。我们班产生了很多关于谜语起源的学说,这叫谜语发生学,是一门很精深的学问。其实,在学术界,这个问题也是争论不休,有隐语说、宗教说、歌谣说,刚才我们同学的猜测与这些学者有不谋而合之处。那么,谜语到底是怎么产生的,想知道吗?(生急切地点头)就像生命是怎么产生的一样,谜语的产生也是一个千古之谜。今天学习的仅仅是谜语的冰山一角。谜语,我们还需要慢慢地猜。

附:阅读材料

猜谜语

1. 星夜挂着一张弓,世上没人拉得动,上弦下弦有规律,待到弓满已月中。

2. 有时落在山腰,有时挂在树梢,有时像个圆盘,有时像把镰刀。

3. 样子多轻柔,逍遥漫天游,风来它就躲,雨来它带头。

4. 像是烟来没有火,说是雨来又不落,有时能遮半边天,有时只见一朵朵。

5. 一个小孩生得俏,头上戴顶红缨帽,衣裳穿了七八件,全身都是珍珠宝。

6. 高高个儿一身青,圆脸金黄喜盈盈,天天向着太阳笑,结的果实数不清。

7. 水上一个铃,摇摇没有声,仔细看一看,满脸大眼睛。

8. 像花花园不种它,花儿刚开就落下,春夏秋季它不长,寒冬腊月开白花。

9. 有根不落地,有叶不开花,都说它是菜,菜园不种它。

10. 年纪不大,胡子一把,吃奶跪下,爱喊妈妈。

11. 说鸟不是鸟,躲在树上叫,自称啥都懂,其实全不晓。

12. 大姐砍柴不用斧,二姐夜晚不用灯,三姐用针不用线,四姐用线不用针。

——猜一种鸟和三种昆虫

刘三姐对歌

男：什么水面打跟斗，什么水面起高楼，什么水面撑阳伞，什么水面共白头？

刘三姐：鸭子水面打跟斗，大船水面起高楼，荷叶水面撑阳伞，鸳鸯水面共白头。

男：什么结果抱娘颈，什么结果一条心，什么结果包梳子，什么结果披鱼鳞？

刘三姐：木瓜结果抱娘颈，香蕉结果一条心，柚子结果包梳子，菠萝结果披鱼鳞。

男：什么有嘴不讲话，什么无嘴闹喳喳，什么有脚不走路，什么无脚走天下？

刘三姐：菩萨有嘴不讲话，铜锣无嘴闹喳喳。财主有脚不走路，铜钱无脚走天下。

斯芬克斯之谜

希腊神话故事里，有一个狮身人面的怪兽，名叫斯芬克斯。它有一个谜语，询问每一个路过的人，谜面是："早晨用四只脚走路，中午用两只脚走路，傍晚用三只脚走路。"据说，这便是当时天下最难解的斯芬克斯之谜。如果你回答不出，就会被它吃掉。它吃掉了很多人，直到少年英雄俄狄浦斯给出谜底。

俄狄浦斯的谜底是"人"。他解释说："在生命的早晨，人是一个娇嫩的婴儿，用四肢爬行。到了中午，也就是人的青壮年时期，他用两只脚走路。到了晚年，他是那样老迈无力，以至于他不得不借助拐杖的扶持，作为第三只脚。"斯芬克斯听了答案，大叫了一声，从悬崖上跳下去摔死了。

笑声里思考的愉悦

冷玉斌 [①]

> 将来的艺术家一定会明白：创作一则优美的故事、一首好歌，或是编写人人能懂的传奇、谜语和笑话，可能比创作长篇小说和交响音乐更重要……
>
> ——列夫·托尔斯泰

谜语，古时称"隐语"，出于某种原因，不把本意说出，不直截了当、明明白白地说话，以隐伏奇谲的手法表达，借别的词语来暗示，这是一种文字游戏，也是一种语文技艺，所以，当读到周益民老师"民间语文课程"之《谜之谜》一课的实录，即深感教者之匠心独运，对课程的开发已跳脱"教材选文思维"束缚，放出自己眼光，择传统、生活资源之善者而从之。

为什么是谜语

周老师所设想中的"民间语文课程"内容极其丰富：神话、歌谣、故事、绕口令、颠倒歌、摇篮曲，包括谜语，主要就是着眼民间，试图构建一个"以民间语文为教学内容主体的课程"（陈金铭语）。在我，就想到一个很简单的问题，即愿景下教学内容仅是因为"民间"特性而选入，还是这些内容本身的确很有语文课程价值？如《谜之谜》中的"谜语"，作为教学内容直接来教，是否可行、是否合宜，或者再细言之，这节课当中对谜语的阅读在哪些方面会促进儿童语文素养的提升？

"谜语"多被看作雕虫小技，是微不足道的，猜来猜去不就那么些意思，

---

① 冷玉斌，任教于江苏省兴化市第二实验小学。

然而，正是这一堂课，让学生认识了谜语的不普通，这种不普通来自谜语的历史——

（教师出示：射虎、离合、市语、弹壁、闷儿、昏子）

师：猜猜这些是什么意思。

生："射虎"可能是一个动作，打猎射击老虎吧？

生：我说"离合"。有个词叫"悲欢离合"，可能是说某部小说里人物的命运。

生："昏子"是说人头晕眼花，是说身体状况。

……

师：大家猜测得很有意思，到底猜测得对不对呢？阅读了下面这则小资料就明白了。（出示资料）

谜语在春秋时叫言隐、隐语、廋（sōu）辞；在汉时叫射覆、离合；在唐时叫反语、歇后；在五代叫覆射；在宋时叫社谜、藏头、市语；在元时叫独脚虎、谜韵；在明时叫反切、猜灯、弹壁；在清时叫切口、缩脚韵、文虎、灯虎等，俗称闷儿、昏子。

（学生边看边笑）

生：我明白了，刚才那些原来都是"谜语"的意思。

这个片段里，我以为最有意思的便是"学生边看边笑"，这个"边看边笑"，大概既有读了材料后的豁然开朗，也有对重新认识谜语历史的欣然自喜。这个小材料，给出的不仅是不同时代对谜语的不同称呼，更重要的是，谜语文化发展简史可以给学生一个充分的印象和影响。认识一样东西，总得从源头看，语文从来不能只是时文阅读，如今的语文课程对过往、对传统的认识相当不够。民间语文最独特的就是口耳相传、生生不息，相较绕口令、巧女故事这等更为草根的形式，谜语有其独特性，如起源很早、文人创作、专有谜格等，教材中，这样传统精神与文化意味兼具的材料几乎没有。本课结构上，教者另具匠心的是，此处以谜语发展简史打动学生，结课前又过渡到追溯谜语源头来激发学生的探究欲望，课时虽然结束了，但课堂没有结束，谜语以其神秘，留给课外更多的可能。

谜语的编制也是个技术活，在编制过程中多种修辞格的运用，是对语文知识不着痕迹的学习与运用，这在实录第三大部分"谜语竞猜与欣赏"中随处可见。谜语是"隐语"，编制出一条好的谜语，完全可以增进学生的文字能力——

> 师：读了这则谜语，你对谜语、对编谜语的人又有什么新的感受？
>
> 生：要编出一则好的谜语，要经历生活中的很多事。比如这则"船篙"，这个人应该年纪比较大了，所以有了很多想法。
>
> 师：说得深刻，好的谜语凝聚着编写者的情感。
>
> 生：我认为这个人可能是先写出一首诗，然后再改编成谜语的。
>
> 师：你的这个观点跟一些理论家们不谋而合。谜语跟诗是有亲缘关系的。"谜人应兼有诗人的气质"。

这就是阅读中的发现，由谜人想到诗人，一则好的谜语，不就是有着诗的精准又凝炼、含蓄而丰富？文字的艺术，始终是相通的，这也是谜语自己的谜。

再仔细想，"猜谜语"恰恰是一次探究式阅读，刘勰《文心雕龙·谐隐》称"谜也者，回互其辞，使昏迷也"，猜谜正是要揣摩谜面，依托谜目，"或体目文字，或图像品物，纤巧以弄思，浅察以炫辞，义欲婉而正，辞欲隐而显"，这样一个过程，较之课标所提的"学会推想"，要复杂得多，由于谜语本身的魅力，反而更吸引孩子们投入其中，想一想、推一推、猜一猜。对谜语的阅读并不一定要在"俗"与"雅"上纠缠，本身是俗文学，但文人雅士亦热衷此道，重要的是，猜谜语确实需要具备"相当的文史知识与科学常识"（陈政一语），在探究中抵达，享受一个完整的思维过程，这绝不是"教课文"，肯定是"教阅读"，也由此，教者选择谜语进行教学就是题中应有之义了。

略感遗憾的是，谜语还有一个特点本课中没有再多一点涉及，那就是谜语文化的"地域性"，引用《刘三姐》"对歌"已有接近，但教者是突出形式，未将形式与地域联系起来，事实上，"对歌"这种形式地域性极强，再如还有些少数民族的谜语，也极有生活、地域特色。不过，就本课完整性来讲，这一点，是小道，并不影响大局。

这就是课程

2010 年《中国教育报·读书周刊》"推动读书十大人物"评选活动，对周老师有这样一句介绍：针对当今儿童阅读生态的失衡，他尝试民间文学的课程建设。陆续开发的一些课例，将神话、颠倒歌、谜语、绕口令、摇篮曲等民间文学样式带入课堂。

由此也可确定，目前周老师所尝试的民间文学教学，已确确实实有了课程的面目与质地。这样一个"课程"的缘起，根子在教者对当下语文教学的清醒认知，"儿童阅读生态的失衡"，比如，都说语文教育的人文性，但内涵丰富，学生也很喜欢的自然、朴素的民间文学，课本上几乎无迹可寻。这种生态的失衡，迫使语文教师重新思考课堂，重新理解教学，语文的根在哪里？王小庆老师为益民老师给出的说法是：

> 基本的思路无非是想将语言学习的材料，植根于民间。只有植根民间，方可以"复归民间"，使得语文活动面向百姓，具有了平民化教育的立场。

而在外人看来，这样的植根民间，立足边缘，教学材料不是官定语文，而是民间语文，到底是不是语文课？对这个问题，回答最清楚的是陈金铭老师，他认为这不是语文实践课，也不是什么"非主流语文课"：

> 这些课教的内容本就是真正的语文，只不过一直为语文教学研究界所忽略，教学目的也是培养学生真正的语文能力，因此，它就是堂堂正正的语文课。

就民间语文课程而言，周益民老师现在已经拿出了很多课例，他的建设理念、学习材料、教学目的、实施策略、课程愿景，都相当清晰，就本课教学，现在来重点看看本课结构，从这个结构来思考民间语文教学可能存在的课程意义与学习价值。

如果给这节课理一条粗浅的脉络，是这样：

> 识谜（认识谜语）—知谜（谜语发展）—猜谜—破谜（谜语结构特色）—制谜—赏谜—溯谜（谜语起源）

基本上，这也是目前周老师所有民间语文课例固定出现的一些内容、结构或策略，想起小说家常有的观点，即每一个故事都有其与生俱来的存在形式，这话也可套用到目前周老师的民间语文课堂，即课堂上的教学都有其"与生俱来的存在形式"。

民间语文课程，无论巧女故事、绕口令、颠倒歌等，长期被隔绝在课堂之外，故课堂上须得与之有个照面，有个招呼，认识以后，方有走近、走进的可能，这也就是在了解其特质的基础上诵读、分析再鉴赏，这里头有个上升的阶梯，诵读是进入民间语文的必然路径——民间语文的最大特性就是口耳相传，如果不读，就没嘴巴、耳朵什么事，没有嘴巴、耳朵来参与，对民间文学的体验就不够，课堂的效果是要打折扣的，尤其绕口令、颠倒歌的课堂，诵读贯穿于整个课堂，相对来说谜语较之其他智力含量更足，因此本课诵读所占比重不很大，为契合谜语特征，这节课在实施中更重视了分析与鉴赏，且在此过程中制谜。"分析"环节，实为破谜，仍是在认识谜语，只是更着眼于谜语本身的奥秘，谜语能够流传，除了口耳相传，也在于谜面的艺术性，谜格的诡秘，谜底的出人意表——

师：小小组里讨论讨论，看看编谜语要注意什么，最好结合刚才的谜语来谈。

（小小组讨论，而后组织交流。）

生：我们认为，谜面要注意两点：一是要写出事物的特点。二是不要用事物原有的状态，要用夸张或者比喻。

师：这一点概括得非常好，就是事物的名称不能在谜面里出现。刚才谈的这两点，你能结合具体的谜面谈谈吗？

生：比如第一则，它就抓住了荷花颜色、形状的特点。

生：我认为要搞得漂亮一些，比如，荷叶要说成是"绿船"。

师：我明白你的意思，你的意思是要说得形象一些，对吗？

生：是的。

生：我要补充一下，谜面还讲究押韵，读起来像一首诗，或者顺口溜。

生：就是读起来要朗朗上口。

师：补充得好，我们来读读刚才的三则谜面，体会谜面的这种韵律美。（生齐读）

对谜面的讨论，阅读与习作指点比翼齐飞，语文味道恬然淡定，这样的片段所反映的不正是语文课程所要与孩子分享的最大意义和价值？在此基础上，顺理成章地就要进行一番"制谜"实践，这既是对编制谜语的亲身体验，也是对民间文学传承的浅浅实践——另外，有一点，民间文学若以美学观点而论，多为"审智"，即这种文字游戏背后，多的是智力机巧，如教者指点学生的"弯子"，因此，如果在民间语文课堂上，没有智力的体现，没有智力的运用，那肯定是不完整的，了解"弯子"，那就得试试看，自己编几条，绕一绕"弯子"。正是在编制中，继续提出一些经典谜语进行赏析，再探究一番谜语的起源，而这个莫衷一是的源流，也给学生留下一个更为深远的探索空间。

结合其他课例，这些结构或策略无非时序不同，但大体若此，几个方面都关注得到，正所谓"俗情俗字嵌在了文雅的格律里，产生的韵致岂是一个'俏'字了得"（王安忆语）。民间语文语境之丰富、文字之机巧、生活之趣味，俏生生、水灵灵，浑然天成，早就应该是独特、扎实亦别具神采的语文课程。

最好的儿童语文

"有一类语文，它比诗歌、散文、小说、戏剧流传得广，它的作者和读者也比诗歌、散文、小说、戏剧多得多，但它在学校的语文课堂里学不到，更时常被排斥在文学和语言学之外，被学问家视为闲花野草。"——罗维扬先生《非常语文》一书如是说，他将这一类语文称为"非常语文"，观照此类语文之源流，其实就是"民间语文"。

现在周老师将此"闲花野草"捧上桌面，妙趣横生，滋味确实不一样。首先，我想到的是这确实是最好的儿童语文教育——"儿童本位"的语文教育。什么是"儿童本位"的教育？用杜威的话说："儿童是起点，是中心，而且是目的。儿童的发展、儿童的生长，就是理想所在。只有儿童提供了标准。"（杜威《儿童与课程》）延伸至语文教育，就是要承认两点，一是儿童具有语言本能，二是儿童具有艺术本能，儿童语文教育就是要致力于激活儿童的语文潜能和发展儿童的文学审美能力。很显然，作为教学内容的民间语文这两方面都是适宜的，无论是故事、绕口令还是谜语，都是活生生的，与人类生活紧密相连，就像周老师课上所举之《弹歌》与《周易·女承筐》，都是对劳动的书写，所以民间语文是有淋漓元气的，这种元气自先民而起，流转不歇，成为一个民族的生命与语言的双重密码，好像那歌中所唱：

平平仄仄平平仄，
好聪明的中国人，
好优美的中国话。

此外，谜语自先秦"隐语"一路而下，至汉魏六朝为"离合"，至隋唐为"谜语"，此时谜语已很接近艺术的形式，如刘禹锡"东边日出西边雨，道是无晴却有晴"，这样的谜语已经直接就是文人创作，再往后，宋之"打谜"，明清之"灯谜"，不论文人或民间均有创作，更具艺术气息，如《红楼梦》中设谜无数，可堪回味。儿童是天生的诗人，对文学有敏锐的感悟能力，那么，这样艺术性充沛的语文形式怎么有不走进课堂的道理——

生：什么水面不见影，什么水面供人站，什么水面长眼睛，什么水面有摇篮。
空气水面不见影，冰块水面供人站，莲蓬水面长眼睛，莲花水面有摇篮。

这个小朋友仿照刘三姐"对歌"所编的谜语，不就已经慢慢打开了谜艺的大门？还有在赏析谜语"船蒿"时，同学们感受深刻：

生：我看到一个女子，很忧伤的女子。
生：我看到一个心事重重的人。
师：她在感叹什么？
生：感叹命运怎么这么不公呢。
师：看来，谜语也能编出感情来。齐读。

文章不是无情物，谜语也是，能读到谜语中的情感，这般艺术感受力，既来自教师引导，也是儿童审美心性的体现吧？

我个人对《谜之谜》这课包括周老师民间语文课程的喜欢，还有另外一个想法，那就是，在这样的课堂上，学生是真的快乐，在这样的快乐里，他们是真的学习！张大春先生讲过儿子的一个故事，叫《公鸡缓臭屁》（见张大春《认得几个字》），故事结束时他说：

　　孩子们不要诗，他们要笑。你不能让他们笑，就不要给他们诗。
　诗，等他们老了，就回味过来了。

　　好像《谜之谜》这节课，开始时杨梅（羊没）与杨桃（羊逃）的谐音谜，中间边看边笑的谜语小资料，之后播放《刘三姐》录音并跟唱，接着还有对经典谜语的赏析……快乐的瞬间，不一而足。周老师给了孩子们谜语，更给了孩子们笑，孩子们在笑声中，得到的言语趣味、智力满足、情感体验、传统熏陶，想必丰富且久长，"念念"再不忘。

　　结课前，探讨谜语起源，周老师对孩子们说：

　　谜语总是和快乐、笑声联系在一起，即使皱着眉头，也是一种思
　考的愉悦。

　　确确实实，我以为，这句话，正可以送给他的"民间语文课程"之《谜之谜》教学，但凡观此课者，都难忘这——"笑声里思考的愉悦"。

留连在童年里的谜人

——兼议益民兄的教学和他的《谜之谜》

冯毅 [1]

在我的印象中，益民兄是一个谜。

他竟然可以把语文课上成那样，几乎是在颠覆。这是一种能力。绕口令、对联、谜语、颠倒歌……那些个在时间的溪流里兀自沉淀着的民间文化的细沙，被他轻轻一碾，就成了鲜活的课程，可谓举重若轻。你永远不知道他下一节课将弄出什么"幺蛾子"，但不管是什么，你总那么期待。

他常常能唤起孩子们不常见的，甚至是从未被开掘的面向，这是一种魔力。所以益民兄的课堂上孩子们总是特别精彩。真喜欢听他在课堂上和孩子们对答，看似有一句没一句的，却字字珠玑，堪称举轻若重。你永远不知道他下一句话将会说出什么。但不管说什么，你总那么期待。

一、由"教学"回归"我的教学"

常听同事们说，周益民的课是学不来的。这话听起来似乎有些沮丧，为什么学不来呢？我听益民兄上《谜之谜》，一直在思忖这个问题。一堂课罢，渐渐理出些头绪来。学得来学不来，得看你怎样看待益民兄的教学。

置身在益民兄的课堂，如果你仅仅把这当作"课"，当作"教学"，仅仅当作一般意义上的"听课"，那么你当然学不来，甚至可以说，你已经想错了。相反，如果你不把益民兄的课堂简单地看作一节课、一次教学，而看作是他的心路历程，他的精神道场，甚至是他栖居的大地，你倒能得了要领。当然，我们还是要回到教学的意义上来看益民兄的教学，只是，他给了我们关于"教学"

---

① 冯毅，江苏省南京市琅琊路小学副校长。

的新的"谜面"和"谜目",就看你能不能猜出"谜底"来了。我以为,从实践教学论的意义上看,益民兄的教学是充分彰显其个人知识、智慧、气度和勇气的教学,是"我"的教学。

教学是一种认识活动,更是师生的生命活动。然而,这共同参与的活动却总有人要缺席。一方面,我们忧心儿童的缺席,大声疾呼要站在儿童立场"发现儿童"。可另一方面,我们是否重视到了自己的存在?作为教师,我们每天忙碌于教学之中;而作为教师的灵魂的"我"却在渐渐身退。消弭了"我"的秉性的教学仅仅沦为一种机械的工作。这不也是当下的现实?

日本学者佐藤学对课堂话语人称关系的析解(参见佐藤学《课程与教师》)有助于我们厘清认识。课堂话语的特点之一表现在语言运用的人称关系上。在课堂之外用"我"这个第一人称表现自我的教师,踏进教室门时,却用第三人称的"老师"来表现自己。替代第一人称的"老师"究竟指的是谁呢?用"老师"替代"我"的教师把自己定位在怎样一种关系之中呢?当授课教师用"老师"来替代"我"的时候,其实是把自己同化于普遍化的"老师"的教师,根据"老师"的语言,使自己的发言和评价的话语权威化,所作出的干预和控制得以正统化。课堂中的个体之间的人际关系淡化,建立起一种所谓"制度性人际关系",作为"老师"的教师对作为"学生"的儿童获得控制的权力。在这种内化了权力关系的教学中,教师被抽象为"老师",丧失了"我"的主体性和能力,剥夺了"我"的人生经验。

当"我"从教师身份中抽离出来,只剩下抽象的"教师"权力和能量,教学中便只剩下第三人称的关系——教师是"他",学生也是"他"("他们")。这样一种人称关系意味着教师可以任意被抽象,被赋予普适性的意义,而失却了教师个人的本真。这样一种关系还意味着,"他"和"他们"的任意一方都是可以缺席的,继而由另一个"他"或"他们"来填补。教师的"不在场"让教学成为"他人"的教学,而不是"我"的教学。

益民兄的教学让我们看到了"我"的教学是何以成立的。他的教学时刻有"我"在场,有鲜活的"我"的灵魂,有鲜明的"我"的个性。教师的"我"进而成就了学生的"你","我"的存在唤起了"你"的真实。其实,作为教师的"我"对作为学生的"你"的呼唤,从根本上是"我"对"我"的呼唤。正如益民兄在课堂上总不离口的"我们"一词,其实,这看似随意的"我们",一下子将教师和学生，不，是把课堂上的每一个人（我每每觉得身为听课者的我被益民君吸引得入了神，而融入到"我们"之中）召集在一起，这样的课堂，你还能分得清谁是教师，谁是学生吗？

益民兄的这一种关照"主体间性"意义上的教学着实让人欣羡不已，我想，这才是教学的真谛。我们一直在试图改变课堂，试图更加突出学生的主体性，甚至有一种说法，教师要"淡出"，学生要凸显。作为一种摄影方法，"淡出"是指影视片的画面由清晰明亮逐渐变得模糊暗淡，以至完全消失，从而形成一种效果。这一层意思引申为逐渐退出某一领域、范围。"淡出"一词用在教师身上，是不恰当的。在课堂上，教师和学生都是积极的参与主体，师生之间的互动、促进甚至博弈，构成一种主体间的张力，形成一种平衡。缺少任何一方，这种均势都可能被打破。教师一旦有"淡出"的意识，在主观上持一种冷淡的态度，不热情，不亲近，不关心，也就慢慢变得无关紧要，离开就是必然的。如果说"淡"还有着教师智慧的矫情，那么"出"的结果真的是决然的无情了。

《谜之谜》中有这样一个教学片段：

师：最早的谜语是怎么产生的呢？大家不妨大胆地猜一猜。

生：他们有不理解的，就去问别人，这样就产生了谜语。

师：这是"问题说"。

生：我认为是当时的人写了批判朝廷的文章，不能公开地说，就用隐晦的方式写，后来就产生了谜语。

师：用隐晦的语言，"隐语说"。

生：可能是觉得无聊，就编出了谜语。

师：哦，"解闷说"。

生：有人很幽默，很有才华，要表现给人看。

师："表现说"。

生：也有可能是为了测验一个人的智商。

师："测试说"。我国古代，有不少利用谜语选拔人才、挑选女婿的故事，外交上也有这样的情况。

生：《三国演义》里有"杨修之死"的故事。

师：你很有心。我国的古典名著《红楼梦》中也有大段描写猜谜的章回。

生：有可能是间谍发现了情况，用这样的方式汇报给自己的人。

师："情报说"，跟刚才同学的隐语说很相近。历史上确实有敌国靠它刺探对方的军情。我们班产生了很多关于谜语起源的学说，这叫谜语发生学，是一门很精深的学问。其实，在学术界，这个问题也是争论不休，有隐语说、宗教说、歌谣说，刚才我们同学的猜测与这些学者有不谋而合之处。那么，谜语到底是怎么产生的，想知道吗？（生急切地点头）就像生命是怎么产生的一样，谜语的产生也是一个千古之谜。今天学习的仅仅是谜语的冰山一角。谜语，我们还需要慢慢地猜。

在益民兄的点拨之下，精深的"谜语发生学"被孩子们一一"复演"，不失童趣，不避稚拙，不唯学理。从思维的角度上讲，表达是思维的外显，益民兄正是通过学生的表达来把握其思维的"秘径"，予以恰当引导，从而将这一复杂的高级心智加工过程完成得如此闲庭信步。我们不禁感叹，益民兄真是把谜语研究到家了，他又真是把儿童这个"谜"猜透了。

是的，在益民兄的课堂上，他总是清清楚楚地站在那里，站立在儿童中间。他以自己丰厚的学养和人格魅力，照亮了课堂，照亮了童年的心路。教学，正需要这样一面自我之镜，照见"我"的姿影、智慧与行动，引领我们由"教学"回归"我的教学"，重现教学的灵动与精彩。

二、带领儿童踏上发现之旅

今天，我们从未如此强烈地感叹快餐文学对于童年文学生活的僭越，感叹儿童阅读的贫乏与无助。而与此同时，我们在益民兄的课堂上，看到了孩子们在民间文学的丛林里徜徉的曼妙姿态和陶醉眼神。这几乎是两个截然不同的路向，两种截然不同的结果。

从《这里有个颠倒的世界》到《谜之谜》，再到《绕绕复绕绕》《打油诗》，益民兄是在另辟蹊径，还是重新找到通向本源之路？益民兄的教学探索是出走，还是回归？

我们不妨把问题提得具体一些。孩子们为什么那么喜欢谜语？这些谜语——作为古典民间艺术形态的存在——为什么会让儿童有那么多亲切感？他们在沉醉于谜语游戏之时，为何对谜语本身产生了那么多深刻而恰切的诠释？

恰巧前段时间我一直在读李泽厚的《美的历程》。在对中国古典文艺作了一番历史巡礼之后，李先生提出了一个审美心理学问题：如此久远、早成陈迹的古典文艺，为什么仍能感染着、激动着今天和后世的人们呢？譬如说，凝冻在种种古典作品中的中国民族的审美趣味、艺术风格，为什么仍然与今天人们的感受爱好相吻合呢？为什么会使我们有那么多的亲切感呢？是不是积淀在体现在这些作品中的情理结构，与今天中国人的心理结构有相呼应的同构关系和影响？人类的心理结构是否正是一种历史积淀的产物呢？也许正是它蕴藏了艺术作品的永恒性的秘密？也许，应该倒过来，艺术作品的永恒性蕴藏了也提供着人类心理共同结构的秘密？……心理结构是浓缩了的人类历史文明，艺术作品则是打开了时代魂灵的心理学。而这，也就是所谓"人性"吧。（李泽厚《美的历程》）

读到这里，我一下子想到益民兄的《谜之谜》，以及他的其余"民间文化系列课"。在形式的精彩之外，我分明能感受到更加深邃的思想追求。让我们看益民兄选择的这一则谜语：

> 少小时，
> 绿鬓（bìn）婆娑（suō），
> 自入郎手，
> 青少黄多，
> 经过多少磋（cuō）磨，
> 历尽几许风波，
> 莫提起，
> 提起来，
> 泪洒江河。

（谜底：船篙）

课堂上，他与孩子们展开了对话。

师：年轻的时候，我一头绿发那么轻柔飘逸，自从到了你的手中，开始面黄肌瘦，失去了青春的光泽，经过多少磋磨，历尽几许风波，别提了，一提起，就泪洒江河。你仿佛看到一个怎样的形象？表情是怎样的？

生：我看到一个女子，很忧伤的女子。

生：我看到一个心事重重的人。

师：她在感叹什么？

生：感叹命运怎么这么不公呢。

师：看来，谜语也能编出感情来。齐读。

师：读了这则谜语，你对谜语、对编谜语的人又有什么新的感受？

生：要编出一则好的谜语，要经历生活中的很多事。比如这则"船篙"，这个人应该年纪比较大了，所以有了很多想法。

师：说得深刻，好的谜语凝聚着编写者的情感。

我一直很好奇益民兄从哪儿找来这么多"经典"的谜语，而他，又是以怎样的标准来遴选这些谜语。仅仅是为了好玩？显然不是。谁说谜语中尽是欢声笑语？谁说孩子们不善解人意？一则谜语，将孩子们带临多情的江边，或嗟叹，或垂怜，哪怕只是"船篙"，也足以引起心心相印、不离不弃的情愫。古典的情怀，优雅的趣味，让儿童徘徊在那民间文学的情韵——陌生的，却又是熟悉的——之中。

再探对谜语的"寻根"之旅。从欧洲最早的谜语——神话"斯芬克斯之谜"，到我国最早的谜歌，再到周作人认为的中国最好的谜语；从"问题说""隐语说"，到"解闷说""表现说"，再到"测试说""情报说"。益民兄引领孩子们展开的这一番对谜语的历史巡礼，全然超越了惯常的教学设计的思路。很显然，益民兄的用意并不在于探讨谜语起源的所谓"谜语发生学"，而在于以此为桥梁引导学生深入到谜语的世界中，经由这一"世界上许多民族共有的民俗文化现象"，向人类共同的精神故乡"寻根"。

不仅仅是《谜之谜》，益民兄那散发着浓浓泥土芳香的"民间文化系列课"，正是试图带领儿童踏上朝向人类久已迷失的精神家园的发现之旅、寻根之旅和回归之旅。他的教学探索，正是为这一趟旅程开辟道路。正如很多朋友说的，益民兄是在做着"文化启蒙"的事。在我看来，益民兄将民间文学移入语文课程与教学，从根本上体现了他对于儿童的关注，对于童年的关注。因为爱儿童、理解儿童，他才要去做"文化启蒙"的事，他才迫切地想要寻找语文教学的本源之路。在这里，我不能也无力去猜透益民兄的"文化野心"，但我分明能感受到益民兄对于隐藏在民间文化之中的人性之谜的向往之情，也能感受到他是多么希望把儿童也卷入这种探索之中。这，是不是益民兄对另一个意义上的"谜之谜"的兴味呢？

三、守护儿童之谜

以谜语喻人，孩子们的解释真是妙得紧！

> 生：我觉得他琢磨不透。
> 生：我觉得他很神秘。
> 生：我感到他是个智慧、机智的人。
> 生：我认为他富有幽默感。
> 生：我觉得他还富有感情。

在我看来，这分明就是益民兄的真实写照。益民兄就是这样一个谜人，让人捉摸不透、神秘、智慧、机智、富有幽默感、富有感情。他编织着各式各样的谜语，让儿童躲在里面，自己也藏身其中，好不快活。

益民兄这个谜，源自儿童。蒙台梭利说："儿童是一个谜。"益民兄就像一个儿童，一个长大的儿童。所以，他是一个谜，是成人世界里的儿童之谜。益民兄这个儿童是长不大的，他把自己留在了童年里，留在了一届又一届学生中间。所以，他永远都是个谜。

益民兄这个谜，成人难猜，孩子们能解。他的教学总是能敏感地找到孩子们心底最柔软的地方，总是能挠到人最痒痒的地方。当你还在为这些地方究竟在何处而苦苦找寻的时候，他的教学已经清浅、通透地达成了。于是，课堂上，益民兄总能得到孩子们最热切的回应。这一种回应并不是表面上的热闹，而是一种精神与精神的契合，是心灵与心灵的应答。

然而，益民兄却并不是一个解密者。他并不希望破解儿童之谜，相反，倒希望这秘密保留得越久越好。他更不是一个告密者，他从不会向成人世界公开儿童的秘密，他更希望成人能够主动接近儿童，主动获得进入儿童世界的钥匙。如果你真是这么想，他倒是愿意在你向儿童世界进发的途中，给你一些小小的帮助。因此我说，益民兄是儿童之谜的守护者。

儿童是谜，这个谜蛰伏在儿童那里，需要我们去找寻，去唤醒，去引出。如果说这是一条路径，那么这条路径的每一步都设有一道"谜语"。可是，长期的教化和规训的惯习导致我们对于儿童之谜常常采取生硬的"破解"的态度，进而强行地介入儿童的生活，以成人的理性约束儿童。益民兄以他的教学告诉我们，对待儿童之谜，要慢慢地猜，要试着走进儿童的内心世界，和着儿童的脉搏和心跳的节拍，奏响共同的旋律。学着去猜儿童之谜，探寻儿童之谜，目的是更好地守护儿童之谜，使这个谜能长久地保存下去。从这一意义上说，益民兄是儿童之谜的共同拥有者。作为教师，我们要树立与儿童共同发展的理念，共同守护儿童的"谜之谜"，自由、幸福地成长。作为儿童成长的陪伴者，我们不仅要面对儿童，更要成为儿童，要时刻向人的来处——童年张望，这样，我们就能感受到童年的存在。如巴什拉所描述的那样，一种潜在的童年存在于我们身心中。"这持续的童年犹如一种向生活展开的美好感情，使我们能理解并热爱孩子，仿佛我们处于最初的生活中，与他们不分长幼。"（巴什拉《梦想的诗学》）

益民兄在《谜之谜》的结尾对孩子们说："今天学习的仅仅是谜语的冰山一角。谜语，我们还需要慢慢地猜。"或许我可以套用他的话作为本文的结语：益民兄是一个谜，我的这一番言辞只探索到他的冰山一角。益民兄的教学，益民兄，我们都还需要慢慢地猜。

4. 趣味横生的口腔操

——《绕绕复绕绕》教学记录

教学年级：三年级

教学用时：50 分钟

执教日期：2009 年 5 月

（课前小游戏：一起来做口腔操。出示）

> 我们来做口腔操
>
> 第一节：双唇运动——噼里啪啦
>
> 第二节：舌齿运动——叽叽喳喳
>
> 第三节：气息练习——从 1 数到 10，再数回到 1

（提示学生先慢说再快说，第三节先深吸一口气。）

师：每天坚持练习口腔操，保管伶牙俐齿效果好。（生笑）

一、故事引入

师：接下来，我要给大家说一个故事：

有一个叫小杜的小孩，一天，他上街去打醋和买布。打完了醋，买好了布，突然看见一只老鹰在抓兔子，他连忙放下了布和醋，去追那老鹰和兔子。结果，老鹰飞走了，兔子也跑了，打的醋洒了一地，还淋湿了买来的布。你们说小杜可怜吗？（生：可怜。）回家肯定要挨骂了。可奇怪的是，听说这件事的人不但不安慰他，反而哈哈大笑。这是怎么回事呢？看完了这个就明白了。（出示，指名一生读。）

> 有个小孩叫小杜，
> 上街打醋又买布。
> 买了布打了醋，
> 回头看见鹰抓兔。
> 放下布搁下醋，
> 上前去追鹰和兔。
> 飞了鹰跑了兔，
> 洒了醋湿了布。

师：谁明白了？

生：这个说的是绕口令。

师：原来，这是一则绕口令。绕口令里虽然也有故事，不过人们主要不是为了讲述故事，而是在玩一种语言的游戏。

二、绕口令诵读与形式欣赏

师：你们发现了吗，要念好这则绕口令，关键是要说清哪些字？

生：关键要说清"杜、布、醋、兔"。

生：它们的读音中都有"u"。

师：也就是它们的韵母是相同的。像这些读音相近容易念混出错的字词，就是绕口令中的关键字词。为了说好绕口令，我给大家两条建议。（出示）

（1）关键字词单独练。

（2）由慢到快有序练。

师：我们知道，绕口令要说得快，但为了说得快，咱们首先要慢慢地练，首先要说得清楚、连贯。下面我们就来一次实战演习，请看一则经典绕口令（出示）：

> 扁担长板凳宽
> 扁担没有板凳宽

板凳没有扁担长

扁担绑在了板凳上

板凳不让扁担绑在板凳上

扁担偏要绑在板凳上

师：请找到关键字词。

生：是"扁担"和"板凳"。

师：找得真准。小声地练练这对关键词。（学生自由练说）

师：请由慢到快有序练说绕口令。（学生练说）

师：请3位同学到前面来表演展示。（选定3位同学）我做4号选手。同学们认真听，等会儿请你们点评。

（3位同学及教师按顺序分别说这则绕口令，每位同学说完大家都热烈鼓掌。）

师：现在请同学点评。

生：我点评4号选手。他口齿伶俐，读音很准，而且很快。

师：谢谢你，知道吗，我天天练习口腔操。（生笑）

生：我点评2号选手，她没有错音也很快，只不过没有4号选手说得快。

师：谢谢你，你一次点评夸奖了两位选手。我觉得她尽管没有我说得快，但比我语音更清晰。

生：我点评1号选手。他是第一个说的，首先勇气可嘉。还有他口齿也非常清楚，虽然速度不快，但是讲得相当清楚，我也非常喜欢他的表演。

师：你以后可以做个好老师，很会评价。1号选手并不贪求速度，而是首先做到清楚流畅，值得我们学习。有没有同学点评3号选手？谁关注了3号选手？

生：我觉得她说得还是很好的，就是有点太急了，说的时候有"嗯"什么的，有点拖。

师：3号选手，你听了同学的点评，也说一两句吧。

生：（3号选手）我看时有点急就把字看错了。

师：看错了当然也就会说错了。这样吧，你有什么经验体会要告诉大家吗？

生：我们不能急，要平静地说。

师：这条经验很重要。绕口令又叫急口令，就是要说得快，但心里可不能急。谢谢你的提醒。我有时为了让自己平静下来，就先做几次深呼吸呢。（面对全体同学）掌声欢迎3位选手回位。

师：刚才，我们"扁担、板凳"说得津津有味，接下来，请大家拿出绕口令讲义，选择最感兴趣的一首，先找到关键字词单独练，再由慢到快有序练。

（讲义中有9首绕口令，学生兴味盎然地练习，约5分钟。）

师：我宣布，绕口令大会现在开始！

生：我说第二则。"大雁过雁塔雁塔留雁雁不落，小鱼入渔网渔网捕鱼鱼难逃。"

师：说得很流畅。请你再仔细看看，发现了什么？（出示）

大雁过雁塔　雁塔留雁　雁不落

小鱼入渔网　渔网捕鱼　鱼难逃

生：这个绕口令有点像对联。

师：具体说说，"大雁过雁塔"对——

生：对"小鱼入渔网"。

师："雁塔留雁"对——

生："渔网捕鱼"。

师：下面的自己说。

生："雁不落"对"鱼难逃"。

师：真的就像对联一样。绕口令里边有很多这样的形式，像对联一样，我们叫它"对偶令"。请你再说一遍，说出"对"的感觉。（该生再说，而后指名数人说这则绕口令。）

生：我说7号绕口令。（该生说得快而清晰，学生鼓掌。）

师：非常好，说绕口令要做到快而不乱，你做到了。

生：我说5号绕口令。"大哥有大锅，二哥有小锅，大哥要换二哥的小锅，二哥不换大哥的大锅。"

师：大哥二哥在干吗呢？

生：他们俩要换锅。

师：在换东西。这样的绕口令叫"交换令"。

生：我读最后一则。

师：你们发现这则绕口令里什么特别多？

生：里边数字特别多。

师：对，这样的绕口令叫"数数令"。请大家把中间含有数字的那几句再练练。

（学生练习，而后指名数人说。）

一个一，

一二三三二一，

一二三四五六七，

七六五四三二一，

六五四三二一，

五四三二一，

四三二一三二一，

二一一，

一个一。

生：我说这则："哥哥弟弟坡前坐……"（该生是刚上课时表演绕口令的3号选手，这回说得非常流畅，同学热烈鼓掌。）

生：我觉得她这次说得非常好，进步突飞猛进。

生：她原来说得结结巴巴的，这次说得很流利，不知道她刚才是不是偷偷练了口腔操。（众笑）

师：口腔操的效果这么立竿见影啊！

生：我说这则："吃葡萄不吐葡萄皮，不吃葡萄倒吐葡萄皮。"

师：这则绕口令说的跟生活中的不一样，要把这种不一样表现出来。

（指名说，强调"不吐""倒吐"。）

（又有多名学生分别表演其他绕口令，略。）

师：作为一种语言游戏，绕口令为我们的艺术表演提供了丰富的素材，除了大家熟悉的相声外，今天请大家欣赏快板和西河大鼓两种形式表演的绕口令片段。

（播放快板和西河大鼓表演的绕口令，二者内容相同，都在上面学生诵读的内容之中，分别是《扁担与板凳》《闲来没事出城西》。教师简单介绍：西河大鼓是我国北方的一种曲艺形式。学生听得很有兴致。）

师：大家听了有什么想说的？

生：我觉得西河大鼓有点像唱歌。

师：是的，西河大鼓有很有韵味的唱腔。

生：我想这些演员肯定是台上一分钟，台下十年功。

师：这个"十年功"天天在练——

生：天天在练口腔操。（众笑）

生：我感觉西河大鼓唱得比快板慢一点儿。

师：嗯，它有自己的唱腔，因而有节奏的变化，听起来就有快有慢了。

生：说快板的演员一边打快板一边说绕口令不觉得累吗？（生笑）

师：快板也是大家喜闻乐见的曲艺形式，语言的节奏和快板的节奏要吻合，很不容易的。但熟练以后无论听众还是演员都会感到很快乐。

师：你们有没有感觉到，刚才快板和西河大鼓演员表演的绕口令，都非常有节奏感。比如，我们说"扁担 长｜板凳 宽｜"，而他们说"扁·担 长｜板·凳 宽｜"，有附点的。

（指导学生按照这种节奏练说《扁担与板凳》绕口令）

师：现在给大家配上节奏练习。

（播放节奏音响，学生配节奏练习。）

三、绕口令揭秘与模仿式创编

师：说了这么多绕口令，同一般的儿歌、小诗比较，你们觉得绕口令有什么特点？

生：我发现绕口令都是非常绕口的，诗歌是不绕口的。

师：你的眼光真准，一下发现了绕口令的一大特点"绕"。

生：我觉得绕口令里有很多相似的字。

师：这相似的字可不是字形相似——

生：是读音相似。

生：绕口令要说得比较快。

师：是的，所以绕口令又叫"急口令"。

生：我觉得绕口令说起来很刺激嘴巴。

师：什么嘴巴？

生：刺激嘴巴。绕口令说得非常快，不容易说好。（众笑）

师：所以说绕口令能够训练口齿。

生：绕口令还有一个特点，说的尽是废话。（众笑）

师：哈哈，那我们为什么还要说那样的废话呢？

生：我们可以说着玩儿的。

生：它不是像我们写作文不能写废话，它是越有废话越好玩。（众笑）

师：而且这些废话还要绕口、拗口。"绕""拗"，是一般文学语言的大忌，在绕口令中却成了最大的优点和特点。不过，这"绕"和"拗"也很有讲究，得绕得巧，拗得妙。请同桌间分析下，我们开始说的两则绕口令里藏着怎样的秘密。（出示）

杜　醋　布　兔

扁担　　板凳

生：我发现了，第一则绕口令里的四个字的韵母是相同的。

生：第二则绕口令的两个词声母是一样的。

师：正因为读音相近，一旦说快了就容易出错。你们发现了其中的秘密。下面是两段一句式绕口令，猜猜中间是个什么字，读起来就拗口了，同桌商量商量。（出示）

门角放着一大堆（　　）短扁担。

大花碗底下扣着个大花（　　）蛤蟆。

生：第二则绕口令中间是个"活"字。

师：你怎么想到"活"字的？

生：我瞎猜的。（众笑）

师：大家觉得他瞎猜得怎么样？你们读读看。

生：我觉得读起来挺拗口的。

师："活"跟前后的"花""蛤"声母都一样，瞎猜得很有水平。（众笑）谁也来"瞎猜"第一句？

生：我猜是"门角放着一大堆长短扁担"。

生：我猜是"断"，"门角放着一大堆断短扁担"。我想是断扁担才会短的。（众笑）

师：你是从字面的意思来猜的，有没有从别的角度来想的？

生："断"和"短"读音很相近。

师：你思考问题的方法很值得我们学习。其他同学说说看，"长短扁担"和"断短扁担"，更同意哪种？

生：我认为两种都可以，不过"断短扁担"更有难度。

生：我认为是"断短扁担"，因为这是绕口令，说"长短扁担"就是一般的句子，不是绕口令了。

师：同学们分析得很有道理，咱们得从绕口令的角度来思考。我们来看看原句吧。（出示）

门角放着一大堆（断）短扁担。

大花碗底下扣着个大花（活）蛤蟆。

师：恭喜大家，你们猜测的跟原句的完全一样。谁愿意来读一读？（指名读）

师：在众多的绕口令中，有一类很有特色。请看这两则绕口令，它们有什么相似的地方？（出示）

山前有个严圆眼，

山后有个严眼圆，

二人山前来比眼。

不知严圆眼比严眼圆的眼圆，

还是严眼圆比严圆眼的眼圆。

东庄有个大西瓜，

西庄有个大冬瓜，

等到瓜熟来比瓜：

不知是东庄的西瓜大，

还是西庄的冬瓜大。

生：它们都是在一起比较。

师：是啊，这两则绕口令都是在比较，这样的绕口令叫"比比令"。比比令很多，有比长短、比大小、比粗细、比快慢、比好坏、比黑白、比高矮，等等。接下来，请大家把这两则"比比令"补充完整，任选一则试一试。（出示）

山前有个崔粗腿，

山后有个崔腿粗，

二人山前来比腿：

＿＿＿＿＿＿＿＿，

＿＿＿＿＿＿＿＿。

对河过来一只船，

这边漂去一张床，

行到河中互相撞。

＿＿＿＿＿＿＿＿，

＿＿＿＿＿＿＿＿。

生：对河过来一只船，这边漂去一张床，行到河中互相撞。不知是床撞船，还是船撞床。

师：案情扑朔迷离，辨不清哪！

生：……不知是这边漂去的床先撞到了船，还是那边过来的船先撞到了床。

师：你把难度系数加大了。

生：山前有个崔粗腿，山后有个崔腿粗，二人山前来比腿：不知崔粗腿的腿粗，还是崔腿粗的腿粗。

师：好。请加大难度。

生：……不知崔粗腿比崔腿粗的腿粗，还是崔腿粗比崔粗腿的腿粗。

生：我的难度更大。……不知是崔粗腿的腿比崔腿粗的腿粗，还是崔腿粗的腿比崔粗腿的腿粗。（众笑）

师：现在回头再说说第二则，希望事故更加严重，我可真坏！（众笑）

生：……不知是床撞掉了船，还是船撞掉了床。

师：哈哈，不说"撞掉"，说"撞沉"吧。

生：……不知是床上的人撞到了水里，还是船上的人撞到了水里。（众笑）

师：同学，咱们发扬点人道主义精神吧，不要让人掉下去好不好？（众笑）同学们已经找到了比比令的秘密。其他形式的绕口令也都有各自的特点，只要发现了特点，我们也可以创作自己的绕口令了。

四、绕口令延伸

师：绕口令既然有意思，如果我们写作文也像绕口令这样写，行不行？（生大叫：不行）

生：这样的话就有许多废话，让人以为是流水账。

师：但是，请看这段文字——（出示）

是的，我之所以认识曹迪民，是因为我认识曹迪民的爸爸，曹迪民的爸爸认识我。我认识他的爸爸，结果我就认识他了，他也就认识我了。就像他的爸爸认识我，结果我的女儿梅思繁就认识他的爸爸了，他的爸爸也认识我的女儿梅思繁了。他爸爸跟我是大学同学。后来毕业了，我们成了大学老师。我们成了同一个大学的老师，我们就成了同一个大学的同事。

……

谁会想到，哥们的儿子，后来也成了你的哥们，结果一个哥们就变成了两个哥们，爸爸哥们和儿子哥们。而我也成了两个哥们的哥们，爸爸的哥们和儿子的哥们。

——梅子涵《儿子哥们——曹迪民先生的故事》

（教师朗读，学生边听边笑。）

生：这个写得太绕口了，感觉会把人绕晕掉。

生：还有，它具备绕口令的第一大特点，废话多，比如说，"结果我的女儿梅思繁就认识他的爸爸了，他的爸爸也认识我的女儿梅思繁了"，这是明显的废话。

生：如果是作文，老师肯定会删删删，删成一点点，还会打个不及格。

生：他肯定是为了好玩才这么写的。

师：你分析得真好。作家是为了取得一种特殊的语言效果才这么写的，写出了故事中人物关系的缠绕复杂。梅子涵经常有这样有意思的语言，很多人称之为"梅式语言"呢。不过我可警告你们，你们一般的作文可不能这么写，否则，我可要让你们挨批了。（众笑）

师：我国的古人也早已有了这样表达的趣味，请看两千多年前的大哲学家庄子的话。（出示，教师朗读。）

　　方生方死，方死方生；方可方不可，方不可方可；因是因非，因非因是。

——庄子

师：这句话的意思很深奥，大家到了中学、大学以后可以再来回味。我们现在光看它的表达，真的也是一则很有意思的绕口令。大家一起读！（生读）

五、快乐结课

师：关于绕口令，刚才我们已经聊了不少，现在，你的绕口令已经到达什么级别了呢？想不想测试一下自己的功力？

生：（齐，大声）想！

师：请自己测试。（出示）

（1）初入江湖：化肥会挥发。
（2）小有名气：黑化肥发灰，灰化肥发黑。
（3）名动一方：黑化肥发灰会挥发，灰化肥挥发会发黑。
（4）天下闻名：黑化肥挥发发灰会花飞，灰化肥挥发发黑会飞花。

师：绕口令高手在哪里？我在呼唤。

（选定3位同学上前表演展示，笑声不断。）

师：可不要以为"天下闻名"就是到了最高级别，告诉你们，还有更高级别的"一代宗师""超凡入圣""天外飞仙""立地成佛"等着大家呢，练好绕口令，"路曼曼其修远兮"！（众笑）感兴趣的同学课后好好练一练。

师：最后，请大家欣赏 S.H.E 演唱的歌曲《中国话》，你们听出了里边哪些绕口令？（播放歌曲视频片段，歌词为：扁担宽板凳长 / 扁担想绑在板凳上 / 扁担宽板凳长 / 扁担想绑在板凳上 / 伦敦玛莉莲买了件旗袍送妈妈 / 莫斯科的夫司基爱上牛肉面疙瘩 / 各种颜色的皮肤各种颜色的头发 / 嘴里念的说的开始流行中国话 / 多少年我们苦练英文发音和文法 / 这几年换他们卷舌头学平上去入的变化 / 平平仄仄平平仄 / 好聪明的中国人好优美的中国话……哥哥弟弟坡前坐 / 坡上卧着一只鹅 / 坡下流着一条河 / 哥哥说宽宽的河 / 弟弟说白白的鹅 / 鹅要过河河要渡鹅 / 不知是那鹅过河 / 还是河渡鹅 / 全世界都在学中国话 / 孔夫子的话越来越国际化 / 全世界都在讲中国话 / 我们说的话让世界都认真听话）

生：我听出了有《扁担与板凳》。

生：我还听出了《哥哥弟弟坡前坐》。

师：在歌曲里听到这些绕口令真感到特别亲切，咱们拍着桌子一起说一遍《扁担与板凳》。（学生一齐拍桌说）

师：正像歌中所唱的，好聪明的中国人，好优美的中国话，让世界都来认真听我们说话，都来认真听我们说中国话！今天这堂课咱们就绕到这儿。

附：阅读材料

一

吃葡萄不吐葡萄皮，
不吃葡萄倒吐葡萄皮。

二

大雁过雁塔雁塔留雁雁不落，
小鱼入渔网渔网捕鱼鱼难逃。

三

小华和胖娃，
两个种花又种瓜，

小华会种花不会种瓜，
胖娃会种瓜不会种花。

四

高高山上一根藤，
藤条头上挂铜铃，
风吹藤动铜铃动，
风息藤定铜铃停。

五

大哥有大锅，
二哥有小锅，
大哥要换二哥的小锅，
二哥不换大哥的大锅。

六

山前有个严圆眼，
山后有个严眼圆，
二人山前来比眼。
不知严圆眼比严眼圆的眼圆，
还是严眼圆比严圆眼的眼圆。

七

东庄有个大西瓜，
西庄有个大冬瓜，
等到瓜熟来比瓜：
不知东庄的西瓜大，
还是西庄的冬瓜大。

八

哥哥弟弟坡前坐，

坡上卧着一只鹅，

坡下流着一条河。

哥哥说宽宽的河，

弟弟说白白的鹅。

鹅要过河河要渡鹅，

不知是那鹅过河，

还是河渡鹅。

九

闲来没事出城西，

树木廊林长不齐。

一个一，

一二三三二一，

一二三四五六七，

七六五四三二一，

六五四三二一，

五四三二一，

四三二一三二一，

二一一，一个一，

数着半天一棵树，

一棵树长着七个枝，

七个枝结着七样果，

结的是槟子橙子橘子柿子李子栗（lì）子梨。

一堂有创意、有特色的语文课

——听周益民老师的《绕绕复绕绕》

金波 [①]

听周益民老师的这堂课，我很欣喜，很震动。因为在我的印象中，还没有哪位老师把绕口令纳入到小学语文教学中去。虽然低年级小学语文教材中出现过一些民间传统童谣，但是还没有出现过颠倒歌、绕口令这种类型的传统童谣。所以我认为这是个创举。

过去的小学语文教材中，我们只是讲到了作家创作的一些儿歌。新课标颁布以后，大家思想比较解放了，又收入了一些传统童谣。我曾经在有的教材里看到过《一园青菜成了精》《一对蝈蝈吹牛皮》这样一些传统童谣，我觉得很新鲜，很有创意。过去都以为民间童谣是民间的口头的文学，很难纳入语文教材。现在选入教材，发现教学效果相当不错，非常有趣，有幽默感，有韵律节奏感，教学效果有时会超过我们作家创作的儿歌。这一次周老师又把绕口令纳入语文教学当中，我认为是一种创举。这创举主要表现在这样几个方面：

第一，他为语文教学开发了新的教学资源。绕口令是传统民谣的一种门类，和其他传统民谣比较，有它的长处和不足。传统民谣很注重节奏感、趣味性、幽默感，当然绕口令也注重这些。但是绕口令缺乏传统民谣的情节性。我刚才举例的《一园青菜成了精》《一对蝈蝈吹牛皮》，这些都是带有童话性质的童谣，而绕口令的情节性比较弱。周老师把绕口令纳入到语文教学中，丰富了小学语文教材，告诉我们有大量的教材值得去开发。传统民间童谣的艺术性并不次于我们作家创作的。作家创作儿歌还要向传统童谣学习，在内容上更要突出趣味

---

① 金波，诗人，儿童文学作家，首都师范大学教授。

性，在形式上更要突出音乐性。而传统童谣寓教育性、知识性于趣味性之中，诵唱后可以经久不忘，因为它乐闻易晓。所以古人讲，"一儿习之，可为诸儿流布；童时习之，可为终身体认"（明·吕得胜《小儿语》序）。一个孩子学习了，很多孩子都传开了；小时候学的，一辈子都忘不了。民间童谣就是有这种魅力。（在这里，我顺便谈谈在校园里流传着的所谓"灰色童谣"，我们教师一面要引导学生传诵健康童谣，一面还要分析学生为什么对这些童谣感兴趣，还要分析它产生的背景。）

周老师把绕口令引进课堂在这一点上满足了孩子们游戏的、竞技的、好胜心的愿望。我认为绕口令在传统童谣中，所具有的独特性就是竞技性。绕口令讲究的就是发音技巧。课堂有了技巧比赛，就学得轻松，气氛活跃，自始至终学生处在兴奋状态。刚开始，周老师让那些同学发言，当时同学们沉默了几秒，没有孩子敢于站起来发言，但是上课不到十分钟，全体同学便非常活跃。周老师的语言非常简洁，并没有用煽情，但孩子自发地喜欢参与。新课标强调自主学习，互动学习，这堂课都体现出来了，原因就是周老师挖掘了教材当中的新资源，这个新资源非常符合儿童快乐的天性。我们知道绕口令有几个功能，周老师的教育点就是它发音的功能。周老师并没有很突出地去讲，但是在几个绕口令中，孩子们从诵唱中都已经体会到了。

"绕口令"在民间童谣中是独立的一类。朱自清先生把"绕口令"归之于"练习发音"类的童谣，认为它是童谣里的"很美妙的歌词，不仅对于练习发音非常注意；并且富有文学意味，迎合儿童心理，实在是儿童文学里不可多得的一种好材料"（朱自清《中国歌谣》）。这说明绕口令不但有"练习发音"的实用性，还有"文学意味"的娱乐性。周老师的这节课，非常鲜明地突出了绕口令的这两个特点。

第二，周老师的这节课扩展了绕口令作为文学艺术的丰富性。过去我们一谈到绕口令，总觉得它是曲艺里相声表演、快板表演的保留节目，或者是孩子们的游戏比赛，只看到了它的娱乐性。周老师的课，突出了文学艺术的丰富性。我认为周老师的课是一节艺术欣赏课。这节欣赏课非常独特，学生在跟老师的互动当中，逐渐地、潜移默化地学会了欣赏。他的课非常有条理，他先讲了一个故事，然后把故事变成绕口令，这就增加了绕口令跟童话故事、跟生活故事的紧密联系，证明了绕口令完全可以承担歌唱一个故事的诗歌特点。周老师这节课讲得如此丰富，是因为他把绕口令与快板、西河大鼓等曲艺形式联系起来，甚至把绕口令和通俗歌曲《中国话》联系在一起，真让人大开眼界，也让学生在诵唱中感受到母语的生动活泼。我们倡导"大语文"，就是在社会生活中学语文，在艺术的相互融合中学语文。我认为周老师做到了这一点。他的课还证明了文学是艺术的基础，即使是"极浅、极明、极俚、极俗"的绕口令也如此。

第三，周老师的课体现了竞技性。周老师让孩子们认领最高的级别，朗诵最难的绕口令，这是孩子们游戏精神的体现。在游戏中，在竞技的过程中，不仅达到了练习发音的目的，还让孩子们感受了文学的美。绕口令有根据双音、叠韵、声调、音变等练习目的创作的作品。在作家当中也有人注重对绕口令的创作，所以同学们对绕口令也比较感兴趣。

一点建议：这节课，孩子们开阔了眼界，激发了兴趣，体验到了母语的美。我想，为了进一步满足孩子们游戏、竞技的欲望，是否可以进一步扩充到绕口令的仿写上。我们可以出几个关键词，让孩子们仿写。孩子们对绕口令的艺术性，对发音的练习可以通过仿写记得更牢固。孩子们把作品拿出来，他们会更有成就感，会感觉到竞技的成就感和游戏精神的满足。所以，我想，假如这课有仿写的内容，可能孩子们对绕口令会有更完整的认识与体验。

十分好玩，十分有用

陈金铭 [1]

朋友问我对《绕绕复绕绕》的意见。

我说了八个字：十分好玩，十分有用。

十分好玩，是说学生学习过程中的状态。

十分有用，是说学生学了之后驻留下来的语文经验。

能不能具体说说呢？朋友问我。

我说，我来回答三个问题，就知道为什么十分好玩，十分有用了。

第一个问题：为什么教绕口令

是啊，教材中那么多篇课文，偏偏教了不是课文的绕口令，为啥呢？

这同时涉及三个问题。一是语文教师的专业自主权，二是周益民老师在课程创生中的新思考，三是周老师对诗化语文的新认识。

"教材无非是个例子。"叶圣陶先生这话的意思是，"教材无非是形成语文能力的例子"，同时，这话还有"形成语文能力还可以有别的例子"的意思。对教材，语文教师有专业处置权，即在教材中课文既定的情况下，教课文的什么内容，怎么教，语文教师有权处置。

除了专业处置权之外，语文教师还有个更大的权利，就是专业自主权，即我有权利自主选择能"形成语文能力"的"别的例子"。专业处置权，很多老师已经意识到了，对专业自主权的认识，大家还比较陌生。其实，国家课程标准早就规定了教师有这份权利，之所以迟迟未见有成果出来，这中间既有语文教师不具备行使自主权的能力，选不出"别的例子"的尴尬，也有即使选出"别

---

① 陈金铭，曾任职于上海教育出版社《小学语文教师》编辑部。

的例子"，也未敢名正言顺、光明正大地将其归属于语文课，而放置到了语文综合实践活动的错位情形。

周老师对专业自主权的行使，为语文教师找回了一点属于自己的专业尊严。他的目的很明确，形成一个以民间语文为教学内容主体的课程。

除了这节绕口令课，他还陆续创生了颠倒歌课、谜语课，等等。

有人因为这些课的内容是民间的、非主流语文形态的，就把这些课称作非主流语文课、边缘语文课，这比说是语文综合实践活动好点，因为孬好也是"语文课"（尽管是非主流、边缘的），不是"实践活动"了。但实际上也仍不准确。因为这些课教的内容本就是真正的语文（只不过一直为语文教学研究界所忽略），教学目的也是培养学生真正的语文能力，因此，它就是堂堂正正的语文课。

那么，此课哪里体现了周老师对课程创生的新思考呢？或者说，这节课在课程上的价值在哪里？

绕口令，是民间流传了千百年的一种语言游戏，"认真练习绕口令可以使头脑反应灵活、用气自如、吐字清晰、口齿伶俐，可以避免口吃"。这是它的外显功用，实际上它受老百姓欢迎的最大原因，是可以休闲取乐。一种语言形式之所以靠口耳相传就能流传，最主要的原因肯定是满足了大众的精神娱乐需要。也就是说，它看起来是语言的游戏，实质上是精神的游戏。

这种民间语文的草根性决定了它在生活中蓬勃的生命力。为学习语言艺术要专门研习它，即便什么也不为，单纯说着绕口令逗着玩也是有趣的。小孩子更喜欢这种看似无厘头的语言游戏，唇齿之间的闪展腾挪，让他们收获了极大的精神愉悦。可是，因为其草根性，因为其泥土味，因为其"不登大雅之堂"，所以一直被语文教学研究界忽略，一直被教材编写者忽略。周老师敏锐地发现了它的价值，进行了课程的创生。假以时日，周老师民间语文的课程（打油诗、谜语、颠倒歌、对对子、对山歌……）创生完毕，形成一个按年龄特点，阶梯状排序的民间语文课程，将是语文教师自主创生课程的一个极好范例。

为什么还要说，这体现了周老师对诗化语文的一种新认识呢？

周老师以前所主张的诗化语文，呈现出来的趋向是一种雅的诗化，今天民间语文课程系列的诗化语文的趋向，则是一种俗的诗化（实际上这里的"俗"也是一种大雅，但通俗理解，民间语文的特质还是"俗"）。雅的诗化，着眼点主要在文学审美上，所选文本主要是纯儿童文学样态；俗的诗化，着眼点主要在语言审智上，所选文本主要是民间语文样态。这就表明了周老师对儿童文学的一种新的体认：儿童文学的界线并不以年龄来划分，而是以符合不符合儿童内心的需要为依据。很显然，民间语文虽然不是特地写给儿童的，但儿童需要它。因此，民间语文，实际也是属于儿童的语文。

判断"雅的诗化语文"和"俗的诗化语文"，有一个简单的标准，就是看追求的是"美"还是"智"。是"美"，那就是"雅的诗化语文"；是"智"，那就是"俗的诗化语文"。

从美到智，这是诗化语文实践领域中内涵的拓展。

第二个问题：为什么教绕口令的这些内容

这节课教了以下内容：绕口令的诵读指导、创作知识、欣赏运用绕口令的艺术、模仿编写、体会在文学中的运用、练习难度较大的绕口令、欣赏带绕口令内容的歌曲。

概括说，就是"自己读绕口令、了解绕口令的知识、听别人演绕口令、跟别人仿写绕口令、体会文学中用的绕口令"。

教这些内容，我认为很恰当。原因有三点：

第一，绕口令自身的特点。绕口令教学和课文教学一样，都属于阅读教学。阅读教学有一个很重要的原则应该被记住，就是课堂上教的读写样式应该和日常生活中的读写样式一样。否则，阅读教学的作用就会蜕变成只能用来对付考试，不能解决实际问题。绕口令日常的读写是怎样的呢？凡是喜欢绕口令的，最常做的不就是有滋有味地读着玩？不就是听听绕口令的表演？这是读和听。那么写呢？一般人不会写，但绕口令创作者得会写。写有窍门，把最简单的窍门在课堂上教给学生就可以了。周老师深谙这一点，因此在时间分配上给了读和听大量的时间，而给了写少量的时间。

第二，这些内容都指向工具性知识的习得。其中包括了：绕口令读的知识、创作的知识、运用的知识。知识有两种作用，一是知识本身是目的，学习知识是为了积累；二是知识本身是工具，学习知识是为了形成能力，这样的知识在语文教学中还处于亟须的状态。周老师教的这些知识就是工具性知识，是为了形成语文能力的。

第三，都指向了绕口令形式的欣赏。周老师此课和一般课文教学最大的区别，就是没教内容（作者说了什么）。教语文课，需要既教内容，又教形式。绕口令虽然有内容，但关注点不在内容而在形式（作者是怎么说的）。所以，周老师在课一开始就点明了："原来，这是一则绕口令。绕口令里虽然也有故事，不过人们主要不是为了讲述故事，而是在玩一种语言的游戏。"

第三个问题：为什么这样来教绕口令

周老师设计的教学流程大体上是这样的：趣味引入；绕口令诵读与形式欣赏；绕口令揭秘与模仿式创编；绕口令延伸；快乐结课。

这五个教学步骤的安排照我看来是很妥帖的。

主体的教学环节是教学流程中的"二、三、四"三个环节，这是专属于绕口令教学的。"趣味引入"和"快乐结课"的"引入、结课"是无论哪节课都必备的，加上"趣味、快乐"是绕口令这一内容本身有趣，因此上课不妨也上得有趣。

其中"二、三"两个环节，学生主要的学习行为是"诵读、欣赏、揭秘、创编"，我认为这是这节课教学策略中最值得关注的四个词。

这四个词包含了这节课的全部秘密。

"诵读"——任何民间语文，都是以口耳相传为主要特征的，这就决定了读的重要性。读不到一定的数量，读不到一定的遍数，读不到一定的标准，是不能体悟民间语文奥秘所在的。

"欣赏"——民间语文来自民间，欣赏，就是听听民间是怎么把它世世代代口耳相传下来的。

"揭秘"——绕口令自有它的奥秘，在长期的流传中形成了稳定、成熟的结构上的、题材上的、语言上的等区别于其他民间语文种类的特质。这个秘密是要老师领着学生去发现的，否则，靠自己摸索很难片刻间找到。这也是教学中老师主导作用最大的一处。

"创编"——读了，赏了，了解它的秘密了，接下来自然要体验一把，自己试着创编一下。没有创编，那么这节课大多数时间学生固然笑声不断，愉悦得很，但思维的参与、智力的挑战，是几乎没有的。一节课，总要有些环节是要学生的大脑像发动机一样高速运转起来的，否则，很难说在学生的语文学习经验里能留下什么东西。创编，是要学生调动全身每一根神经，集中精力去应对的，这是这节课中智力成分含量最大的部分。

这四个词，缺一不可。

缺了一个，对绕口令的学习就不完整。

这四个词，顺序不能调换。

调换了顺序，学生学习的效果就不会是如此轻松快乐、收获多多，而是困难重重、不明所以。

至于第四个环节"绕口令延伸"，老师出示的是梅子涵和庄子著作中的片段，让学生体会在文学中为了造成特殊的表达效果，也会偶尔运用绕口令。我个人认为，有必要让学生知道，但不是必须让学生知道。

5. 回望生命开始的地方

——《摇啊摇》教学记录

教学年级：五年级

教学时间：60 分钟

执教日期：2009 年 10 月

师：首先和大家讨论一个有意思的话题，你想长大还是变小？

生：我想变小，长大了会有烦恼，变小了就无忧无虑了。

师：这也是很多成年人羡慕孩子的原因。

生：我想长大，长大了有自由。

师：（追问）你现在缺少自由？

生：是的，总被大人管这管那的。

师：孩子的身后总有一双警察一样的眼睛。不过告诉你，大人有时也有人管着的。（众笑）

一、感受摇篮曲风格

师：有的同学想长大，有的同学又想变小。下面，让我们来听一首歌，闭上眼睛，安安静静地听，感觉自己长大了，还是变小了，或者是否看到了一幅画面。（播放影片《乡情》插曲）

师：有什么感觉？看到画面了吗？

生：我仿佛看到一位妈妈怀里抱着一个小宝宝摇啊摇，小宝宝睡觉的情景。

师：妈妈怀里的小宝宝怎么样呢？

生：小宝宝闭上眼睛，很舒服的样子。

师：哦，你看到宝宝在妈妈怀里甜甜地睡了。谁能做做妈妈摇宝宝的样子？

（一生演示，众笑。）

师：嗯，有点意思。你们看到妈妈的眼睛、妈妈的手了吗？

生：妈妈一直注视着小宝宝，目光那么慈爱。她的手轻轻拍着小宝宝。

师：轻轻地拍，叫拍抚。还有谁看到的画面不太一样的？

生：我看到了自己的小时候，正躺在摇篮里，妈妈唱着好听的摇篮曲。

生：从妈妈的摇篮曲中，我还听见了"快快长大"，这也是妈妈对小宝宝的一种期望。

师：是啊，摇篮曲抒发了妈妈的爱，抒发着妈妈对宝宝殷切的期望。

生：我看到小宝宝睡在摇篮里，妈妈一边摇摇篮一边哼着摇篮曲。

师："哼"用得好，妈妈的声音那么轻柔。你们看到过摇篮吗？

生：摇篮是小宝宝睡觉用的，有点像篮子。

生：摇篮是可以左右摇摆的，可以让宝宝在里面睡得更安心、更舒服。

师：对，摇篮是给宝宝睡觉的。我们小时候都睡过摇篮。看，这幅图上就是一种摇篮。（出示摇篮图）摇篮有很多样式，小宝宝躺在里面，爸爸、妈妈、爷爷、奶奶就摇啊，摇啊，小宝宝就甜甜地睡着了。我们一起来摇摇篮。伸出手，扶着摇篮，摇过来，摇过去。（学生一起跟着教师做摇摇篮动作）妈妈就是这样，一边摇着摇篮，一边哼着——

生：（齐）摇篮曲。

师：刚才我们听到的就是老电影《乡情》中的摇篮曲。（出示）

摇啊摇，摇啊摇，

宝宝快睡觉。

摇啊摇，摇啊摇，

宝宝快睡觉。

盼儿快长大呀，

盼儿快长高。

好宝宝，好苗苗，

快呀快睡觉呀，

睡觉了。

师：摇篮曲，又称摇篮歌、催眠曲，古代曾经称作抚儿歌，主要是哄孩子入睡时哼唱的。想想，小宝宝听着这样的摇篮曲为什么会睡着？

生：因为妈妈的声音很轻柔，加上她不停地摇着小宝宝，小宝宝感觉非常舒服，所以就睡着了。

生：因为摇篮曲里面有妈妈的爱。

师：妈妈的爱表现在声音里就是——

生：歌声很甜美、温馨。

师：又安静又美好，叫作恬静。有这么美妙的歌声陪伴，小宝宝当然甜甜地入睡了。据德国科学家研究表明，摇篮曲催眠的效果胜过了各种安眠药物。人们在摇篮曲的陪伴下睡得特别香甜。摇篮曲的这种安静、柔和，我们能通过朗读表现出来吗？试一试！

（学生练习朗读后，指名读，教师提醒学生声音要轻柔，"不能把小宝宝吓哭了"。）

师：这首摇篮曲里，有不少反复的词句。妈妈为什么不这么干脆地唱——（出示）

> 摇啊摇，
> 宝宝快睡觉。
> 盼儿快长大，
> 快长高。
> 快睡觉。

生：我觉得这样唱就缺少妈妈温柔的情意，重复的话可以让宝宝感到很舒服。

师：重复能让宝宝感到舒服，我们来体会这个重复就像什么。摇啊摇，摇啊摇——

生：就好像妈妈在一次一次地抚摸宝宝。

师：怎么都爱抚不够。还有别的体会吗？咱们一块儿做做动作，再感受一下。你可以是拍抚小宝宝，也可以是摇小宝宝。一边摇一边说歌词。

生：（齐，边做动作边说）摇啊摇，摇啊摇——

生：我感觉这个重复就像妈妈在反复地拍抚孩子。

生：我感觉这个重复就像妈妈在不断地摇着摇篮。

师：歌词的反复就像摇篮反复的摇动，就像不断地轻轻拍抚。这就是语言跟动作的协调，这就是语言的节奏。

师：说到反复，下面这首就更加明显了。（出示陈伯吹《摇篮曲》）

摇篮曲

风不吹，

浪不高，

小小船儿轻轻摇，

小宝宝啊要睡觉。

风不吹，

树不摇，

小鸟不飞也不叫，

小宝宝啊快睡觉。

风不吹，

云不飘，

蓝蓝的天空静悄悄，

小宝宝啊好好睡一觉。

师：大家看看，既然是反复，三节是否就应该读得一样呢？

（指名一生读，读后教师追问。）

师：想请问你，为什么三节越读越轻柔？

生：因为这三节感觉越来越美，读起来越来越让人痴迷。

师：越来越美？小宝宝快要入睡了，妈妈轻轻地摇着他，摇啊摇，摇啊摇，小宝宝有什么变化吗？

生：小宝宝慢慢地慢慢地睡着了。我明白了，所以，三节要越读越轻柔，越读越缓慢。

生：（另一生补充）妈妈开始摇宝宝的时候宝宝很有精神，在妈妈的歌声里，宝宝越来越痴迷，就越来越想睡觉，最后就沉睡了。如果这时妈妈声音再高的话，小宝宝就被惊醒了，所以要越来越轻。

师：可见，声音的高低起伏都是有感情在里边的。刚开始，这位同学说到是因为感觉三节"越来越美"，那么，这儿的"美"可以理解为宝宝睡得——

生：甜美。

师：说得好。我们一起来读这首摇篮曲。第一节，全体同学一起读，第二节请一二两组同学读，第三节请这一小小组读。（学生齐读该首摇篮曲，注意到了声音的变化。）

二、诵吟摇篮曲作品

师：刚才我们听着摇篮曲，体验了一把长大或变小的感觉。听着这样的摇篮曲，是否让你想起了谁？

生：我想起了妈妈。我小时候，妈妈经常唱着摇篮曲哄我入睡。

生：一次，我生病发高烧，睡不着觉，妈妈就唱摇篮曲哄我睡觉。

生：我想起了小姨。我弟弟每天晚上睡觉的时候，小姨都会唱摇篮曲，弟弟就会从一天的疲倦中进入甜美的梦乡。

师：一天的疲倦随着摇篮曲而烟消云散。妈妈唱过、奶奶唱过、小姨唱过，其实爸爸也会唱。摇篮曲，是儿歌中的一种。不过，大部分的儿歌都是小孩子游戏时吟唱的，叫"儿戏"。（板书：儿戏）摇篮曲不同，是大人主要是妈妈唱给孩子听的，叫作——"母歌"。（板书：母歌）只要有母亲、有孩子的地方，就会有摇篮曲。我是江苏海门人，在我的家乡，就流传着这么一首摇篮曲。（出示）

摇摇摇

摇啊摇，
摇啊摇，
一摇摇到外婆桥。
外婆叫我好宝宝，
横一抱，竖一抱。

又有饼来又有糕，

吃得宝宝眯眯笑。

（教师用海门方言念诵，学生边听边笑。）

师：刚才我是用海门话念的。海门话是吴方言的一种，跟上海话很接近。走近一种方言，其实就是了解一种地域文化。我想请各位同学跟着我，来说说海门话，念念这首摇篮曲。（逐句领着学生用海门话念摇篮曲，气氛活跃。）

师：真希望各位宝宝能够在这样的摇篮曲中甜甜地、安然地入睡。摇篮曲的世界是非常丰富、非常美妙的。接下来，请拿出讲义，选择你特别喜欢的一首，念一念，可以随之做做动作，也可以填上熟悉的曲调唱一唱，待会儿交流。

（学生阅读讲义，而后组织交流，学生或念或唱，教师强调要体现摇篮曲的感觉。）

三、研究摇篮曲特点

师：接下来，请各位来做一点小研究。（出示）

选择研究（可以合作）：

（1）第1—6首和第7—11首有什么不同？你更喜欢哪一类？

（小提示：注意第7—11首中的景物描写）

（2）第1—6首是同一个地区的摇篮曲吗？能否从内容体会出？

（学生或独立或伙伴间开始思考、比较、研究，而后交流讨论。）

师：我们先来交流第一个问题的研究情况。要求语言简洁，不重复别人的话。

生：我觉得第1—6首是某一个地区流传下来的，而第7—11首是由一些作者作词的。

师：是有创作者的。第1—6首是各地流传的，是传统童谣，我们都不知道作者是谁。其实，这也就是民间文学和作家文学的区别。你们更喜欢哪一类呢？

生：我更喜欢民间的。因为民间的有自己独特的特点，能让人更好地体会。

师：（追问）是什么特点让你更好地去体会了？

生：（一时表达不出）……

师：太丰富了，可能一下子无从说起。选一首说说吧。

生：比如第3首四川童谣，它就写了日常生活中，大家都比较流行的哄宝宝的一种形式。

师：我有点明白你的意思了，你是觉得传统童谣更质朴、更自然，是吗？（该生点头）

生：我更喜欢第7—11首。因为它们比较富有诗意。

师：具体说说怎么有诗意。

生：比如第7首，"月儿明，风儿静"，这些都是写景物的。

师：这一首尽管是民歌，但是是由一个叫郑建春的作者填词的，所以也具备了一些作家文学的特点。我们来具体看看，作家创作的摇篮曲里是怎么写景物的。（出示）

月儿明，风儿静
树叶儿遮窗棂

风不吹
浪不高
小小船儿轻轻摇

明月静悄悄
把你摇篮儿照

蓝天是摇篮
摇着星宝宝
白云轻轻飘
星宝宝睡着了

小鸟儿早已回去
花园里多么安静
小羊和蜜蜂已休息
天上月亮笑眯眯

生：写了月亮、风、浪、船儿，还写了摇篮、白云、星星、小鸟儿、小羊、蜜蜂。

师：为什么这么写？

生：因为这些都是大自然里的景物……

师：那我写，太阳照，大风吹，海浪高又高，那也是大自然里的景物啊。

生："月儿明，风儿静"，这些都是写比较柔的场面。

师："柔"，这个感觉抓得准！这样写就——

生：都是写的轻柔、柔和的景物，可以让宝宝更容易熟睡。

师：全体女同学试一试，把这种柔和宁静的感觉读出来。"月儿明，风儿静"——

（女生齐读）

师：看来，作家文人创作的摇篮曲更注重意境的营造，讲究语言的优雅。

生：我更喜欢传统的，因为传统的流传更广，它们是单哄孩子睡觉的，第7—11首还寄托着对孩子未来的希望之情，比如，第7首就是寄托着对孩子的希望。

师：你更喜欢单纯一点的，作家创作的摇篮曲在内容上一般更丰富一些。你们发现了吗，民间摇篮曲里还常常提到什么内容？它要叫孩子睡觉……"麻胡子来喽！狼来喽！"

生：民间摇篮曲里面经常说：狼来了！狼来了！你要不睡觉，妈妈就不抱你，你睡觉了妈妈是护着你的。

师：你小时候，妈妈有没有这样吓唬过你？

生：妈妈没有这样吓唬过我，怕我胆子小。（笑）

生：爸爸吓唬过我的，我有时候不睡觉，爸爸说：你再不睡我就把你喂给狼吃了……（笑）

师：民间摇篮曲常常用怪物吓唬小孩儿。你们再不睡觉，麻胡子来了！狼来了！这也是它的一个特点。另外，有很多民间摇篮曲其实没有具体内容，就是随口哼哼。请同学们听——（播放宜兴原生态摇篮曲）

师：这是江苏宜兴的原生态摇篮曲，里面的歌词没有任何内容，就是妈妈、奶奶在哄着宝宝睡觉，在哼鸣。

生：我觉得，各个地方的东西比较俗气，每首都有每首的特点，可以传诵很广，不识字的妈妈们也可以唱给孩子听。

师：换个说法，不用"俗气"，叫有乡土气息，或者泥土气息，好吗？刚才有位同学说，民间摇篮曲更单纯，更质朴，作家创作的摇篮曲常常更优美，更富于意境。作家文学我们经常说是"雅文学"，民间文学我们经常说是"俗文学"。"俗文学""雅文学"是文学中的两道风景，两条河流，各有风采，就好比公园里的鲜花和山沟里的野花一样。民间文学滋养着我们一代一代人的幸福成长，形成了久远的文化，也永远滋养着作家们的创作。古老的童谣作为民间文学的一种，就影响了一代又一代人。

师：第一个问题同学们思考研究得很不错，注意通过比较来发现问题。咱们接着讨论第二个问题。第1—6首是不是同一个地区的摇篮曲？

生：肯定不是同一个地区的，不少题目下就标明了，比如四川童谣、河北童谣之类。

师：如果不标注，我们光从内容上能不能看出来？

生：我从第6首"我的小牛犊啊"这句看出，这是西藏或者新疆地区的，因为那里才有大草原，才有小牛犊儿。

师：牧场体现了西藏风情。

生：而且它们的风格也不一样。

师：请讲。

生：比如海门童谣，"摇啊摇，摇啊摇"，感觉很……（一时找不着合适的话语）

师：海门以及江南一带的，比较柔和、抒情，是吗？（该生点头）童谣反映出了地域的文化特点。

生：我从内容上看，第1首《摇摇摇》，唱的时候有一种幻想，这摇篮就像小车一样，把宝宝摇到外婆桥，宝宝非常开心地吃到了饼和糕。第3首给人的感觉是不清楚，也许是掺杂了地方的一些俗语，整个读不懂，什么猫推磨，狗烧锅啊。（其余学生大笑）

师：读不懂是正常的，这些传统的地方童谣都是几百年流传下来的，打上了浓郁的地域特点。刚才我们说到摇篮曲都是轻柔、舒缓的，但是，有一个地方的摇篮曲却是大声喊叫。满族地区，小孩儿睡在悠车，也就是摇篮里。很久很久以前，这悠车有时挂在行进的马匹上，有时挂在野营的树杈上。晚上，营地野兽吼声四起，妈妈为了孩子安静地睡下，就呼喊着唱起摇篮曲，声音大得盖过了野兽的吼叫。小孩子感到了安全，幸福地睡着了。直到今天，在东北有些屯子里，妈妈们还是用力地推送悠车，大声地唱摇篮曲。这就是地域文化特点。（学生听得都很入神）

四、体验摇篮曲情感

师：下面，我给大家带来一个关于摇篮曲的故事，题目叫《温情的狮子》。（出示图画书，教师讲述。）

在一个动物园里，有一只失去了爸爸妈妈的小狮子。小狮子孤苦伶仃，整天浑身发抖，哆哆嗦嗦，大家都叫他"哆哆"。动物园给他找了个狗妈妈，狗妈妈胖乎乎，圆墩墩，大家都叫她"胖墩儿"。狗妈妈为培养小哆哆付出了自己全部的爱。你们看，教他吃饭，教他学本领。狗妈妈唱摇篮曲给哆哆听："小哆哆，乖宝宝，宝宝快睡觉。好好睡觉睡好觉。宝宝要喝奶，好好喝奶喝好奶。小哆哆乖宝宝，宝宝睡觉啦！"

小哆哆长成了一头大雄狮，可狗妈妈却一天天老了。你们看，尽管小哆哆已经成了一头又壮又高大的雄狮，但是在妈妈的身旁，他永远是个孩子，是个宝宝。他和妈妈多亲热啊，尾巴都缠绕在一块。

有一天，哆哆被送到城里的马戏团，哆哆和狗妈妈分别了。狗妈妈站在路边，目送着哆哆远去的方向，泪流满面。

好几年过去了，狮子哆哆现在是马戏团走红的大明星了。可是到了晚上，哆哆就会想念狗妈妈，想起那首温情的摇篮曲。这一天，哆哆又在笼子里睡着了。这时，从遥远的地方传来了那首熟悉的摇篮曲。那是苍老的妈妈，苍老的狗妈妈哼唱的摇篮曲。

师：同学们，大狮子已经那么高大了，狗妈妈为什么还在唱摇篮曲？
生：因为在所有妈妈的面前，自己的儿子、自己的女儿无论多大了，都仍然是个孩子。

师：妈妈一直在想着他，在念着他，就在这个夜晚，苍老的妈妈又唱起了摇篮曲，唱给远方的儿子听。狮子听到了，感应到了——是妈妈！（教师朗读）

哆哆使出浑身的力量，撞坏笼子冲了出去。快跑！哆哆如同金色的风！快跑！哆哆就像发光的箭！快跑！哆哆的鬃毛迎风飘动！快跑！快跑！快跑！

师：我们同学一起读——（师生合作读）

生：（齐）快跑！

师：哆哆如同金色的风！

生：（齐）快跑！

师：哆哆就像发光的箭！

生：（齐）快跑！

师：哆哆的鬃毛迎风飘动！

师生：（齐）快跑！快跑！快跑！

师：城里一片混乱，端着来复枪的警察在追赶狮子。在小城边白雪覆盖的小山坡上，哆哆找到了狗妈妈！狗妈妈已经老态龙钟，奄奄一息了。"妈妈，这次我们再也不分开了，永远生活在一起吧。"可是，警察端起了枪——同学们，你们想对警长说什么？

生：警长，她是我妈妈，我已经跟她分别多年了，是她把我从小养大的，我不能离开她，不能离开她！

生：妈妈养育我多年，她对我的爱是十分伟大的，我不能离开她。

生：不要开枪，我自己的妈妈没有了，是狗妈妈养育了我。

师：但是，警长的命令下达了。

哆哆是一只温和善良，有情有义的狮子，可是——可是——哆哆把狗妈妈紧紧地抱在怀里倒下了。狗妈妈在哆哆的怀里，就像一个孩子一样，她笑了。奇怪的是，脚印在小山坡的中央突然不见了。有好多人说，当天晚上他们看见一头狮子背上驮着一只老狗飞走了。

师：同学们，是什么使得狮子不顾牢笼的禁闭，冲了出去？

生：是狗妈妈的那首摇篮曲。

师：是温柔的摇篮曲。是什么使得狮子不顾被警察开枪打中的危险？

生：是摇篮曲有伟大的力量，里面倾注着狗妈妈对小狮子哆哆的爱！

师：是温柔的摇篮曲！有时候，最柔软的往往最有力量。这堂课一开始，我们就听了影片《乡情》的插曲。这是一部差不多30年前的老电影，主人公是个叫田桂的小伙子。革命战争年代，刚出生不久的田桂被亲生父母寄养在别人家，被农村妇女田秋月抱养了。田秋月含辛茹苦把他抚养成人。新中国成立后，田桂的亲生父母在市里当了领导干部，他们打听到田桂的下落，把田桂接到了城里。离开养母，来到城里的第一个夜晚，田桂躺在床上，翻来覆去，怎么也睡不着。你们猜猜，他的耳边回响起了什么？

生：他耳边回响起了妈妈的摇篮曲。

（播放课始的《乡情》插曲）

师：那是我们生命里听到的最早的歌谣，是我们最初的家园。所以，古今中外，有那么多成年人去写作摇篮曲。著名作曲家舒伯特、莫扎特、勃拉姆斯的摇篮曲就在全世界唱响。

难怪诗人们这样说（出示，师生齐读）：

　　我最初的世界／是外婆唇边的摇篮歌

                                            ——傅天虹《摇篮歌》

　　从母亲嘴里听来的儿歌倒是孩子们最初学到的文学，在他们的心上具有吸引盘据的力量。

                                            ——泰戈尔《我的童年》

五、爱的反哺

摇篮曲摇着我们最初的世界。当我们逐渐长大，当我们的翅膀逐渐丰满，你可发现，当年给我们唱摇篮曲的奶奶已经衰老，妈妈的脸庞开始有了浅浅的皱纹。他们为我们、为家庭而辛劳。夜晚，月亮爬上了树梢，星星眯起了眼睛，你可愿为爸爸妈妈、爷爷奶奶唱一支摇篮曲？请愿意的同学回去后，仿照着写一首《唱给（爸爸、妈妈、爷爷、奶奶……）的摇篮曲》。这堂课一开始，问过各位同学想长大还是变小，其实，这是一个可以追问一生的问题，也是个没有标准答案的问题。但是，我希望你们记住，无论走到哪里，即便天涯，即便海角，永远不要忘记生命最初到来的地方！

附：阅读材料

摇摇摇

（海门童谣）

摇啊摇，
摇啊摇，
一摇摇到外婆桥。
外婆叫我好宝宝，
横一抱，竖一抱。
又有饼来又有糕，
吃得宝宝眯眯笑。

睡觉觉

（河北童谣）

日公公，
下山了，
猫儿狗儿呼噜呼噜睡得多么好。
噢，噢，噢，
宝宝快睡觉。

月婆婆，
笑弯弯，
黄鹂鸟儿叽里叽里睡在树梢。
噢，噢，噢，
宝宝睡着了。

觉觉喽

（四川童谣）

啊哦……

啊哦……

乖乖哟……

觉觉喽……

狗不咬哟……

猫不叫哟……

乖乖睡觉觉喽……

杨树叶儿

杨树叶儿，

哗啦啦啦。

小孩儿睡觉找他妈，

乖乖宝贝儿你睡吧，

麻胡子来了我打它。

（注：传说隋朝修运河时，有一个监工的官员叫麻叔谋，每天都要吃小孩子，百姓称他为"麻胡子"。小孩儿一听麻胡子的名字，没有一个敢再哭闹的。）

红眼儿绿鼻子

红眼儿绿鼻子，

四只毛蹄子，

走路呱呱响，

单吃小孩子。

我的小牛犊啊

（西藏摇篮曲）

哟，哟，哟，

我的小牛犊啊，

天黑哩，

天暗哩，

再不睡觉狼来了。

狼来了，

你要不睡觉，

阿妈不抱你，

十根指头都要咬掉哩。

哟，哟，哟，

我的小牛犊啊，

别哭了，

快睡觉。

摇篮曲

（东北民歌　郑建春词）

月儿明，风儿静，

树叶儿遮窗棂，

蛐蛐儿叫铮铮，

好比那琴弦儿声。

琴声儿轻，

调儿动听，

摇篮轻摆动，

娘的宝宝，闭上眼睛，

睡了那个睡在梦中。

摇篮曲

陈伯吹

风不吹，

浪不高，

小小船儿轻轻摇，

小宝宝啊要睡觉。

风不吹，

树不摇，

小鸟不飞也不叫，

小宝宝啊快睡觉。

风不吹，

云不飘，

蓝蓝的天空静悄悄，

小宝宝啊好好睡一觉。

摇　篮

黄庆云

蓝天是摇篮，

摇着星宝宝，

白云轻轻飘，

星宝宝睡着了。

大海是摇篮，

摇着鱼宝宝，

浪花轻轻翻，

鱼宝宝睡着了。

花园是摇篮，

摇着花宝宝，

风儿轻轻吹，
花宝宝睡着了。

妈妈的手是摇篮，
摇着小宝宝，
歌儿轻轻唱，
宝宝睡着了。

摇篮歌

[俄罗斯] 莱蒙托夫

睡吧，我可爱的小宝宝，
睡吧，睡吧！
明月静悄悄，
把你摇篮儿照。
我给你讲故事，唱歌谣，
你闭上眼快睡觉。
睡吧，睡吧！

摇篮曲

[奥地利] 戈特儿

快睡吧，我的宝贝，
小鸟儿早已回去，
花园里多么安静，
小羊和蜜蜂已休息，
天上月亮笑眯眯，
银色光辉照耀大地，
你安睡在月光里，
快睡吧，我的宝贝，
快睡，快睡！

有谁比你更愉快。
有谁比你更幸福，
小宝宝，乖乖地睡觉！
不要吵，不要闹，
让妈妈给你摇一摇。
小小月亮挂在柳树梢，
花儿休息，鸟儿也不叫了，
小宝宝乖乖地睡觉。

点灯人带来的光

——语文课可以带来怎样的改变

韦伶[①]

在我的记忆中，我小时候的语文课，学的就是不要写错字、记住名篇中的好词好句、概括中心思想和段落大意这样一些内容。

我其实不是在嘲笑我的童年经历，"文革"中的我，其实把每一节语文课都当作有可能得到的一粒珍贵的糖，小心含在嘴里，慢慢地回味在其中找到的甜蜜。但我在语文课本中淘到的那一点点糖粒，实在不能解我的谗，我有时就在课后和放学时赖在老师身边，要他再给一点再给一点。老师说：没啦，要找你就到图书馆里去找吧。

老师问我：你还想在语文课上要什么？

我望着老师，一时答不上来。

你还想在语文课上要什么？几十年后我没有忘记这个问题。最近看了周益民老师的一节语文课，这节语文课，使我对他的学生羡慕不已，并再次点燃了我对语文课的梦想。

周益民老师是教小学生的。我看到的这节语文课，是他自编的教材，讲的是"摇篮曲"。

下面我就把我羡慕他学生的理由整理成几条。

一、周老师把学生们由"录音机""复印机""作业机"的身份提升为"小学者""小作者"的身份

在我们常年的经验认识里，语文教室里传出的大都是背书声、抄写声。而

---

① 韦伶，儿童文学作家。

周老师的这节课，学生们所做的是表演、争论、研究和抒发。周老师不是让学生用记忆来背诵课文，而是用身体来表演感受、用情感来理解、用分析探讨来研究课文。孩子们对文本的印象是穿透了身体、情感和头脑建构起来的。随着时间的冲洗，这些文本也不会碎裂成一些空洞的字词残浮在孩子们的记忆中，而将沉淀在孩子们的血液里，诱发他们去重新发现，并用自己的乐声来表达这个世界。因为孩子们曾用身心去触摸、解构和感受那些文本的音符是怎样组合成乐声的，他们不是"背诵过"，而是"触碰过"这些课文。

如果就此便把周老师的课仅总结为情景教学，那就太简单了，因为——

二、周老师教歌谣，不只是教几个"文字"，还教了多种"文化"

首先，周老师教的不是死背一篇"名作"，而是寻找一个题目可能提供的多种"名作"。

60分钟的课堂里，孩子们接触的不是一首摇篮曲，而是比较和研究了不同民族、不同作者、不同风格的摇篮曲。周老师在探讨童谣的时候，由摇篮曲这个点，横向辐射出地域文化、雅俗文化的一个面；又从纵向梳理了什么是摇篮曲。

更重要的是，在学习摇篮曲的同时，孩子们学会了周老师要传递的一种认识方法：创作不是"只能这样""这样最好"，还可以"多种多样""各有千秋"。懂得了无论是对待文字还是文化，都不能孤立生硬地死记片言只语，而要寻求来龙去脉。

周老师的课，除了传递学习和认识技巧，还能看出他有一个冲动——

三、周老师想对学生们说，中国人其实可以人人"很文化""很文学"

周老师让孩子们发现了日常生活和寻常人都有的"文学"倾向和品质。他自编了一系列的教材，文本都来自民间的童谣和儿歌。孩子们发现这些亲切、自然、生动的俗文化就是奶奶、妈妈和身边的寻常人创造的，原来他们都可以"文学"嘛。

周老师力图把高高在上的文学引入孩子们身边的用心，还体现在，他把长期以来与校园、孩子分离的中国儿童文学作家和作品介绍到学校，带到孩子们中间，使"文学"的作者和读者相互贴近、浸濡，悄悄地提升着校园的文化氛围和孩子们的文学兴趣与质素。周老师想在语文课上强调说，中国人其实可以人人"很文化""很文学"！

所以——

四、周老师不是"匠人"，是"诗人"

周老师是教书的，但他绝不是"匠人"，而是一位有着梦想的"诗人"。显然，他想要栽培的也肯定不是一批只会依样画葫芦的"匠人"。

就好比他教绕口令、摇篮曲、颠倒歌，从自找文本另寻教材，到教学方法的突破改进，他都不是只会操作的熟手，更是敢于创作的艺术家。周老师让语文课不但成为生存工具，还成为精神补给。

能把单纯的生存活动上升为艺术和诗，这本身是人类区别于低级动物的地方。我们不但要有能耐活着，还要美好地活着。做鞋可以做成一首诗、做饭可以做成一首诗，上课为什么不能上成一首余音袅袅的诗呢。我们做不到完美，但可以尽可能地接近完美。

一个有希望有生命的民族，不只要懂得规范，还要懂得发明，只有这样，"中国制造"，才能转变为"中国创造"。

所以，我多么羡慕周老师的学生。他们这么幸运，从小就碰到了这样一位有梦想、有激情、有作为的诗人老师。在这个时代中国如果多一些这样的老师，当人家望向我们的时候，除了看到财富，还能看到优美和智慧，这才是我们的底气和力量所在。

请相信——

五、语文带来的改变，不只是语文的改变，还可以是孩子的改变、中国的改变

周老师和他的朋友被叫作点灯人。

点灯人带来的光，让我们的眼睛不再混沌，带我们去发现藏匿在黑暗里的美妙之物。在我们民族的长路上，从孔子那时算起，一代一代走来了不少的点

灯人。他们为我们带来的，不是一粒解馋的糖，而是为我们的眼睛寻找亮起的智慧之光。

点灯是一个诗意的画面，但并非怀揣诗意与激情就能成为点灯人。点灯人自己的心中必须有一团风雨不侵的火种。我想，周老师的教学肯定已跨越了某些"规矩"和"纲领"，突围出了我们"语文课"的惯常范畴。他能被允许和将能走到哪里呢？

那么，语文课的规矩和范畴又是由谁、凭借怎样的真理来界定的？试问孔丘先生：如果您活到现在，再为孩子们上课，您要上的是政治课、语文课还是音乐课？

先生该怎样回答？

各个学科各有分工，但也相互渗透。而对智慧的挖掘永无边界。

我们如何扛起语文或国文课可以承载的内容？

如果我们在语文课上学习的依然是不写错字句和依照范文翻版出好词好句，那么那些语文课后带着不甘和饥馋望向老师的孩子，他们眼神中流露出的由美丽词句燃起的寻找"更多语文"的期待，又该由哪一门学科或新科来承载？

在数学课上，我们的老师常鼓励学生去发现一个题目的多种解法。而我们的语文老师说：别问还可以怎样和为什么是那样。只有符合标准，才能拿到高分！

高分能使一个孩子甚至一个老师较好地生存。但是否也能使一个族群一个国家很好地生存呢？谁来为我们的语文教学打分？

语文带来的改变，不只是语文的改变，还可以是孩子的改变、中国的改变。

周老师们，这样的语文老师，不容易。

向点灯人致敬。

"回望"的高度

方卫平[①]

　　儿童文学的课堂教学是以课堂形式展开的儿童文学教学活动，其教学准备、展开等既要遵循课堂教学的一般规律，又要根据儿童文学特殊的文本和艺术特点来确定教学目的、选择教学文本、设计教学方法、编写教学方案等。

　　如今，课堂教学形式在儿童文学的教学活动中得到了越来越多的运用；出于教学目的、教学材料等方面的不同考虑，其教学展开方式也十分多样。特级教师周益民老师的《摇啊摇》是一堂关于摇篮曲的童谣教学课，采取的主要是主题单元教学的形式。也就是说，这堂课所选择的教学材料不是单篇儿童文学作品，而是一组相关文本。采用这一形式的长处，是可以在有限的课堂教学时间里容纳更为丰富的阅读内容；同时，通过不同文本之间的关联和比较，进一步拓展文学分析和体验的广度，帮助学生领略相关文体的艺术特点及多元艺术面貌。

　　但这一形式也有它的难度。在教学活动的准备和展开过程中，如何恰当地选择关联文本并使这些文本构成一个有机的阅读整体，如何引导学生完成从文体到文本，又从文本到文体的艺术分析与综合——这一切既考验着教师的儿童文学理论和欣赏的素养，也考验着教师对这一特殊的儿童文学课堂的驾驭和把握能力。

　　我以为，这堂课围绕"摇篮曲"的阅读和分析，有四个方面值得我们品味。

一、艺术的品悟

　　这是该堂课教学的主体部分，教学活动主要聚焦于童谣文本的细读和欣赏。

[①] 方卫平，浙江师范大学儿童文化研究院院长，教授，博士生导师。

教师紧紧抓住摇篮曲作为一类童谣最重要的语言韵律特征，引导学生从对摇篮曲文本的总体语言感觉、气氛和意境的初步感受出发，一步步走向更细致的韵律表现技巧分析。

首先，总体的语言声韵特征。通过"想想，小宝宝听着这样的摇篮曲为什么会睡着"的发问，教师引导学生认识了摇篮曲最显在的语音特点，并指导学生在朗读中表现出"摇篮曲的这种安静、柔和"的声音感觉。

其次，具体的语言节奏特征。老师提醒学生注意，"这首摇篮曲里，有不少反复的词句"，并让学生比较这一修辞手法的有无在艺术表达效果上的不同，进而结合学生的发现指出，"歌词的反复就像摇篮反复的摇动，就像不断地轻轻拍抚。这就是语言跟动作的协调，这就是语言的节奏"。

最后，由节奏的分析再度回归到更细腻的声韵体味，以深化学生对摇篮曲韵律特征的认识。"既然是反复，三节是否就应该读得一样呢？"教师的这一提问让学生意识到了摇篮曲的反复修辞与其声韵特征之间的彼此成全和相互衬托。通过这样的解读和分析，短小的摇篮曲的韵律艺术得到了淋漓尽致的发掘。

在引导学生了解摇篮曲声韵特征的基础上，教师又进一步将他们带入相应作品的意象和意境分析中。在"研究摇篮曲特点"部分，教师引导学生思考，同样是"大自然里的景物"，作家创作的摇篮曲所选择的意象通常具有什么样的特点？一个"柔"字，简洁而生动地概括了这类摇篮曲的"诗意"特征。

当然，所有这些语言艺术的分析始终与摇篮曲独特的情感表达紧密结合在一起。不论是针对作品文本的语言声音、节奏还是意象、意境的分析，无不导向着对作品情感的内在体验。这也是以文学作品为对象的艺术品悟的核心所在。

二、情感的迁移

文学的精神核心是情感，文学教育归根到底也是一种情感教育。本课教学中，教师从一开始就十分注重文学阅读中从"他"到"我"的移情，通过动作扮演、移情想象等，唤起学生对清浅的摇篮曲背后那深厚的"爱"的情感的切身记忆和体验。

教者十分注重这种情感迁移的自然性，比如谈到一些传统摇篮曲中带有一定吓唬性质的"狼""麻胡子"等意象时，他向学生发问："你小时候，妈妈有没有这样吓唬过你？"这个问题既是对摇篮曲的生活实践内涵的补充阐述，同时也引出了学生与摇篮曲有关的最日常的情感记忆。通过这样融会在艺术分析中的情感唤起和激发，课堂最后"爱的反哺"环节的教学总结和延伸练习，就有了充分的情感铺垫和积累基础。

三、视野的拓展

这一拓展表现在两个方面。首先，本节课教学的核心是摇篮曲，但并不局限于艺术本体的分析，而是在艺术的分析中自然地融入与摇篮曲有关的开阔的文化知识中。例如，在认识并体味了摇篮曲的语言韵律特征后，教师进一步引导学生关注这类童谣蕴含的地域文化内容。这一引导从亲切的本地文化和方言开始，拓展至更为阔大、丰富、多样的他域生活，既以有趣的文学知识开阔了学生的文化眼界，也让他们更深切地体认到了简单的童谣所蕴藏的丰富的文化和情感内涵。实际上，这一民族和地域文化的烙印，也是传统童谣最重要的艺术特征之一。

其次，本节课教学讲授的是摇篮曲，但并不只局限于该文体的文本，而是将授课内容拓展至电影、音乐、诗歌、故事、散文等各类艺术文本。这一互文的拓展，一方面由单一的摇篮曲教学延展开去，大大丰富了课堂学习的内容，增添了课堂学习的趣味，拓展了课堂学习的视野；另一方面，又反过来证明、烘托了摇篮曲的艺术及其情感的广度与宽度。

四、思考的延伸

本节课教学有一个特别值得一提的课堂研究环节。在这一环节，教师通过提供特定的阅读材料，引导学生发现和认识民间传统的摇篮曲与文人创作的摇篮曲在艺术面貌上的不同，以及不同摇篮曲所体现的地域生活和文化特征。这是从一般的文学欣赏进入到了更深的文学探究层面，尤其是前一个问题的思考，已经由文学的欣赏上升到一定的文学理论层级。在这一环节中，学生遭遇的某些表达困难也进一步证实了这一教学环节的难度。不过，依托教师的引导、启发和分析，师生共同顺利地解决了这一教学的难点。教师就此作出总结："刚才有位同学说，民间摇篮曲更单纯，更质朴，作家创作的摇篮曲常常更优美，更富于意境。作家文学我们经常说是'雅文学'，民间文学我们经常说是'俗文学'。'俗文学''雅文学'是文学中的两道风景、两条河流，各有风采，就好比公园里的鲜花和山沟里的野花一样。民间文学滋养着我们一代一代人的幸福成长，形成了久远的文化，也永远滋养着作家们的创作。古老的童谣作为民间文学的一种，就影响了一代又一代人。"这段带有一定理论性的话语，以通俗、简洁、生动的比喻道出了两种文学类型的不同风格和价值，既是对学生的研究发现的一种总结和提升，又反映了教师本人的文学修养。对学生来说，这类看似一笔带过的理论阐说，包含了文学发现的独特乐趣和文学知识的最初熏陶。

上述艺术的品悟、情感的迁移、视野的拓展和思考的延伸，在本节课教学中交融为一体，落实在教学活动的各个环节中。它们互为依托，彼此借力，共同呈现了儿童文学课堂教学活动的丰富性、趣味性及其独特的教学效果。

儿童文学课堂教学的形式是多种多样的，周益民老师的这一课案只是其中一种具体形态的呈现。事实上，与一般课堂教学活动相比，儿童文学的课堂为师生开辟了更多教与学的自由空间，教师在其中可以充分发挥教学的自主性和创造性，规划、设计适合教学者和学习者的、个性化的课堂教学形式。

6. 辞旧迎新诗中诗

——《春联》第二课时教学记录

教学年级：四年级

教学时间：40 分钟

执教日期：2009 年 12 月

一、诵读回顾

（在《春节序曲》的音乐声中，出示课文中出现的五副春联。）

> 又是一年芳草绿，依然十里杏花红。
>
> 春回大地千山秀，日照神州百业兴。
>
> 勤劳门第春光好，和睦人家幸福多。
>
> 梅开春烂漫，竹报岁平安。
>
> 绿柳舒眉辞旧岁，红桃开口贺新年。

师：新年到，新年到，敲锣鼓，放鞭炮。新春佳节，家家户户张贴大红春联，给节日增添了欢乐祥和的气氛。我们浏览着各种各样的春联，就像是漫游在万紫千红的百花园中。春联中有的描绘了美丽的春光，如——

生：（齐）又是一年芳草绿，依然十里杏花红。

师：有的展现了祖国欣欣向荣的景象，如——

生：（齐）春回大地千山秀，日照神州百业兴。

师：有的歌颂了劳动人民幸福美好的生活，如——

生：（齐）勤劳门第春光好，和睦人家幸福多。

师：更多的是表达了人们对新的一年的美好祝愿，如——

生：（齐）梅开春烂漫，竹报岁平安。

师：再如——

生：（齐）绿柳舒眉辞旧岁，红桃开口贺新年。

师：这几副春联都记住了吗？

生：（齐）记住了。

（教师组织两大组同学按上下联对背）

师：这些春联，内容丰富，让我们感受到生活中充满了幸福和希望。（板书：内容美）

二、领会春联的对仗与声律美

师：课文接下来介绍了春联的什么内容呢？默读第2、3自然段，思考。（学生默读）

生：第2自然段介绍了春联的对仗，第3自然段说春联读起来抑扬顿挫。

师：对，读起来抑扬顿挫，是说春联听起来——

生：是说春联具有声律美。

师：概括得好。下面，先请大家轻声读第2自然段，思考：对仗有什么要求？在相关词句下做记号。（学生轻声读，做记号。）

师：接下来，我们举行一次"迷你百家讲坛"，邀请同学上来讲解"春联里的对仗"。请看要求——（出示）

讲座建议：

（1）用简洁的语言讲明对仗的要求。

（2）以课文中的春联为例具体说明。

（3）带领同学诵读"晨读对韵"加深体会。

（4）以"青山"让同学对对子，判断正误。

师：先请同学们在座位上按照这个要求提示小声练练。（学生练习后，指名同学上台。）

师：（对着上台的同学）先简单交代一下。

生：同学们好，"迷你百家讲坛"现在开始。（众笑）今天我所讲的内容是"春联里的对仗"。春联最讲究对仗了，对仗的要求是上下联字数相等，词类相当。比如"梅开春烂漫，竹报岁平安"，"梅"对"竹"，都是名称；"开"对"报"，都是动词；"春"对"岁"，也都是名词，"烂漫"对"平安"，都是……（师插话：这两个词都是表示事物怎么样的，是形容词。）对，都是形容词。可见，上下联不仅字数相等，而且词类相当。下面，请大家跟着我一起诵读"晨读对韵"第一部分，加深体会。

（生拍手打节奏齐背：天对地，室对家，落日对流霞，黄莺对翠鸟，甜菜对苦瓜。狗尾草，鸡冠花，白鹭对乌鸦。门前栽果树，塘里养鱼虾。有时三点两点雨，到处十枝五枝花。）

师：（对上台的学生）请评价一下。

生：大家背得不错，很有节奏感。（众笑）下面这个有点难度了（笑），请大家用"青山"来对对子。谁来？

生：蓝天。

生：正确。

师：你问下他为什么这么对，怎么想的。

生：因为"青"是颜色，"山"是名词，我对的"蓝天"也是这样的。

生：思考得很对。（众笑）

生：我对碧海。

生：也对。

生：绿水。

生：白云。

生：黄土。

生：绿草。

生：都是对的。

师：同学们对的这些从词性的角度都是可以的。不过如果要求再严一点，最后一个"绿草"，尽管"草"跟"山"都是名词，但"草"是植物，跟"山"离得稍微远了点，所以前面几个更恰当一些。刚才这位"迷你百家讲坛"坛主表现得很不错，既清楚地讲解了"对仗"的要求，又准确地判断了同学们的答案，我们掌声欢送她。（同学鼓掌）

（教师又请了一位同学上台讲解，具体略。最后环节对对子时，教师要求该生让同学以"虎啸青山"求对。）

生：我对"鸟飞碧空"。

生：我对"鱼游绿水"。

师：想想绿野上有什么动物。

生：我对"牛耕绿野"。

生：花开绿野。

生：（坛主）这个对子第一个字是动物……

（下面学生：不对，花不是动物。）

生：（坛主）哦，对，第一个字是名词（众笑），第二个字是动词。所以，他们对的也是对的。

师："对的也是对的"，有点像说绕口令啊！（生笑）这位坛主表现得也不错，反应敏捷，根据同学的意见马上修正自己的说法。不过，既然"虎"是动物，所对的也是动物好一些。对对子是一种很好的学习语言的方法。古时候，小孩进书塾学习，就是从对对子开始的。有兴趣的同学可以去读读这本书（出示《笠翁对韵》书影），这是明末清初的人编的。如果还想知道些更有意思的内容，可以去读这本当代人编的《小学对课》（出示书影）。

师：昨天晚上，我和朋友在电话里想了半天，凑了组与南京，甚至与我们学校有关的对子，想不想读一读？

（学生兴奋得连连点头，教师出示。）

> 下关对上海，钟山对鼓楼，可乐对莫愁。
>
> 凤凰桥，琅琊路；雨花台，桃叶渡；朱雀桥，玄武湖。
>
> 紫金山，白银谷；旧桥头，新街口；夫子庙，老爷车。
>
> 龙蟠里，虎踞关；总统府，状元楼；杨公井，秦淮河。
>
> 梅园新村，竹林幽径；三个小主人 ①，五位老先生。

（学生拍手打节奏诵读，边读边笑。）

_____

① "三个小主人"是教者与学生所在学校的办学理念，即"集体的小主人、学习的小主人、生活的小主人"。

师：其实，对子就在我们身边，只要有心，天地万物，几乎皆可成对。下面，我们再来读课文里的五副春联，注意读出对仗的感觉。

（指名读，再男女生分上下联对读。）

师：你们觉得这些春联听起来怎么样？

生：我觉得听上去很悦耳。

师：怎么悦耳，声音上有变化吗？

生：听起来有高低起伏的变化，有节奏感。

生：听起来抑扬顿挫。

师：同学们都有一副音乐的耳朵。这些春联读起来声音高低起伏，还有停顿转折，这就叫——

生：（齐）抑扬顿挫。

师：读"晨读对韵"的时候，我们讲过一点平仄的知识。春联平仄交替，读起来抑扬顿挫，这就有了节奏感，有了音乐美、声律美。所以，欣赏春联不仅要看，还要读。（板书：声律美）

师：请一位同学读第3自然段，也要读得抑扬顿挫。

（学生读）

三、拓展延伸

师：昨天，我们读了老作家黎汝清的《春联琐记》，黎爷爷从小喜欢春联，由此喜欢上了研究语言。新年即将来临，黎爷爷又准备了好些新春联。我们来看看——（出示）

> 新年纳余庆，嘉节号长春。
> 醉倒东西南北人，酿成春夏秋冬酒。
> 风摇竹影有声画，雨打梅花无字诗。
> 春光洒校园桃欢李笑，彩笔描蓝图燕舞莺歌。

（学生自发兴致勃勃地诵读起来）

师：黎爷爷反反复复地看着，目光停留在了第2副上，似乎有些不满。你们读读看，有什么想法？

（学生默看）

师：春联具有声律美，要读出声来，仔细体会。（学生小声读）

生：（迟疑地）我好像觉得读上去不是很顺口。

生：是的，我也有这个感觉。

师：两位同学对声律很敏感。记得读对韵时，我们介绍过上下联……

生：是"上联尾字仄，下联尾字平"。

师：对，上联尾字仄，下联尾字平，这就是平仄的妙用，这也是春联声律美的奥妙之一。看看这副春联，"醉倒东西南北人，酿成春夏秋冬酒"，发现了什么？

生：它反了，变成上联尾字平，下联尾字仄了。

生：难怪读起来不顺口了。

师：改一下吧！

生：倒一下，"酿成春夏秋冬酒，醉倒东西南北人"。

师：这下顺口了，这就是祖国语言的奥妙，换了顺序感觉就不一样了。咱们一起读！

生：（齐）酿成春夏秋冬酒，醉倒东西南北人。

师：刚才说到了平仄的问题，今天，我要颁布一个语文发现奖。刘含章同学在她昨天的家作本"我的思考"中，宣布了一个重要发现，我们来看——
（出示）

> 读春联"春回大地千山秀，日照神州百业兴"时，有同学把下联"日照神州百业兴"的"兴"，读成了第四声。其实，上联最后一个字"秀"是去声，下联最后一个字"兴"当然读阴平。
>
> ——刘含章

（师请刘含章同学朗读）

师：我给她的颁奖词是：刘含章同学运用对联的平仄知识判断多音字读音，突破了根据意思确定读音的传统方法，为在对联中确定多音字读音提供了一条新思路。我们把这一发现命名为"含章发现"。（学生一起热烈鼓掌祝贺）

师：下面，我们继续回到黎爷爷的对联里。黎爷爷在文章里说，第3副对联是他最喜欢的，不过，这会儿他对着下联反反复复推敲着，你们看看，是否还有美中不足？

生：我觉得"雨打梅花无字诗"的"打"字用得不太好。太用力了，我改成"落"字。

生：我改成"润"字。

生：我改成"吻"字。

生：我改成"洒"字。

师：你们觉得哪个最准确？

生：我喜欢用"润"字，滋润，润物细无声。

生：我觉得"吻"字好，拟人化了。

师：看来大家的感受不一样，这很正常。昨天我们老师在讨论的时候，大家的感受也不一样，比如，有人就最喜欢"落"字。这样细心推敲，反复斟酌，用书上的词来说就叫"揣摩"。

师：你们还记得黎爷爷讲过的当年二栓爹的笑话吗？（生齐说记得）这个笑话告诉我们，春联要贴得恰当，不然要闹笑话。你们猜猜，黎爷爷的这些春联分别是给谁或者什么单位的？

生：第 2 副肯定是给一家酒厂的。

生：也可能是给酒店的。（生笑）

生：第 4 副是给学校的。

师：为什么呢？

生："春光洒校园桃欢李笑，彩笔描蓝图燕舞莺歌"，"桃李"其实指的是学生，这是赞美老师的。

生：第 3 副春联"风摇竹影有声画，雨落梅花无字诗"是给公园的，那儿的景色一定很美。

师：有道理。不过，我们不要总是想着给什么单位，有没有可能是给某个人的呢？

生：这副也可能是给一个爱好诗文的人的，"风摇竹影有声画，雨落梅花无字诗"，意境很美的。

师：哦，你是说给那些风雅洒脱的文人墨客的。

生：我觉得第 1 副是给一个农民的，表示庆祝。

生：我觉得第 1 副是给他自己留的，谁不希望"长春"啊。

师：对，"长春"就是"春常在"，这是所有人的心愿，有首歌就这么唱，"共祝愿春常在，人常好"。

生：我觉得这是给卖小号的乐器店老板的。

师：卖小号？

生："嘉节号长春"，有个"号"，所以说是给卖小号的老板的。（众大笑）

师：（笑）"号"在联中的意思是预示，佳节预示着春意常在。不过，卖小号的拿过来用倒也是很有创意的。

生：我还有个想法，这副春联可以给长春市民用，"号长春"嘛！（众笑）

师：（笑）这跟"小号老板"是一个用法了。你们知道吗，这是我国最早的春联。公元 964 年的除夕，五代后蜀主孟昶，在卧室门框的桃符上写了"新年纳余庆，嘉节号长春"，意思是新年享受着先代的遗泽，佳节预示着春意常在。我们一起记住这副春联。（学生背诵）

师：每到春节，黎爷爷就喜欢挨家挨户看人家的春联。黎爷爷家有个小孙女，她知道那些春联爷爷早倒背如流了，为什么还去人家门前看？谁能告诉她？

生：小妹妹，黎爷爷那是去锻炼身体，散散步。

师：哈哈，可他一到人家门前就不走开了，仔仔细细看呢。

生：他是在看春联的书写呢。

生：春联是讲究书法的，黎爷爷在欣赏书法艺术。

师：你们真理解黎爷爷。春联不仅是语言艺术，还是书法艺术，你们看，就是这同一副春联，用不同的字体书写，给人的感受就不一样，隶书厚重、大气，行书灵动，草书则狂放率性。看来，春联的"美"还有很多，书法美，情感美，意境美……值得我们诵读揣摩。

（生齐读课文最后一个自然段）

师：春联是对联的一种。对联作为一种习俗，是重要的中华传统文化。2005 年国务院把楹联习俗列为第一批国家非物质文化遗产名录。在南京的玄武湖、莫愁湖，就有很多优秀的传统名联，希望同学们利用课余时间去观赏、揣摩。

附：

春 联

　　新春佳节，家家户户张贴大红春联，给节日增添了不少欢乐祥和的气氛。我们浏览着各种各样的春联，就像是漫游在万紫千红的百花园中。春联中有的描绘了美丽的春光，如"又是一年芳草绿，依然十里杏花红"。有的展现了祖国欣欣向荣的景象，如"春回大地千山秀，日照神州百业兴"。有的歌颂了劳动人民幸福美好的生活，如"勤劳门第春光好，和睦人家幸福多"。更多的是表达了人们对新的一年的美好祝愿，如"梅开春烂漫，竹报岁平安"。诵读这些春联，你会感到生活中充满了幸福和希望。

　　春联最讲究对仗。就拿"绿柳舒眉辞旧岁，红桃开口贺新年"来说，"绿柳"对"红桃"，"舒眉"对"开口"，"辞"对"贺"，"旧岁"对"新年"。上下联不仅字数相等，而且词类相当，细心揣摩体会，能从中学到一些使用文字的技巧。

　　春联读起来抑扬顿挫，和谐动听。如果下功夫背诵一批名联，就能帮助我们感受到其中的声律美，领略祖国语言的无穷奥妙。

　　人们常说"开卷有益"，其实读读春联也是一种很好的学习。

（说明：学生另有阅读材料——黎汝清的《春联琐记》。）

鸢飞鱼跃　一派天真

——试读周益民老师《春联》课

丁慈矿[①]

益民兄的这堂课从温故开始，课文中的五副春联从孩子们的嘴里流利地背出，一个春天便拉开了序幕。接下来的环节精彩纷呈，"迷你百家讲坛"的创设让我眼睛一亮，益民兄给出了"讲座建议"，让学生先小声练习，再上台讲述。我上过许多次对联课，但从未想过让学生自己来讲述"春联里的对仗"，因为我有所顾虑，"对仗"作为诗词、对联创作的手法，要讲清楚是不容易的，我总担心孩子讲不清楚，在课堂上耽误时间。因此，在课上我总是回避"对仗"这一术语，仅仅是让学生去对对子，反复地"对"，培养语感。读了这堂课中学生的发言，我打消了这一顾虑，孩子讲得多好啊！请看：

> 同学们好，"迷你百家讲坛"现在开始。（众笑）今天我所讲的内容是"春联里的对仗"。春联最讲究对仗了，对仗的要求是上下联字数相等，词类相当。比如"梅开春烂漫，竹报岁平安"，"梅"对"竹"，都是名称；"开"对"报"，都是动词；"春"对"岁"，也都是名词，"烂漫"对"平安"，都是……

当这个孩子说不下去的时候，益民兄适时地作了提醒："这两个词都是表示事物怎么样的，是形容词。"于是孩子接着说："对，都是形容词。可见，上下联不仅字数相等，而且词类相当。下面，请大家跟着我一起诵读'晨读对韵'第一部分，加深体会。"

---

① 丁慈矿，上海交通大学附属小学语文教师，中国楹联学会会员。

这样的课堂真可以说如切如磋、如琢如磨、如坐春风！我们常常说，教师和学生在课堂上要平等地对话，教师不过是平等中的首席。可是有多少人能真正做到呢？益民兄这堂课算是真正落实了课堂的民主，这就是商友敬先生所说的"活泼泼的"课堂！多年前曾观摩过黄玉峰老师给高中生上《雷雨》一课，自始至终都是学生在讲，黄老师一直坐在下面倾听，快下课时黄老师才上台作了简短的点评。当时听课的人都大惑不解，以为这不像是在上课。课为什么就不能像这样上呢？究竟谁才是课堂的主人？黄老师的《雷雨》教学和益民兄的"迷你百家讲坛"都给了我很大的启发。

　　在孩子们已经掌握了"对仗"知识的前提下开始对对子，难度也就相对降低了。由"青山"起对，添字成"虎啸青山"再对，这个过程完全符合传统对联教学的规律：字数由少到多，内容由浅入深。孩子们对得真好！"鸟飞碧空""鱼游绿水""牛耕绿野"……甚至看似对得不工整的"花开绿野"，都传达了汉字的意趣，可谓春意盎然。我觉得此时结束对对子稍显遗憾，若能为"虎啸青山"再添三字，比如"虎啸青山春烂漫"或"虎啸青山辞旧岁"……让孩子们接着对，相信孩子们一定能结合前面背出的春联，对出恰当的下联来。王蒙先生说过："汉字的优点很多，比如说好看，它的字都有生命力，都有一种灵性，甚至我认为汉字有一种神性。"我深深认同王先生的话，汉字的这种灵性，在词句的排列组合之中显示出弹性和张力，在对对子的过程中，由二字至四字，再由四字至七字，诗句写作的训练也就渗透于其中了。

　　接下来出示的地名对，是益民兄和我一起对出来的，那一夜在电话中我们兴奋地讨论到凌晨，第二天孩子们读到时兴奋得连连点头，还边读边笑，真是令我这个不在现场的人也激动不已啊！

> 下关对上海，钟山对鼓楼，可乐对莫愁。
>
> 凤凰桥，琅琊路；雨花台，桃叶渡；朱雀桥，玄武湖。
>
> 紫金山，白银谷；旧桥头，新街口；夫子庙，老爷车。
>
> 龙蟠里，虎踞关；总统府，状元楼；杨公井，秦淮河。
>
> 梅园新村，竹林幽径；三个小主人，五位老先生。

　　这一段文字把南京及部分省市的地名杂糅在一起，充满了趣味性，而且其中有些是孩子可能走过、路过的地方，无形之中又增加了一层亲切感。我一直认为讲古诗和对联一定要结合学校所在的地域文化，这样才能进入孩子的心田。孩子们喜欢读，自然而然便亲近了文字，感悟到其中的声律之美。文字内在的美是讲不清楚的，只有靠读，反复地读才能涵泳吸纳。为了让孩子们掌握对联的声律，益民兄在这里设置了黎爷爷选春联的环节，故意将"醉倒东西南北人，酿成春夏秋冬酒"一联的上下联弄反，此举独具匠心，激发了孩子们参与的热情，在纠错中提高认知，掌握了技巧。

课堂的高潮是结合课文知识对"雨打梅花无字诗"的"打"进行"炼字"的训练。从孩子们所换的"落""润""吻""洒"等字，我们可以看出这个班级的孩子语感上佳。这几个字都是仄声字，且不论字换得是否妥当，首先在声律上是完全相合的。"送春联"这一设计更是充满了趣味，"新年纳余庆，嘉节号长春"一联，有学生说送给农民，表示庆祝；有学生说留给自己，谁不希望"长春"啊；有学生说送给卖小号的老板，因为"嘉节号长春"，有个"号"字；还有学生得到启发，说这副春联可以给长春市民用，"号长春"嘛！读到这里，我忍俊不禁，开怀大笑。这是一群多么有灵性的孩子啊！身处这样的课堂，扑面而来的是春的气息，鸢飞鱼跃，一派天真……

汉字是有灵性的，孩子是有灵性的，高明的老师，无非是让这两种灵性碰撞，产生智慧的火花。益民兄是高明的。这堂课如行云流水，依托课文，又跳出了课文，在对联的世界里演绎着无法预约的精彩。益民兄对于孩子的激励也充满了创造性，如一个名叫刘含章的小朋友发现一副对联中"日照神州百业兴"的"兴"字按照平仄规律应该读第一声，益民兄在课上大大地表扬了小刘同学，并将这一发现郑重命名为"含章发现"，这一命名给了孩子多么大的鼓舞啊！

在六朝古都给孩子们讲对联是一件非常幸福的事情，玄武湖畔、莫愁湖中、紫金山上、秦淮河边……到处都能读到精美的对联，你瞧那"荷香夏送一湖水，柳雾春笼十里堤"（玄武湖联），再读那"江水东流，浪淘尽千古英雄儿女；石城西峙，依旧是六朝烟雨楼台"（莫愁湖联）多么的形象，多么的美好！这些对联蕴含着古城的历史，闪烁着人文的光华，若能带孩子们出去走走看看，读读摸摸，手上也许就会沾上中国文字的仙气，益民兄以为然否？

让语言飞

——观周益民《春联》第二课时教学有感

李怀源[1]

本课在诗意的挥洒中，让我感受到语言无穷的魅力。《春联》一课时的教学，给人大气从容的感觉。和益民兄深厚的文化底蕴自然分不开。除此之外，还有益民兄对语文教学的独到理解和把握。

语文教什么？语文教语言

课文是一篇简短的说明文，看起来，没有多少可以"挖掘"的语言点。但是，益民兄却时时处处凭借对联，让学生感受到深厚的文化内涵。本课为第二课时，执教的重点在于体会语言。益民兄紧紧抓住课文本身的特点，紧紧扣住春联的特点，展开教学。学生凭借一副副春联，从知道，到感悟，到体验，到实践，到拓展，到提升，学生的学习是有层次的，学生的学习充满了体验语言的乐趣。

由课文的春联引入，学生比较熟悉，能够加深认识，在理解的基础上记忆，体验到对联的内容之美，为下面领悟对联的语言美打下基础。

通过读课文，知道对联对仗和声律美的特点，这只是知识上的了解。教师要能够引导学生一步步体验到这些特点。"讲座建议"很有层次，讲解对仗的要求，属于解释层次；用课文中的对联来说明，属于推论层次；读课外的对联，属于验证层次；以"青山"来求对，属于实践层次，一层比一层有难度，一层比一层更接近语言的实践。根据这样的要求进行学习实践，学生的表现是令人吃惊的，他们能够解释，能够重整，并且能够创造性地对出"虎啸青山"，说明学生的语言水平是不断提高的。对对联是无止境的，对得好确实不容易，不是一堂课，甚至不是小学阶段能够解决的，因此，教师又推荐了《笠翁对韵》，给学生更大的语言空间，让学生去吸收，去尝试。

---

[1] 李怀源，特级教师，清华附小商务中心区实验小学执行校长。

语文怎么教？语文在语言环境中教

课文本身就是语言环境，课外引入的材料和课文紧密相连，课文始终作为一种环境真实存在着。

春联作为被说明的对象，以各种姿态呈现在学生面前，一种姿态就是一种环境，学生在不同的对联中，感受语言，体验语言。以身边的人事景物为媒介，写出对联，教师可谓煞费苦心。在课堂上看似用时不多，但是，学生通过朗读，加深了对春联的了解，很好地领会了"对仗"，也让学生知道身边景物皆可入联，学生走出教室，就可以出口成联了。语言是一种能力，也是一种意识，意识有时候比能力更重要。

课堂也是一种语言环境，教师让学生在"迷你百家讲坛"展示，让学生以具体对联为依托，进行解释、评价。只是了解春联对仗的特点，教师还觉得不够。让学生以课文中的春联为例，进行朗读尝试，让"对仗"的感觉不只停留在心里，还在舌尖上滚动，这种节奏感，慢慢进入学生的语感库，学生对语言的敏感度增强了。

语感的存储，不是尘封不动的，教师及时出示联句，让学生在朗读中感觉，发现问题，结果学生真的能够通过朗读发现不当之处。对联除了"平仄"的规律，内容上也有一定的前后联系，如果能够引导学生发现"酿酒"和"醉人"的关系，学生的视角也会兼顾内容和形式。

让学生给春联找一个合适的主人，是锻炼学生的思维能力，不仅要了解春联的字面意思，还要推测春联背后的意思。不仅要考虑对仗和声律，还要考虑现实的需要，这就是春联的实用价值。

所有的话语的指向都在语言。这堂课，学生在欣赏，在评价，在朗读，在创作，语言作为一种真实的存在，学生确实感受到了语言的妙处。对"打"字的推敲，让学生感受到"炼字"的乐趣，这就是汉语文化的魅力之一——一字之变，意境迥然。学生能够凭借自己的语言能力进行分析判断，可见平时语言能力之高。教师没有给出具体答案，给学生继续"揣摩"的空间，让语言的感悟力不断发展。

春联不仅是语言艺术，也是书法艺术。教师通过具体的例子，让学生体会到语言之美，也欣赏到书法之美。此时，在学生心中，春联已经不再是简单的几个字的对仗了，而是融汇了中华文化的方方面面。教师的巧妙之处，是通过具体可感的字迹，让学生加深体验。

益民兄让语言插上了思维和情感的翅膀，在课堂内外自由飞翔。

7. 唇齿间的智慧花朵

——《巧女故事》教学记录

教学年级：五年级

教学时间：60 分钟

执教日期：2010 年 4 月

一、出示多样化信息，回忆已知民间故事

（教师分别播放歌曲《孟姜女哭长城》、小提琴协奏曲《梁祝》，出示古诗片段"迢迢牵牛星，皎皎河汉女。纤纤擢素手，札札弄机杼"以及《白蛇传》图片，让学生说说表现的分别是哪个民间故事。）

师：梁山伯与祝英台、白蛇传、孟姜女、牛郎织女，这是我国流传广远的四大民间故事，可以说家喻户晓、老少皆知，根据它们改编的不同艺术品种，有很多也成了经典。那么，这些民间故事的作者是谁呢？你知道吗？

（先后问两个同学，都说不知道。）

师：这么有名的作品，我们怎么会不知道作者呢？

生：因为它们是民间故事。

师：民间故事（重音强调"民间"），你的意思是——

生：就是在民间老百姓之间讲述的。

师：是的，民间故事是老百姓集体创作的。所以，我们看民间故事，一般都没有作者，最多是注明某某某讲述、某某某整理。那么，这些民间故事是怎么流传开来的呢？

生：是一代一代传下来的。

师：比如说，爷爷说给——

生：爸爸听，爸爸再说给儿子听。

师：就是这么一代代传下来的。同代人之间呢？

生：你说给我听，我说给他听。

师：一传十，十传百。这样的流传方式就叫"口耳相传"，也叫"口口相传"。通过这种口头方式流传的作品，就叫作"口头文学"，或者"口传文学"。

二、阅读"巧女故事"

1. 故事讲述

师：民间故事的种类非常丰富，今天，我们就来阅读、交流其中一种非常有意思的——（出示，生齐读）巧女故事。先来看这三个巧女故事的题目。（出示）

　　九斤姑娘　　巧姑妙答　　其满汗（hàn）智答大汗（hán）

（指名读三个故事的题目。正音"汗"。告诉学生，"其满汗"中的"汗"是维吾尔族表示女性的称号，用在名字的末尾。"大汗"则是古代北方某些少数民族部落首领的称呼。两者声调不同。）

师：既然民间故事是口头流传的，是口传文学，那么这堂课，咱们首先就来口耳相传说故事，说说《九斤姑娘》的故事。要说好一个故事，首先得把故事记住。这么长的故事，我们怎么在短时间内记住呢？介绍给大家一个方法，就是"把长文读短"，把这么长的文章读成一两句话、一两个短语。《九斤姑娘》分为两部分，第一部分我读短成"两个问题"。快速浏览下，九斤姑娘问了石二公公哪两个问题？

生：问了石二公公叫什么和住哪里。

师：你看，这样就把第一部分的主要内容记住了。快速看看第二部分，能不能也这么读短？（生浏览、思考）

生：石二叫张箍桶箍 7 个桶，全都是谜。

师：我们把这个谜叫"桶谜"，好吗？把"桶谜"放进你刚才的句子，再表述一下。

生：石二用"桶谜"的方式叫张箍桶箍桶。

师：这样表达就显得比较简练。他是从石二公公的角度出发的，故事的主人公是九斤，如果从她的角度，我们可以怎么表述？

生：九斤姑娘回答出了石二公公的"桶谜"。

师：也就是"智解'桶谜'"。这样，我们就把一个长长的故事读短了。要说好这个故事，关键是要说清楚石二的谜题和九斤姑娘的破解。先来看第一部分的谜题。（出示，学生自由练习。）

叫什么

老公公：一斗半，二斗半，三斗五升，四斗半。

九斤姑娘想：这些相加不是一石二斗吗？原来是石二公公！

住哪里

石二公公：东边丁零当，西边冷清清，门前两个管门人，一东一西两边分，胡须生在头颈里，笤帚插在头顶心。

九斤姑娘：东边是一家铁匠店，西边是个祠堂，门前有两株棕榈树。

（指名读。教师作读音说明："一石"的"石"在这儿是容积单位，一石等于10斗，作这个意思时读"dàn"，但这个意思在古书里仍旧念"shí"。）

师：下面，我们再来练说石二的桶谜。（出示，学生练读，而后指名读。）

我要你箍一只早早桶（面桶）；一只中午桶（饭桶）；一只小儿桶（坐桶）；一只有底无盖桶（脚桶）；一只有盖无底桶（锅盖）；还有一只桶：两只耳朵高耸耸，中间直弄通，一眼望去到山东（蒸桶）；还有一只桶：中间横着一根栋，尾巴翘起通天空，翻转身来扑龙通（吊桶）。

2. 体会"地域性"

师：你们读的时候，有没有感到哪句有点别扭的？

生：我感觉"两只耳朵高耸耸，中间直弄通"有点不顺。

生：我们平时不这么说的。

师：告诉大家，这是用方言写的，用的吴方言。这个民间故事主要流传在江苏、浙江一带。听我用吴方言来说说这一段。（教师用吴方言说，学生边听边笑。）

师：你们听上去还感到别扭吗？

生：不别扭了，觉得很好听。

师：所以，民间故事还有一大特点，具有地域性。（板书：地域性）

师：下面，大家从两个部分中选择一个部分，练习说故事。

（学生练习，指名讲述，具体略。）

3. 体会"口语化"

师：这故事的开头，我也想尝试着说一说。你们听一听，我这么说跟书上记录的有什么不同，这么说可以吗？（老师讲述，同时出示文字。）

> 有一个叫张箍桶的男人，已经年逾古稀。他的女儿九斤姑娘，从小就表现出不俗的智慧。一天，她在家替父亲精心缝补衣服。这时，来了一位年逾古稀的老人，邀请张箍桶为他家箍桶。九斤姑娘微笑着说："好！回来就叫他去。请问尊姓大名？"

生：我发现了，书上说"七八十岁的老公公"，你说是"年逾古稀"。

生：书上说"老公公，你叫什么名字啊"，你说的是"请问尊姓大名"。

师：是的，意思是一样的。你们觉得这样讲述可以吗？

生：好多形容词——

师：不是形容词，是书面语。

生：感觉也是有点别扭，明明用口头语言可以表达的。

师：你说了非常关键的一点，用"口头语言"表达，因为这是——

生：（齐）民间故事。

生：这样写就不是民间故事的感觉，而是作家写的作品的感觉。

师：民间故事是口传文学，它的流传不是靠纸墨，而是靠活生生的民间语言，富有生活气息。因此，这就是民间故事的第二个特点：口语化。（板书：口语化）

4. 体会"变异性"

师："桶谜"这段是故事最有趣味的地方，我们一起来欣赏越剧《九斤姑娘》中这部分的片段。越剧是起源于浙江的地方戏曲品种，演唱、对白用的就是吴方言。（播放越剧片段，内容为石二与张箍桶的对唱，有字幕出示，下面是其中的"桶谜"内容。学生都被演员生动的表演吸引住了，不时发出笑声。）

天亮要箍天亮桶，晏昼要箍午时桶，日落西山黄昏桶，半夜三更要紧桶。要箍有盖无底桶，要箍有底无盖桶，还要箍只直笼桶，两只耳朵翘耸耸，外加一对恩恩爱爱夫妻桶。还要箍只奇怪桶：一根尾巴通天空，一根横档上当中。上头一记松，下头扑龙冬，拎拎起来满桶桶。

师：都听明白了吗？

生：（七嘴八舌地）明白了，明白了。

师：你们有没有发现，戏曲里石二公公的谜题，跟刚才我们讲义上记录的有不一样的地方？（学生纷纷说是）同一个"九斤姑娘"，怎么会有不一样的地方？（学生犹豫）李白的《静夜思》，在这本书里跟在那本书里，会不一样吗？

生：不会。

师：那为什么《九斤姑娘》就不一样了呢？

生：因为一个是笔写下来的，还有一个是口头传下来的，是可以改的。

师：怎么理解"可以改的"？

生：就是不是固定的。

生：对民间故事不同的人有不同的说法。

师：我们开始就说了，民间故事的一大特点是"口语化"。我说给你听，你再说给别人听，我们会说得完全一样吗？

生：那肯定不会，又不是放录音。

师：大家体会得真好，这就是民间故事的第三个特点：变异性。（板书：变异性）

师：下面，我们也来做一回巧女或者巧男，刚才石二公公的谜题中，有几个讲义上没有，"半夜三更要紧桶""恩恩爱爱夫妻桶"，那是什么桶？

生："半夜三更要紧桶"是尿桶。（众笑）

师：范围再扩大点吧，马桶。（众笑）

生："恩恩爱爱夫妻桶"是扁担上的桶。

师：扁担上的桶，那是什么桶？

生：我知道，那是水桶。

师：好，我们来看看刚才大家猜得对不对，看看九斤姑娘是怎么说的。

（播放越剧片段，内容为九斤与父亲的对唱，帮其解谜。）

师：祝贺各位同学，咱们刚才全猜对了。

三、巧女故事的叙事特点

师：刚才阅读的《九斤姑娘》的主人公是——（生齐答九斤姑娘），第二则《巧姑妙答》的主人公是——（生齐答巧姑），《其满汗智答大汗》的主人公是——（生齐答其满汗）。这些主人公都是女子，那么，干脆把这类故事叫作"女性故事""女子故事"，是否可以？（学生纷纷说不可以）请结合具体故事谈谈看法。

生：讲的都是聪慧的、有才华的女子的故事。

生："巧"这个字体现了她们的聪明。那个巧姑心灵手巧。

生：那个其满汗在当时的情况下一点不惊慌，解救了父亲。

师：可见，这些巧女，巧在聪慧，巧在口才，也巧在胆识。人们欣赏这样的女子。有人做过调查研究，几乎每个地方都有巧女故事的流传，它的承传历史也很久远，最早可以追溯到1700多年前的晋朝。我们再来比较比较《九斤姑娘》和《巧姑妙答》，借助表格（见下表），你有什么发现？（出示表格，学生思考、同桌讨论。）

	《九斤姑娘》	《巧姑妙答》
遇到的问题		
旁人的表现		
巧女的表现		
故事的结果		

生：九斤姑娘遇到的问题是石二用桶谜为难她爸爸，她爸爸答不上来。九斤马上解答出来了。故事的结果是攀亲了。（众笑）

生：《巧姑妙答》中，张古老让三个儿媳妇住三五天、七八天、十五天回来，要同去同回。又要大媳妇带红心萝卜，二媳妇带纸包火，三媳妇带没有脚的团鱼。三个媳妇急得哭起来。巧姑见了，巧妙地解决了这些难题。结果，也成亲了。（众笑）

师：有什么发现？

生：结果都是成亲了。

师：呵呵，都是大团圆。

生：都是遇到一个问题，旁边的人不能解决，巧女解决了。

师：你的眼睛很锐利，发现了巧女故事的基本思路，都是某人遇到难题，巧女，也许是女儿，也许是妻子，等等，凭借自己的机敏，解决了难题，维护了家庭的利益。知道了这个诀窍，咱们也可以编一个巧女故事了。谜题我提供给大家。（出示）

皮包骨——枣　骨包肉——核桃

师：你们想想巧女叫什么名字，她的什么人遇到了什么难题，她过来解了围。大家合作着编。（学生合作编故事，教师巡示指导。）

生：从前，有一个王老汉，开了家小店铺，卖些杂货之类。他们村有个小财主张果老，仗着有几个钱，总是欺负人。一天，张果老来到王老汉的店铺，高声说："我要买两样东西。一个是皮包骨，一个是骨包肉。限你一天之内给我。"这是什么呀？王老汉急坏了。正好他的邻居八斤姑娘在他家串门，正跟王婶在后面说悄悄话，听到前面的动静，就让王婶把王老汉叫了进去。告诉他，皮包骨就是枣子，骨包肉就是核桃。王老汉开开心心地走了出去。傍晚，张果老得意洋洋地来了。哪知王老汉马上称了两袋枣和核桃给张果老。张果老的儿子听说这件事后，打听到是八斤姑娘解开的谜，就请人前来求亲。（众边听边笑）

师：基本的思路不错，符合巧女故事的特点。其他同学有什么建议吗？

生：我觉得，那个八斤最好是王老汉的女儿，现在说是去串门的，不太自然。

师：我同意这么建议。因为巧女故事一般说的都是维护自己家人的利益。

生：我建议最后再加点说明，就是张果老的儿子不像父亲，而是跟乡亲们

很友好。不然，让八斤嫁给坏人不好。（众笑）

师：是的，故事要传递给人真善美。

（又请了一位同学讲述，具体略。）

四、总结

师：今天，我们一块欣赏了巧女故事，其实，巧女故事的类型是很丰富的，今天阅读的答谜题型只是其中的一种。有兴趣的同学课后可以再找找其他类型的阅读。巧女故事，民间故事，这些唇齿间的文学，这些田野上的花朵，值得我们用心欣赏、承传。

附：阅读材料

九斤姑娘（节选）

张箍（gū）桶的女儿九斤姑娘，绝顶聪明。一天，张箍桶出门做生意去了，九斤在家替父亲补衣裳。这时，来了一个七八十岁的老公公，说要请张箍桶为他家箍桶。九斤姑娘说："好！回来了就叫他去。老公公，你叫什么名字啊？"老公公说："我的名字叫做：一斗半，二斗半，三斗五升，四斗半。"九斤姑娘想：这些相加不是一石二斗吗？于是就说："噢，原来是石二公公！你家住在哪里呀？"石二公公说："就住在东头石家村。我家是有记号的：东边丁零当，西边冷清清，门前两个管门人，一东一西两边分，胡须生在头颈里，笤（tiáo）帚插在头顶心。"

九斤姑娘说："好，知道了！你家东边是一家铁匠店，西边是个祠（cí）堂，门前有两株棕榈（lú）树，对吗？"

石二公公夸道："九斤姑娘真有才能。"说着走啦。张箍桶回到家，九斤姑娘就把石二公公来请他的事讲了一遍。张箍桶说："石二这个人，讲出话来，就像茅山道士念咒一样，邻近三村，就是他家生意难做。"

九斤姑娘说："你把一张长推刨（bào）放在家里好啦。到了石家，假使有什么难题，你就说回来拿长推刨，女儿替你出主意。"

到了石家，石二对张箍桶说："我要你箍一只早早桶；一只中午桶；一只小儿桶；一只有底无盖桶；一只有盖无底桶；还有一只桶：两只耳朵高耸耸，中间直弄通，一眼望去到山东；还有一只桶：中间横着一根栋，尾巴翘起通天空，翻转身来扑龙通。张师傅，这七样桶你会箍吗？"

张箍桶说："会箍，会箍。不过，我一张长推刨没有带来，还要回去拿哩！"

张箍桶回家把石二的话学说了一遍，九斤姑娘说："早早桶是面桶，中午桶是饭桶，小儿桶是坐桶，有底无盖桶是脚桶，有盖无底桶是锅盖，第六样是蒸饭的蒸桶，第七样是打水的吊桶。"

张箍桶又来到石二家，把九斤姑娘的话学说了一遍。石二知道是九斤的主意，说："张师傅，你家九斤姑娘真聪明。我什么桶也不要箍了，我要和你攀亲——把九斤姑娘许给我家老三吧！"

巧姑妙答

从前有个绝顶聪明的人，名叫张古老。他一共有四个儿子，老大、老二和老三都已经娶了媳妇，只有老四还是条光棍。兄弟们没有分家，由张古老带着在一起过日子。

说也奇怪，这三兄弟都生得呆头呆脑，一点也不像他的老子。娶进来的这三个媳妇，也是半斤配八两，心里都不大灵活。一家子人没有一个讨得张古老的喜欢。

日子久了，张古老心里发愁。他想：我这块老骨头，总不能老赖在这世上，说不定哪一天，我两腿一伸，看他们这么混混沌（dùn）沌，怎么过日子呵！于是，他便想替四儿子找个乖巧一点的媳妇。现今，能给自己添个好帮手；将来，也好做个自己的替脚人，掌管这份家业。

想想容易，办起来却难了。张古老打听来打听去，总没有一个合适的。到底老汉是个聪明人，他想了一个巧妙的法子。

这天，他把三个媳妇叫到跟前，说："你们好久都没有回娘家了，心里一定很挂念吧！今天，我就打发你们回娘家去。"

三个媳妇一听说回娘家，欢喜得不得了，只问公公让她们住多久。

张古老说："大媳妇住三五天，二媳妇住七八天，三媳妇住十五天。三个人要一同回去一同回来。"三个媳妇想也没想，便连忙答应了。

张古老又说:"往日你们回去总要带东西孝敬我,但是每一次带回的东西都不如我的意。这次你们回去,也少不了要带点东西的,不如我先说出我要的东西。"

"你老人家只管开口,我们一定带回来就是。"三个媳妇一齐说道。

张古老说:"大媳妇替我带一只红心萝卜回来,二媳妇替我带一只纸包火回来,三媳妇替我带一只没有脚的团鱼回来。"

三个媳妇一听,都满口答应了,三个人便一齐动身回娘家了。

三个人走呀走的,不一会,便走到了一条三岔路口。大媳妇要往中间那条路去,二媳妇要往右边那条路去,三媳妇要往左边那条路去。三个人正要分手时,才记起公公的话来。

大媳妇说:"公公嘱咐,让我们一个住三五天,一个住七八天,一个住十五天,还要同去同回。哎,三个人的日子又不一样,同去还容易,同回多难啊!"

"还有礼物呢,一个是红心萝卜,一个是纸包火,一个是没脚团鱼。哎,才一听好像是顶普通的东西,如今一想,都是些从来没有见过的东西啊!"二媳妇也着急地说。

"不能同去同回,又没有这些礼物,公公是不会让我们进屋的,这怎么办呢?"三媳妇更是着急了。

三个人想来想去,真不知怎么才好,大家都急得不得了,又不敢回去,便坐在路边上哭起来了。

三个人哭呀哭呀,从日出哭到日落,越哭越伤心,越哭越热闹,哭得惊动了住在近边的王屠(tú)户。王屠户带着女儿巧姑在路边搭了个草棚,摆了张案板,天天卖肉过日。这天听到了哭声,便向女儿说道:"巧姑,去看看是哪个在哭,出了什么事情。"

巧姑走了出来,见是三位大嫂在那里哭成一堆,问道:"三位大嫂,你们有什么心事,为何哭得这样伤心?"

三个人一听有人来问,连忙抹掉眼泪,一看,只见是位大姐站在面前。她们止住了哭声,把事情的原委一五一十地告诉了她。

巧姑一听,想也没想,便笑着说:"这很容易,只怪你们没有想清楚。大嫂你三五天回来,三五一十五,是十五天回来;二嫂你七八天回来,七八一十五,也是十五天回来;三嫂也是十五天回来。你们不是同去同回吗?"

巧姑接着又说："三件礼物：红心萝卜是鸡蛋，纸包火是灯笼，没脚团鱼是豆腐，这些东西家家都有，是顶普通的东西呢。"

三个人一想，果然不错，便谢了谢大姐，高高兴兴地分了手，各自回娘家去了。

三个人在娘家，都足足住了半个月。这天，她们一同回来了。见着公公，把礼物也拿了出来。张古老一看，吃了一惊。原来她们带回来的礼物一点也没错。他心里知道，这不是她们自己想出来的，便问她们。三个人也不敢隐瞒，就把实情一五一十地说出来了。张古老一听，决定要去会会这位姑娘。

这一天，张古老一直走到卖肉的草棚子里，连忙叫老板称肉。王屠户不在家，巧姑走出来，问道："客人，你要称什么肉？"

张古老说："我要皮贴皮，皮打皮，瘦肉没有骨头，肥肉没有皮。"

巧姑听了，一声不响，便走到案板那边去了。一会，就拿来了四个荷叶包包，齐齐整整地放在张古老面前。

张古老一看，一样是猪耳朵，皮贴皮；一样是猪尾巴，皮打皮；一样是猪肝，瘦肉没有骨头；一样是猪肚子，肥肉没有皮。一点也没有错。

他心里一喜，便想道：这才是我的儿媳妇啊！

张古老回到家里，马上请了一个媒人去向屠户说亲。王屠户知道张古老的底细，和巧姑一商量，便答应了。不久，张古老选了个日子，把巧姑接了过来，和四儿子成了亲。

其满汗（hàn）智答大汗（hán）

从前，维吾尔族有个人很有才学。一天，大汗把他叫去，说："现在我向你提四个问题，限你三天以内回答，假如答不出来，就要杀死你；如果回答出来了，我就叫你做大臣。你注意听吧！第一，世界上什么东西变化最快？第二，世界上什么东西最辣？第三，世界上什么东西最甜？第四，世界上什么东西最硬？去吧！三天以内答复我这四个问题。"

他左思右想，总想不出一个恰当的答案来。第二天，他就把他的知己朋友们叫来，商量这件事。朋友们听了他的话，有的说，世界上变化最快的要算风；有的说，最快的要算是枪膛里的子弹了。因为对最快的东西有"快得简直像子弹一样"的比喻。有的说，世界上最辣的东西是辣子；有的说，世界上最辣的东西要算是恶毒的诬蔑，因为曾经有人把坏人说的恶话比喻为"像毒药一样的刺人"。有的说，最甜的东西要算是儿女；有的说，最甜的东西是冰糖，因为曾经有人比喻情人的嘴唇"像冰糖一样的甜蜜"。有的说，世界上最硬的东西要算是铁；有的说，最硬的东西要算石头，因为曾经有人把狠心的人比为"心肠硬得像石头一样"。

这个人的女儿叫其满汗，她听了这些话，说："伯伯、叔叔们！我觉得，世界上变化最快的东西是人的心，最辣的东西是仇人，最甜的东西是同胞，最硬的东西是贫穷。"

朋友们听了女孩的话，齐声说道："这就是最正确的答案，就这样回答汗去吧！"

汗听了感到非常惊奇，说："把你女儿给我叫来，叫不来我就要杀死你；她来了，进了我的房子或站在外面，我也要杀死你。"

其满汗到了王宫，站在门槛（kǎn）上给汗行了个礼，说："尊贵的陛（bì）下，按照你的吩咐我来了。"

汗看到她站在门槛上，就说："为什么你不进来呢？"

其满汗道："按你的条件，我没有站在外面，也没有走进你的房子，就站在这里了。"

汗说："好吧，就饶你这一次，我问你，你教你父亲的话是从哪里知道的？"

其满汗说："我说世界上变化最快的东西是人的心，因为一个人一眨眼的工夫，就可以想许多问题。世界上最辣的东西是仇人，因为最近我看见两个人互相用刀子戳，以后才知道，这两个人在很早以前就结下了仇恨。世界上最甜的东西要算是同胞兄弟了，有一天，我去外婆家里，看见两个舅舅打得头破血流，但第二天，我再去看时，他们兄弟俩又肩膀靠肩膀，睡在一块，睡得又香又甜。世界上最硬的东西是贫穷，有一天，我父亲不在家，家里来了一个远方客人，本来应该很好地招待，可是那天家里什么东西都没有，连一碗茶也烧不成。"

汗听了无话可说，只得叫其满汗的父亲当了大臣。

一桩有意义的教学实践

汪政 [①]

　　现在的语文生活真是丰富而复杂，承载语言的媒质日趋多样，语言表达的变化也非常快，在这样的情况下，我们的语文教育确实面临着很大的挑战。在日常生活中，学生们或主动或被动地接触大量泥沙俱下的语言现象，要想他们养成纯正的语言感觉实在不容易，这其中重要的是我们的语文教育工作者要能沉下心来，指引孩子们抵达母语之根。只有认清了母语的源头，体会到母语生生不息的活力，感受到母语文化的魅力，才不至于在五花八门的语言现象中迷失，也才会辨识到变化中的语言的精华与糟粕，从而养成良好的语言品质，并参与到母语的建设中去。

　　在这方面，许多语文教育工作者进行了有益的富有成效的探索，这些探索体现了他们对母语深刻的理解，比如周益民老师的民间文学教学实验，就建立在他对民间语文在汉语成长发展中的地位的理解上。从语文教育史上看，不能说没有民间文学的一席之地，但是大都作为单篇的教学材料，而且主要是从意识形态的方面认定其价值，对其文学特别是语言学上的地位并没有自觉而充分的估价，因此并不能让学生形成对它全面的认识，也不大可能让学生充分感受到它的感染力，教师也就不可能从母语文化的高度理解民间文学对学生学习语言的重要启蒙作用，从而系统地进行专题的教学实践。

　　汉语发展变化的推动力与资源库是多方面的，因而重返语言之根的途径也是多方面的。周益民老师的民间文学教学就是要让学生从大量民间文学中体会到民间的智慧，体会到民间文学的朴素，体会到民间文学语言的生动与活泼，以及它对母语的贡献。作为一种特殊的文学类型，民间文学的许多情节都是建立在汉语的特点之上的，反过来又成为汉语思维的元素。比如周益民老师上的《巧女故事》就着重介绍了答谜题型，在设难、解题的冲突中让人感受到语言的多面性、多义

[①] 汪政，文学评论家，江苏省作家协会副主席。

性，以及它的魔力与神奇。这类民间故事的情节冲突、场景描写，人物形象的刻画都是建立在这些语言艺术之上的，这类智慧的、幽默的语言确实能让学生产生对汉语的热爱之情，也会让学生在日常生活中发现汉语不朽的活力。周老师在教学中一方面让学生充分地感受民间文学的艺术效果，一方面又让学生理解民间文学的地域性、口语化与变异性。其实，这些既是民间文学的特点，也是汉语的特点。当然，学生并不一定要从知识上系统地了解民间文学，但周老师的教学确实让学生在感性的语言层面，体会到了民间文学原初的、在现实生活中的流传方式与语言形态。比如，它们是口头传播状态的，是方言状态的，一个故事常常有着不同的讲法，而且，在讲述的过程中还会有变化，这就是活生生的语言形态，它们使汉语的发展获得了许多的活力。这样的语言作品与大一统的普通话，与"规范化"的书面语言是有区别的，也与学生在当下语言生活中遇到的一些现象是有区别的，比如那些政治语言的板滞，时尚报刊语言的做作，商业语言的虚假与夸饰，网络语言的怪异与无厘头，等等。民间文学的朴素、生动、机智，肯定会让学生如沐春风。

这样的语文教育实验确实有必要，能让学生认识到语言真正的源头，感受到民间语文的力量，从而穿过现实的语言幻象在源头活水中获取滋养。可惜的是，如今的民间文学已经衰落，民间文学的创造力已近于枯竭，要知道，民间文学的真正的生存之所不应该在书本，它的生命只有在不断的流传中才能体现。这种情形关系到的不仅仅是一种文学类型自身的事情，它在一定程度上已经威胁到母语的"三江源"。

不过，如果从更宽广的视野上看，即不仅从"民间文学"，而是从我上面提到的"民间语文"上看，当下的语文生活中还是有许多新的类型与活泼泼的元素的，包括在都市。从这个角度看，周老师的实验还可以拓展。我不是完全了解周老师的整体实验，以整理好的相对定型的民间文学文本进行教学是一个方面，是不是还可以进行一些民间文学的采风，让学生去收集本地流传着的民间故事，这会让学生更加真切地理解其生动性、丰富性。然后进一步由民间文学拓展到民间语文（民间语文的范围要大于民间文学），俗语、流行语、方言、本地新传说、新故事、笑话、顺口溜、都市民谣、"段子"等等，可以让学生作这样的小型的语言的田野调查，让学生从"规范"过的语言回到原生态的语言，从书面的、网络的语言回到口头的、生活化的语言，让他们采集素材，进行分析和加工，我想这不但有助于学生进一步体会到民间语文的力量，也会有助于他们建立改造语言的意识，坚定母语发展的信心。也许，这样的工作周老师已经做了。

总之，我以为周老师的民间文学教学是十分有意义的。

一节课，能走多远

——试析周益民新课《巧女故事》的课程论价值

曹春华

一、儿童真正需要的，就是我要提供的

从语文课程和教学论的角度，我越来越相信郑杰先生的论断：教育服务的产品不是学生，而是课程。（郑杰《没有办不好的学校》）因为即使就是在"文化"几乎成为最为经常地挂在人们嘴边的一个词汇的当下，拓宽语文课程的文化视野却越来越成为人们心中一个渐行渐远的梦想。可以看到，语文教学越来越呈现出同质化的状况。弘扬主流文化的考虑限制了教材编者编撰整体水平的发挥，以至教材"越编越薄"（朱自强等《小学语文教材七人谈》）。更为重要的是，作为课程实施主体的教师的课程视域的有限严重限制了其课程实施水平的发挥，以至于"教语文"的丰富与美妙只得无奈地减缩为"教教材"的局促与尴尬。不仅如此，由于解读教材文本和把握编者意图能力的有限，相当一部分教师又在"教教材"的过程中大打折扣，将"教教材"减缩为"教课文"甚至是"捋课文""捋情节"。长此以往，尽管语文课程是"占比最多，耗时最长"的科目，但数十年来，语文教学的效果却一直差强人意。以建设充满活力的新课程为目标的语文课改，给教师以充分施展的空间，甚至将"有强烈的资源意识，去努力开发，积极利用"的要求写入了课程标准，但在超越教材，构建真正适合儿童的语文课程的路上，普通的教师能走多远？

我不是唯效率论者，更不是唯高效论者，但我始终认为，一节成功的语文课的价值，正在于此课的"不可替代"性——千万不要让我们每天唯有的这一节语文课成为学生们可有可无的"多一"——而要让我们精心预设的这一课成为学生们缺此就成遗憾的"唯一"，成为教者提供给学生的课程链中不可或缺的重要一环！《巧女故事》作为周益民开发的"儿童民间文化阅读系列课程"中

新的一页，正是重要的一环，是缺失了此页应该非补不可的一环。

"我们该给孩子们提供怎样的课程服务？"许多人尚在思考，但不同的是周益民已经用他的"儿童民间文化阅读系列课程"对这个问题作出了回答。周益民的回答是坚定甚至执拗的：儿童真正需要的，就是我要提供的。然而要作出这样的回答并不容易，因为并不是所有的人都能准确地知道孩子需要什么。

孩子需要民间文化吗？孩子需要民间故事吗？民间故事对于孩子的精神成长重要吗？一连串貌似无需回答的问题，许多人（至少我）就不能很好地回答。

二、民间文学是开展儿童教育的重要资源

正如评论家耿占春先生指出的，"我们生活的世界与民间故事的世界已是两个世界了……民间故事的世界或传统习俗的世界已经无可挽留地从人们身边消失"（耿占春《现代社会和民间故事》）。然而，民间文学特别是民间故事，却是一个民族文化孑遗的"活化石"。民间故事不仅仅如钟敬文教授所指出的，"是劳动人民的口头创作，它在广大人民群众当中流传，主要反映人民大众的生活和思想感情，表现他们的审美观念和艺术情趣，具有自己的艺术特色"（钟敬文《民间文学概论》），而且，正是由于集体创作而口耳相传，经过无数族人的"唇齿"之后的留存，相比那些由独立作家创作的书面文学作品，民间故事更多地保存着本民族的文化特质，这些民间故事在流传千年的过程当中经过了无数唱述者的加工、琢磨。在这种加工、琢磨中，不但渗入那些唱述者的思想、感情、想象和艺术才能，也渗入了听众的反应和情趣，当参与创作（倾听也算其中的话）者的集合无限扩大之后，民族的气质、民族的精神、民族的智慧和民族的文化倾向自然地沉积在了故事当中，成为封存着民族密码的集体记忆。恩格斯指出："民间故事还有这样的使命：同圣经一样培养他的道德感，使他认清自己的力量、自己的权利、自己的自由，激起他的勇气，唤起他对祖国的爱。"可以说，要在阅读中寻得民族的认同感和文化的归依感，民间故事便是绝好的范本。

高尔基曾经强调指出："如果不知道人民的口头创作，那就不可能懂得劳动人民的真正的历史"。指导儿童阅读一些民间文学，首先有利于让孩子们了解本

民族的过去，进而能有担当地展望本民族的未来。其次，千百年来，民间故事在百姓中产生，在百姓中流传，在百姓的口耳相传之间嬗变，这样的故事往往比传统的书面隽永"经典"带着更多的乡土气息，因而这种"俗"文学的旨趣更体现出"民本"意识。民间故事的主角多是一些普通的人，但这些普通故事的主角身上却透着传奇和神奇色彩。可以说从完整的阅读结构来说，民间"俗"文学有着书面"雅"文学不可替代和无可置换的价值。再次，也正因为民间故事的主角多是平凡和普通的人，故事里渗透着民本和平等的思想倾向，这也是极为可贵的。此外，民间故事经过千年的口耳相传，吸收和融进了百姓生活中的那些最为鲜活的语言，更加上诸如谐音、韵语、拆字、对仗等汉语特有的语言方式，使得民间故事成为民族语言的天然的博物馆，语言风趣、生动活泼、引人入胜。这种原生态的语言材料应该成为培养学生母语语感的首选。从民间故事所传达出的精神来看，千百年来，优秀的民间故事流传不息，代代相传，百听不厌，一个重要的原因，还在于在很多民间故事表现出民族精神所弘扬的诸如勤劳智慧、善良无私、舍己为人、坚持正义、同情弱者、勇敢顽强、不畏邪恶等主流民族精神价值。这些传统的民族精神既然流传了千年，当然应该继续并永远流传下去。除此之外，高尔基说："口头文学是与悲观主义完全绝缘的。"民间口头文学洋溢着的乐观主义精神甚至还能为今天的儿童心理健康成长提供重要养料。由此可见，作为为孩子精神奠基工程的母语课程，语文教学理当将民间故事纳入其中。可以说，没有本民族民间故事浸染的童年，是有缺憾的童年；没有将民间故事作为课程资源加以充分利用的母语教育，也是有严重缺失的母语教育。

三、精心挑选适合儿童阅读路径的民间文学

作为课程的建设者，不但要知道孩子需要什么，还要知道需要到什么程度，甚至要清晰地知道什么样的孩子需要达到什么样的程度。

民间故事的收集、整理和研究开始于"五四"之后，这么多年来，学术界的研究成果非常丰富，不但收集整理了大量各民族的民间故事文本，并且作过细致的归类和梳理。这么丰富的资源给有心涉猎民间故事教学的语文老师多种选择的同时，也增加了甄别和筛选的难度。课堂教学的时空毕竟是有限的，尽

管民间故事的阅读是必不可少的一课，课堂教学没有可能也没有必要涉及民间故事中的所有类型、所有文本。课堂教学只是一个通向民间故事的"引桥"，这就需要有心的教者进行课程论的精心加工，包括精选课程内容、精定课程目标、精选教学手段、精确教学步骤、精细教学流程……

作为"示例"意义的"民间故事"课，周益民别有用意地选择了"巧女故事"。据民俗学学者康丽的研究，目前流传在我国各地的"巧女故事"多达500则在"代解围型""智斗恶人型""助夫处事型""智慧择偶型"等等结构母题之下，又可分为更多的类别。周益民以其独到的课程眼光和儿童视野精心选择了《九斤姑娘》《巧姑妙答》《其满汗智答大汗》这三个文本提供给了五年级的学生。

康丽在研究后指出："中国巧女故事，同其他一切事物一样，总是由许多因素在一定的形式下结构而成的。这些因素及其组合形式，会在传承过程中随着具体讲述语境的变更发生一定的变化。但是，其中总会存在一个比较稳定的模式化叙事结构，用以制衡故事的变异，避免出现故事面貌被彻底颠覆的情况。"（康丽《隐匿的秩序：论中国巧女故事叙事结构中的故事范型序列》）这样相对稳定的结构选择，是民族集体无意识的自然选择。周益民正是依凭精心选择的、有代表性的这三则故事，通过让学生把握"比较稳定的模式化叙事结构"，把孩子们带到民间故事阅读的"高速路口"。从而以"牵一发而动全身"的潇洒姿态轻松指出了这一门类民间故事的阅读路径。

四、巧妙设计契合儿童认知规律和符合民间文学特点的教学过程

在从课程落实到教学的层面时，难度依然不小。对一般人来说，在一个课时，执教其中的任何一个故事文本，都不容易，毕竟故事篇幅都较长，情节曲折、丰富，故事语言的民间性和地域性异于日常的语言习惯，在增加阅读趣味性可能的同时也增加了学生阅读理解的难度。

——如何把握？

深谙教学之道的周益民依然举重若轻，他时刻记得，教学只是一个示例，更加广阔的空间是在课外，教学的终极目标在于"教学生学"，让学生们在阅读的过程中"学会学习"。

或许，周老师对于学生们对民间故事的陌生程度早有准备。课堂开始几分钟后，学生们立即发现其实我们跟民间故事是如此贴近，因为开课伊始周老师便给孩子们呈现了歌曲《孟姜女哭长城》、小提琴协奏曲《梁祝》、古诗片段"迢迢牵牛星"以及《白蛇传》图片。是啊，看来民间故事并未走远。"这些民间故事的作者是谁呢？你知道吗？"在面面相觑中，学生马上直观地体会了民间故事的一大鲜明特点：口耳相传。从一开始，课堂便如同一次远足那样轻松。

在短短40分钟内，迅速让学生把握民间故事的特点，并能掌握民间故事的读法，是本课教学的重点。对此周益民心有准备。接着他便以《九斤姑娘》为范例，揭示出"长文短读"的"必杀绝技"。光说不练不行，他立即现身说法，将长长的《九斤姑娘》，读短成"两个问题"。在引导概括的过程中相机出现"名谜"和"桶谜"，在提纲挈领大刀阔斧中，对关键内容的浓墨重彩，显现出教者的教学功力。

随后，由"桶谜"出发，自然归纳出民间故事"地域性""口语化""变异性"的特点。我特别赞赏周益民骨子里的那种对文化守护的自觉。他常对孩子们说，不要学会了普通话就忘记了家乡话。"乡音里有美丽的故乡"，民间文化课程的开发，是不是就是一种对中国文化，特别是本土文化的一种自觉的守护？

但是，千万不要以为他如此忠诚地守护着中国的传统文化，就认为他是一个"古董"级的"食古不化"。在他的心目中，中国的传统文化是当下的、鲜活的，散发着勃勃生机的，是21世纪的传统文化。在这方面他甚至很有些"后现代意味"的超前意识。比如在他的课堂中时时你都能感受到时尚的元素，他也从来没有把传统看作一成不变的"祖宗之法"。于是，他那吴方言的"桶谜"韵文献技博得了满堂彩；于是，那时尚的媒体课件中播放出了越剧《九斤姑娘》的唱段。

把握民间故事的文体特点，那是从形式上让学生对民间故事有了感性的认识，只是让学生走近了民间故事，接下来周老师着力引导学生去发现巧女故事的叙事特点，从而更进一步地让学生走进民间故事。所谓"道生一，一生二，二生三，三生万物"，在《九斤姑娘》与《巧姑妙答》的对比阅读中，学生自然发现了巧女故事的叙事模式："都是某人遇到难题，巧女，也许是女儿，也许是妻子，等等，凭借自己的机敏，解决了难题，维护了家庭的利益。"这就好比让学生得到了一把打开民间故事之门的钥匙。以是，举一而能反三。

大功告成，然而周益民并不止步于此，他要进一步放大教学文本作为课程的价值。"知道了这个诀窍，咱们也可以编一个巧女故事了。"让学生参与故事的创作，多么诱人的任务驱动，多么大胆的教学创意。在故事创作过程中，学生仿佛回溯到了民族历史的源头，成了那一帮智慧的先民，他们将自己的喜乐、憧憬、好恶、期许以一种善意和幻想的方式编织到了故事之中，于是一部口耳相传的"作品"便宣告诞生了。尽管孩子们编得有些粗糙，但可以想象，每一个民间故事在创生的初期也都只是一个粗糙的"初坯"。"始生之物，其形必丑"，但谁能说，这不是一个无比美妙的开端？呵，美好的种子已经播下，成长还会远吗？

五、用心，一节课可以走得很远

多年以前，周益民曾读到过欧阳江河的《汉英之间》。"为什么如此多的人移居英语／努力成为黄种白人，而把汉语／看作离婚的前妻，看作破镜里的家园？／我独自一人在汉语中幽居，／与众多的纸人对话，空想着英语，／并看着更多的中国人跻身其间，／从一个象形的人变为一个拼音的人。"诗歌深深地震撼着周益民，也深深地震撼着无数个有良知的语文教师。我们都应该思索：我们的母语教育到底该走向何方？我们应拿出什么合适的阅读课程来满足孩子们心灵成长的需要，以让他们在成长的关键时刻，不错过这重要的民族文化滋养的一环？是的，"要叙述中国汉民族或其他兄弟民族的文化史，乃至于编纂他们的文化学，决不能漏掉或抛弃民间文学这种重要的精神文化产物"（中文百科在线"民间文学"词条）。

无论多么艰难，只要你走了，一个人可以走得很远；无论多么艰难，只要你有心，一节课，也可以走得很远。周益民的这一节课从很远的地方早已经出发，当课结束的时候，我们发现，他已经走得很远很远。

周益民《巧女故事》一课的文化意蕴

王小庆[①]

一、以平民化的语言进行文化启蒙

《巧女故事》是益民君"民间文化系列课"的又一作品。我说它是作品，是因为这样的课，不仅有着教育教学的任务驱动，更有着他自身对于语言教育、对于文化传承的艺术想象。授课之后，便有人搬出陈金铭君曾经说过的一段话来为它摇旗呐喊：

> 周老师对专业自主权的行使，为语文教师找回了一点属于自己的专业尊严。他的目的很明确，形成一个以民间语文为教学内容主体的课程。

"尊严"两字，说得庄严肃穆，令人陡然间生出崇高之意。不过，金铭君的这段话，其实颇有讽刺的味道。他似乎是想说，我们大多数的语文教师，其实毫无"专业自主权"可言，更毋庸说"专业自尊"了，所以还不如像益民君那般，占山为王，和他的孩儿们一同过逍遥的日子，顺便和正统的教材、体制叫板取闹。

于是益民君的《巧女故事》，连同他之前推出的几堂课，登时被赋予了文化的深刻涵义，而其中几个问题，亦不能不令我们深思了。

1. 为什么要选取《巧女故事》？

当然，我们都晓得《巧女故事》以及之前的《这里有个颠倒的世界》《谜之谜》《绕绕复绕绕》等，其取材均出自民间的语言活动。民间故事是个宝藏，这个道理谁都明白，但绕开教材文本，将语言的教学置于民间文化这个大的语境

---

① 王小庆，北京源创一品文化传播有限公司副总编辑。

下，却是你对于语言的态度和价值之取舍的问题了——不仅如此，这样的做法还需要你的教学勇气。

老实说，课文文本并非一无是处，但其中的弊端亦是显而易见的：这些貌似"精粹"的文字，更多地体现了一种"精英教育"的话语姿态。无论是意识形态浓厚的"政治性"文本，还是这些年来有识之士鼓吹的"文学经典"，都渗透了强势群体的理想和宏愿，而对于浩如烟海、真正体现民众生活的语言形式和语言内容，却往往熟视无睹、置之不理。

因此，益民君之选取《巧女故事》，其基本的思路无非是想将语言学习的材料，植根于民间。只有植根于民间，方可以"复归民间"，使得语文的活动面向百姓，具有了平民化教育的立场。

2. 为什么是"巧女"？

益民君看来对女子情有独钟，故在课堂内给学生呈现了三篇"巧女故事"（其中一篇是"巧媳妇"），以说明民间语言的智慧和精神。其实，这些故事大同小异，无非是说明小女子的聪颖和机智，尤其在语言上胜人一等，从而排解了刁难，甚至换来了家庭的安全、和睦。据说新中国成立以来，被搜集整理的各民族的巧女故事约有2000篇（黄轶《民间文学中"反智主义"故事类型成因试析——兼论民间文学学科的主体性问题》），相信其中的情节和内容亦是相差无几。

民间故事中，"巧女"比"巧男"多，"小女"比"大女"多，这是很有趣的现象。但以此为语言学习的材料，从学理的角度看，却是要冒一定风险的。这种风险，在我看来，大致来自民间故事自身的缺憾和正统人士对它的偏见。

其一，对语言的纯净化要求。自从文字产生、文学发达以来，语言的纯净化呼声似乎一直没有中断过。一方面我们承认民间语言和民间文化的丰富性，另一方面却总嚷着要"去粗取精"，保留但丁所谓的"光辉的俗语"。可见，民间故事仿佛只为精英的文化人士提供野趣和灵感，而其中的"鄙陋""扭曲""无视规则"，又往往招致他们的不屑。在这样的文化偏见中，要真正"植根"民间文化，汲取其语言内容，是需要一定的勇气的，而其工作，亦须耐人寻味的细致。

其二，对民间故事的价值判断。历代文人对民间故事一直保持着警惕之心。

譬如，仅就益民君在课堂内所呈现的三则"巧女故事"而言，虽然其中聪慧的女子们语言机智、形象可爱，但其故事无不蕴含一种"反智"的心理情结，简单地说，这些穷苦或没有受过教育的"巧女""巧媳妇"，反倒比那些文人雅士更有智慧、更能维系家庭的和谐与美满。这里自然有着普通民众对于生活的理想和对权威的蔑视，但毋庸置疑，其中的确"渗透着下层劳动者的许多扭曲的社会观念和社会心态"，故黄轶女士就说：

> 如果大众文化、平民立场是以批判、嘲弄、解构知性文化为本事，那对于民族文化的良性发展是不利的，国族文化必将面临整体下滑。

不仅如此，对《巧姑妙答》这一故事，甚至还有人从精神分析的层面指出它反映了一种"男性人格结构中的情感移置"，而其中的翁媳关系更暗示着"非完整家庭中潜存的乱伦倾向"。这些对文本思想的解读虽然是站在文人立场上的，有些时候甚至显得无聊而无趣，但益民君要通过"平民化"的语言教学来达致他的文化启蒙，其中的难度以及可能引起的争论，自是可想而知。

尽管如此，益民君仍然知难而上，选取了"巧女"的故事来进行课堂演绎。我大致以为，这一定是出于他对于"弱势群体"的关注。因为我们也知道，女人在社会之中总是服膺于父权意识形态，有人甚至指出"中国的传统文化史实际上就是一部女性的性别压抑史"；而在这种传统思想中，儿童的境况也好不到哪里，至少他们往往受到成人之虐视。因此，益民君利用课堂要孩子来解读"巧女"，其戏虐权威秩序之心，可谓昭然若揭。话虽如此，无论是妇女还是儿童，他们或许身处"弱势"，但这个"弱势"的群体却并不缺少智慧，更不缺少文化。因而《巧女故事》课堂中师生对于故事的解读和演绎，实在可称得上是这一群体的"主体性建构过程"。

3. 只是《巧女故事》的故事？

如果按照以上说法，益民君之选取《巧女故事》来进行课堂教学，其用意已远非教学技术的层面可以解释了。大而言之，他在语文教育上对"民间文化"这块领域进行的开拓，本身便是他民本思想的彰显形式。

与其他活跃于"公开课"领域的教师不同，益民君所开设的"民间文化系列课"，不是"单曲点唱"，而是形成了一条有机的线索链，并引发我们对于语文课程建设的种种思考与想象。在这条线索中，益民君试图证明，语文的取材也罢，教学也罢，都须灵动而活泼，不该囿于既定的教学资源中"螺蛳壳里做道场"。民间故事之中，有的是语文教学取之不竭的资源，有的是普通民众最真实、最智慧的生活，我们的语文活动，正该朝向大众、走向大众。因此，他的《巧女故事》，无非在向我们展示这无穷之宝库中的冰山一角。他的一系列课例事实上是互为联系的，并贯穿着一种基本的语文教育思想。在他活灵活现的教学过程中，更让我们体会到：植根民间的语言学习（和教学）活动，最可激发孩子对乡土、对家园的热爱，也最可体会到语言的本质的美。

这种语料库的重新定位，实质上便是陈金铭君说的"以民间语文为教学内容主体的课程"的建构。不过，另一方面，我们知道，民间故事最可称得上价值的，是它的对抗权威秩序、重建生活决心、发挥自由和独立的精神。因此，益民君在此过程中的课程视野和教育理想，实在包含着他对强权意识的主动批判和对普通民众的同情与关怀。他的这一立场，似乎超越了一位职业教师的关注内容，而是以一名"公共知识分子"的视角在对社会、对历史进行着审视和批判。林贤治先生在他的《自由作为一种文学精神》一文中，曾探讨过"知识分子"的涵义：

> 我觉得知识分子是，立足于自己的专业去介入公共领域，表现非常个人性的独立的思想，在对公共事务、历史问题发言时，强调批判的价值。不是说你是著名学者，你有高学历，你就是知识分子。如果对公共事务、对人类的前途不关注，如果你在关注时没有问题意识，没有是非观念，没有正义感，不采取批判的态度，就不是真正意义上的知识分子。

很显然，益民君对于民间文化（包括语言文化遗产）的关注，在某种程度上讲，正是他作为一名知识分子对于社会的良知所在；而他的教学活动，更让我们看到了为实现这一目标而做的踏踏实实的、具有"专业尊严"的工作。

二、以儿童为本位创设学习过程

虽然从《巧女故事》中我们看到了益民君课程视野之开阔、他之于文本态度的庄严与深刻，但在具体的课堂教学中，我们却并未发现一种历史的沉重感，更没有觉到他思想意志的宏大铺张。这大约便是他的高明之处了。因为他非常明白：他在课堂内面对的是一群孩子。一切的语言阅读材料，无论是具有多么深刻的寓意，一切的文化启蒙，无论是多么迫在眉睫，都须不着痕迹、春风细雨般进行。教师所有的努力，都须置于孩子的视角之中，方可以实现教育的意义。

因此，正如民间故事一样，益民君的《巧女故事》之课堂，本身也称得上是一件教学的艺术品。在这件艺术品中，他非常巧妙地将他对于民间文化的态度和理想，融入了以儿童为本位的学习过程。

1. 从"启智"到"启蒙"

《巧女故事》毕竟只是故事而已，而其背后，却是一种民间文化的背景性知识。如果不授予这些知识，课堂的教学便只剩下热闹和肤浅了。早在 2009 年，我在评述他的"民间文化系列课"时就指出：

> 这点（提供文化背景知识）相当重要，因为一旦学生明白了课堂内所接触的语言形式的要义和特征，那么，他们会迅速建立起一种文化视野，也容易在课后的阅读中进一步地深入研习。

这一点，在《巧女故事》中也得到了充分体现。在课堂开头，在播放、展示了《孟姜女哭长城》《梁祝》等之后，教师便问学生：这些民间故事的作者是谁呢？

同学都说：不知道。

这是益民君教学设计中的狡狯之处。因为同学说不知道，也许是因为他们的确没有这方面知识；但偏偏问题的答案，竟也正是"不知道"。

> 师：这么有名的作品，我们怎么会不知道作者呢？
> 生：因为它们是民间故事。
> 师：民间故事（重音强调"民间"），你的意思是——
> 生：就是在民间老百姓之间讲述的。

于是，民间故事的一个重要特性——"口耳相传"的流传方式，便通过这种有趣的方式被孩子习得了。

同样的道理，在教授《九斤姑娘》时，教师及时地将作为容积单位的"石"的意义和读音作了说明。而民间故事的几大特征——口耳相传、地域性、口语化、变异性，更是一个不漏地通过师生的共同阅读而被认识和理解。这些知识的传授，对于"民间故事"的概念性认知相当要紧，教师此时所做的，事实上是将《巧女故事》作为"例文"，而对学生进行着民间文化知识的扫盲和普及的工作。

这种扫盲和普及工作，严格地讲，也算得上是一种"文化启蒙"。不过，益民君在课堂内的启蒙本事，其实远没有这般简单。我们不妨观察他在讲述《九斤姑娘》时的一段两种文体的比较教学：

首先，教师出示对原故事的重述文字：

> 有一个叫张箍桶的男人，已经年逾古稀。他的女儿九斤姑娘，从小就表现出不俗的智慧。一天，她在家替父亲精心缝补衣服。这时，来了一位年逾古稀的老人，邀请张箍桶为他家箍桶。九斤姑娘微笑着说："好！回来就叫他去。请问尊姓大名？"

然后，让同学判断，此种文字与民间故事的语言有何不同。同学们很容易找出：其中的书面语感觉特别"别扭"。教师乘胜追击：

> 师：你说了非常关键的一点，用"口头语言"表达，因为这是——
>
> 生：（齐）民间故事。
>
> 生：这样写就不是民间故事的感觉，而是作家写的作品的感觉。
>
> 师：民间故事是口传文学，它的流传不是靠纸墨，而是靠活生生的民间语言，富有生活气息。因此，这就是民间故事的第二个特点：口语化。（板书：口语化）

这还是简单的"知识学习"吗？不，在这之中，教师潜移默化地灌输了他对于民间语言之真实性的热爱。在益民君眼里，民间的文化代表了一种生活，而且这种生活可以也应该与儿童的阅读紧密结合。因此，他的"文化启蒙"，断无刻意造作的痕迹，却照样深刻地促进了孩子们的精神和思想的生成。

当然，我们说的民间的文化，不仅只有民间故事，也包括诸如相声、快板、戏曲等其他艺术形式。令人惊叹的是，益民君的课堂内，这些元素居然能"济济一堂"而不显得凌乱无序。换言之，"巧女故事"这一民间故事的阅读，被置于一个有机和谐的"民间文化生态"中运行，这又使得"文化启蒙"的效果达致了最大化。

2. 母语的尊严

益民君在《巧女故事》一课中，再一次坚持了母语的尊严，从而抵御着外来文化对于民间文化的侵蚀和控制。

其实，我说的"外来文化"的侵蚀，不仅指域外的语言和思想的侵入，也指主流意识形态对于民间语言形式、语言内容的改造和异化。在《巧女故事》教学中，有一段用方言演绎的艺术展现：

> 师："桶谜"这段是故事最有趣味的地方，我们一起来欣赏越剧《九斤姑娘》中这部分的片段。越剧是起源于浙江的地方戏曲品种，演唱、对白用的就是吴方言。（播放越剧片段，内容为石二与张箍桶的对唱，有字幕出示，下面是其中的"桶谜"内容。学生都被演员生动的表演吸引住了，不时发出笑声。）

可以想象，益民君的这堂课，如果是放在西南地区去教授，他说不定会找出川剧版的《巧女故事》来引发孩子们的笑声；如果是在中原地区，他就可能会动用豫剧的资源了。这个做法，表面上看，有点取悦听课的孩子们的嫌疑，其实却是他对于方言的态度坚持，并以此激起孩子们对自己家园的热爱。

按照正统的语言教育观，方言影响了人的交流，因此是最要不得的，只有普通话才是我们交际过程中需要操作的语言，而且学习和使用普通话，使人仿佛有了文化境界的提升。不过，再进一步去思考，我们却发现，普通话的推广（严格地说是官方语言系统的普及），竟是文化之"一统"的必然要求，也是中央对于地方的同化和支配的必需手段。这种语言上的统一，对于民间文化的发展，实在起着扼杀的功用。近年来，已经有不少学者提出要重振方言文化，因为"方言作为'一方之言'，包含着民俗习惯、文化传统、心理积淀等多元地域文化信息，具有深厚的、当地特有的历史文化底蕴，是当地民间思想的朴素表现形式"。而游汝杰先生更是明确地把方言认定为一个人的"母语"：

> 一般人的所谓"母语"即是某一种方言，除非他是一个"无母语人"，……"母语"对于大脑发育和培养一个人的语言能力有不可替代

的作用，并且"母语"比第二语言更能精细地表达个人的思想感情和地方文化。

由此可见，益民君在课堂内时不时地借助方言，并非简单地为了增加课堂情趣，他事实上是在用这种方式来坚持母语的纯洁性。这样做，使得民间故事为外壳的民间文化，保持了它固有的乡土气息，也在一定程度上避免了民间故事为正统的、缺乏个性的语言系统所侵蚀所同化的危险。

虽然鼓吹方言的文化优势容易被斥为具有"民粹"之动机，不过我们是否可以小心翼翼地说：从国际视野来看，中国话不就是一种纯朴、真实而有力量的民间语言吗？

3. 认知与表达

前面说了，"巧女故事"这一类故事，具有一种基本的叙事结构。这种结构性知识，按理说也属于民间故事的"背景知识"。不过，益民君在课堂内，动用了"研究性学习"这一学习策略，让孩子们自己去发现故事的结构。

教师首先出示一张表格，并要同学借助这张表格去发现此种民间故事的结构特征。说穿了，表格的项目安排，已经暗示着"巧女"故事的基本结构，但这样做，可以使得学生的研究行为难度降低。果然——

生：九斤姑娘遇到的问题是石二用桶谜为难她爸爸，她爸爸答不上来。九斤马上解答出来了。故事的结果是攀亲了。（众笑）

生：《巧姑妙答》中，张古老让三个儿媳妇住三五天、七八天、十五天回来，要同去同回。又要大媳妇带红心萝卜，二媳妇带纸包火，三媳妇带没有脚的团鱼。三个媳妇急得哭起来。巧姑见了，巧妙地解决了这些难题。结果，也成亲了。（众笑）

师：有什么发现？.

生：结果都是成亲了。

师：呵呵，都是大团圆。

老实说，师生此处研究的巧女故事的叙事结构，乃是浅层的；但对五年级的孩子来说，能做到这样，已经很不容易了。最关键的是，他们从此之后在阅读更多的民间故事时，有了研究的冲动，也有了研究的精神，这是他们在这堂课中所得到的最大收获之一。

不过，益民君似乎不满足于这一层面的做法，他不愿意只将故事的结构性知识仅当作"知识"而让孩子们去认识。在接下去的阶段，他甚至还带领孩子依据所发现的故事叙事规律，"合作编故事"——自然，这些故事，至少在我们听来，也民间得很，故事得很。譬如，我们不妨听听其中一位孩子的创编成果：

> 生：从前，有一个王老汉，开了家小店铺，卖些杂货之类。他们村有个小财主张果老，仗着有几个钱，总是欺负人。一天，张果老来到王老汉的店铺，高声说："我要买两样东西。一个是皮包骨，一个是骨包肉。限你一天之内给我。"这是什么呀？王老汉急坏了。正好他的邻居八斤姑娘在他家串门，正跟王婶在后面说悄悄话，听到前面的动静，就让王婶把王老汉叫了进去。告诉他，皮包骨就是枣子，骨包肉就是核桃。王老汉开开心心地走了出去。傍晚，张果老得意洋洋地来了。哪王老汉马上称了两袋枣和核桃给张果老。张果老的儿子听说这件事后，打听到是八斤姑娘解开的谜，就请人前来求亲。（众边听边笑）

瞧瞧！编故事应该是一种很有效的叙述、表达方式，虽然这同时也是语文课的常用套路。事实上，如果说对《巧女故事》的解读是一种文化层面的解构的话，那么依据故事叙述原则，重新编述故事，则是一种对民间文化的重构过程——只是在课堂内，无论是孩子还是教师，都在热闹、有趣的活动中，未知未觉，并未察觉到这是教育或启蒙。

虽然如此，对孩子的故事创编，我仍然有些提心吊胆：表面来看，他们认识到了故事的基本结构，也能成功地运用这种结构进行故事创作，但其创作的内容，却是一种"伪生活"——一种与他们日常所见、所闻、所想的现实有着不少距离的想象生活。故其"民间"，只是他们从故事中学到并臆想出来的"民间"。这就类似一些作家在读了少量历史书籍之后，拼凑、仿作成一部部的"历史小说"并搬上荧屏成为"大众文化"。对这一点，我们不得不需要警惕。历史也罢，文化也罢，终究不该远离我们的实际生活，否则，它便一定不是活灵活现的，一定唯适合"研究"而已。

三、以"巧女"们拨起人们的觉醒

从功利的效用来看，益民君对于"巧女故事"一类的民间故事的教学演绎，至少在目前阶段，是无法真正改变语文教学界对于教材文本的布局观的，也无法保证孩子们能真正爱上"民间故事"。这里既有学理上对于民间故事之精神的争议，也有整个社会对于语言之主导价值的认同问题。但是他对于民间文化的偏好与追崇，以及独辟蹊径地通过教学领域（严格地说是在"公开课"领域）对教材体系、对语文教学思想进行的批判，无疑会给我们种种思考。假以时日，这些思考定能积聚成蔚为壮观的力量，从而影响我们对于民间文化的态度，也影响我们对于儿童语文教育的观点。

如此看来，益民君的《巧女故事》，还真的是巧：他用他的课堂教学，四两拨千斤，拨起了我们的觉醒。

8. 荒诞浪漫的永恒神圣

——《人类从哪里来》教学记录

教学年级：六年级

教学时间：60 分钟

执教日期：2010 年 10 月

一、天问

师：我带来几个问题，请你们猜猜是什么人的疑惑。（出示）

> 为什么太阳白天出来，月亮晚上才出来？
>
> 石头会疼吗？
>
> 夏天的时候，冬天住在哪里？
>
> 我是从哪里来的？在我生出来之前我在哪里？

生：这是小孩子的问题，小孩子总是很好奇。

生：我小时候也问过这样的问题，比如我是从哪里来的啊。

生：我觉得也可能是诗人问的。

师：为什么？

生：因为诗人跟一般的大人不一样，他们比较特别。

师：诗人的特别在于，他们尽管是成人，但还有一双孩子的眼睛。这些问题，都是儿童或者是拥有童心者的发问。人们都说，儿童是最富于探究欲和好奇心的。在很久很久以前，那是人类的童年时代，我们的祖先也是这样。他们看看天，看看地，看看周围的世界，再看看自己，心头涌起许许多多的困惑、不解。你们想想，他们会问些什么呢？

生：第一个人是怎么产生的呢？

生：人类存在多长时间了？

生：天空是怎么来的呢？

生：太阳是怎么产生的呢？

生：是谁创造了我们呢？

生：天空为什么是蓝的呢？

师：是啊，为什么，为什么，真是十万个为什么！两千多年前，有位伟大的诗人叫屈原，他就一口气问了170多个问题，这就是有名的《天问》。"天问"就是"问天"。我们来看其中的两句。（出示）

何阖（hé）而晦（huì）？何开而明？

角宿（xiu）未旦，曜（yào）灵安藏？

——屈原《天问》

（译文：天门关闭为何天黑？天门开启为何天亮？东方角宿还没放光，太阳又在哪里匿藏？）

（教师读诗句后，指名一学生读解释，学生再跟读诗句。）

师：天地玄黄，宇宙洪荒。太多的奥妙，令人不可思议。我们的先人可真聪明，他们不停地追问，尽情地想象，这样，就诞生了神话。在这些神话中，有一类是想象人怎么来的，我们叫它"造人神话"。谁知道，在我们中国，流传最广的造人神话是什么？

生：是女娲造人。

师：对，是女娲造人。知道女娲是怎么造人的吗？用一两句话说一说。

生：女娲是拿泥巴捏成一个人。

师：嗯，这就是人们说的"抟土造人"（出示"抟土造人"）。"抟土"，就是把泥土揉弄成球形。

二、讲述

师：你们最早是什么时候听说女娲造人的神话的？

生：我一年级的时候听爸爸讲的。

生：我幼儿园时老师讲过的。

生：我也是幼儿园时听老师讲的。

生：我是小时候听奶奶讲的。

师：爸爸妈妈讲，爷爷奶奶讲，古老的神话就这样一代代传了下来，让今天的我们还能知道古时候的人是怎么想的，想了些什么。今天，我们也来讲讲这个神话。在这个神话中，你们觉得最为神奇的是哪一部分？

生：我觉得是女娲用泥土捏成人的样子，人就活了。

生：我也觉得是的，女娲一甩泥点子，人就活了。

师：那就是说女娲造人的过程比较神奇。你们快速浏览，看看女娲造人的过程可以分为几步。

生：女娲首先是一个一个捏出了泥人，再后来用一根藤条一甩，造出了很多人。

师：简单点说，就是甩泥点子造人。最后呢？

生：最后，她想了个办法，让男人女人配合起来繁衍后代。

师：所以，女娲也被人称为婚姻之神。梳理一下，女娲造人，先是捏泥巴造人，然后是甩泥点子造人，再让男女通婚。今天，我们集中讲讲女娲捏泥巴造人和甩泥点子造人这两个情景。讲述的时候要注意，在讲清基本事件的基础上，还要讲清细节（板书：讲清细节）。你们看看，哪些细节比较神奇，我们讲述时不能忽略。（生默读）

生：我觉得"她就顺手从池边掘起一团黄泥，掺合了水，在手里揉团着，捏团着，揉团成了第一个娃娃模样的小东西"要注意。女娲一开始不是随随便便捏的。

师：这是女娲捏的第一个人，刚开始动作还不熟练，很仔细，很用心。你提醒得好。

生：还有"她就顺手从池边掘起一团黄泥"，是"黄泥"。

师：你很细心，女娲用的是"黄泥"。看看第二篇课文，上帝造人用的是什么？（生快速翻阅）

生：上帝是"抓起一把尘土"，用的是"尘土"。

师：这是两个民族造人神话的不同点之一，要注意。

生：我还要提醒，泥人活了以后都喊女娲"妈妈"，否则如果像鸟兽虫鱼一样，就没有特点。

师：你这个发现很有意思，这一声声"妈妈"的呼唤给女娲带来了怎样的体验？

生：她觉得人很亲热，她再也不孤独了。

生：她还会觉得"人"真灵活，真活泼。

生：她有了当妈妈的体验。

生：也就是说，孩子们给她带来了精神上的安慰。

师：为人父母，是绝大多数人会经历的人生历程。一旦为人父母，心中就多了一份温情，也多了一份责任。所以，这个细节不能忽略。同学们提醒的这些都非常好，下面，请大家想着这些提醒，在座位上试着讲讲。

（学生自由练习讲述。随后邀请两位同学到前面讲述。）

生：女娲从池边掘起一团黄泥，拿在手里捏着揉着，揉成了一个娃娃模样的小东西。奇怪的是，她刚一把这个小东西放到地面上，这小东西就活了起来，并且对着女娲喊了一声"妈妈"。妈妈听了他的喊声，精神上有了很大的安慰，再也不感到寂寞了。于是，她继续不停地捏出了很多人。（该生语气比较平淡）

生：女娲捏啊捏啊。用黄泥捏出了很多人，都筋疲力尽了，可大地毕竟太大了，人还是不够多。这时候，她看见了崖壁上的藤条，于是拉下了一根，在一个泥潭里搅了泥浆，往地上一挥一甩，泥点落到地上，就变成了小人儿。这下，女娲造人的速度快多了。（该生语气也比较平淡）

师：两位同学把女娲捏泥巴造人和甩泥点子造人的过程基本讲清楚了，几处细节也注意到了。下面，我也来试着讲讲，等会儿请同学们评评。

女娲顺手从池边掘起一团黄泥，开始揉起来。她一会儿看看水中自己的影子，一会儿看看手中的泥团，哈，圆圆的脑袋，长长的四肢，一个小人儿捏成了。女娲把小人儿放到地面上，说也奇怪，那小人儿竟然活了起来，开口就喊："妈妈！"什么？女娲吃了一惊。"妈妈！妈妈！"小人儿又连连喊着。啊，我是妈妈了，我是妈妈了！女娲心中涌起一阵从未有过的感觉。"我的孩子，你好，我就叫你'人'吧。"（教师讲完，学生鼓掌。）

师：谢谢大家的掌声，你们为什么鼓掌？

生：我觉得你讲得很生动，把当时的情景表现出来了。

生：你讲出了女娲的心情，打动了我们。女娲是个神，可你也讲出了她作为妈妈的心理。

师：谢谢你们，讲出人物的情绪，这正是我所追求的。所以，讲述的第二个要求是"讲出情绪"（板书：讲出情绪），让故事具有感染力。想想，女娲甩泥点子造人，哪些地方让人十分震动？要把这个情绪表达出来。大家把那一段再练练。（学生练习，而后请一位同学讲述。）

生：女娲白天黑夜地造人，已经很累了，可地上的人还不够多，怎么办呢？这时，她看见崖壁上的藤条，灵机一动，抽下藤条，在一旁的泥潭里搅了几下，然后抡圆了藤条转圈，泥点子纷纷溅落在地面上，地面马上出现了许多小人儿。那些小人儿蹦啊跳啊，他们拥到女娲的身边，有的抱胳膊，有的抱腿，还有的甚至爬到她身上，有一个小人儿抱住女娲的脸狠狠亲了一口，亲了女娲一脸的口水。四处都回响着"妈妈""妈妈"的喊声。（学生热烈鼓掌）

师：谢谢你的精彩讲述。大家说说，是什么打动了自己。

生：她讲小人儿亲妈妈一口特别打动人，小孩子就是这样的。

生：小人儿落到地面后的不同表现讲得非常好。

生：我还补充下，最后可以说，女娲看着自己的孩子，擦着脸上的汗水幸福地笑了。（有学生喊"还有口水"，众笑。）

生：还有，女娲挥起藤条，转着圈儿，啊，那是多么美妙的舞姿。

师：你们看，讲出了情绪，故事就有了生命，就有了感染力。下面，我们还要提高要求。不同的人读神话，讲神话，基本的情节是不变的，但在具体的内容方面，有时会有一些自己的想象。在这个意义上，可以说，每个人都在说着自己的神话。（板书：讲出自我）比如，有个版本说，女娲造人之前先造了其他动物，在捏鸡的时候，她一边捏一边口中还吟唱。（出示）

> 捏公鸡，捏母鸡，
>
> 地上摆下一只只。
>
> 母鸡一叫生下蛋，
>
> 公鸡一叫太阳起。

师：同学们想想，女娲在捏人的时候，可能会怎样唱呢？再比如，女娲捏人有人这样说：女娲在这个男人的形象里加进了土的淳朴、石的坚韧、松的伟岸……替女人采集了鸟的歌喉、鱼的活泼、雪的细腻……注意，女娲给男人和女人加的各有什么特点。想想，女娲还会给男人加些什么，给女人采集什么。从两个场景里选择一个说说，同桌先商量着练练。（生练习）

（出示）

男人：土的淳朴、石的坚韧、松的伟岸……

女人：鸟的歌喉、鱼的活泼、雪的细腻……

生：女娲为男人加进了海的宽广、虎的勇猛。

生：还为男人加进了狮子的团结。

师：所以说一个好汉三个帮。

生：女娲为女人采集了天鹅的矫健和荷花的洁白。

师：估计得到天鹅的矫健的女子后来成了芭蕾舞演员。（生笑）

生：女娲为男人加进了天空的辽阔。

师：所以男人要有宽阔的胸襟。

生：女娲为男人加进了山的雄伟、太阳的热情和风的威猛。

生：捏男人，捏女人，地上摆下一个个，女人一跳鸟飞来，男人一跑狮子来。（众生大笑）

师："女人一跳鸟飞来"可以理解，鸟儿被女人的美丽吸引来了，为什么男人一跑狮子来？

生：因为古代的男人也有点像野兽，很勇敢，狮子以为是同类，就来了。（笑）

生：我补充下，男人的身体很强壮，跟狮子一样。

生：女娲为女人采集了猫的温顺、狐狸的狡猾。

生：女娲为男人采集了鹰的敏锐和狼的凶猛。

师：刚才说的都是动物，也可以是植物以及事物。

生：女娲为女人采集了月光的皎洁、花儿的美丽。

生：女娲为女人采集了蝴蝶的舞姿和柳枝的柔美。

生：女娲为女人采集了湖水的清净和春风的轻柔。

生：小娃娃，小娃娃，落到地上叫妈妈。女孩一叫女娲笑，男孩一叫女娲跳。（众笑）

师：为什么男孩一叫女娲跳？

生：女娲看见男孩那么活泼高兴得跳了起来。

师：哦，不是被男孩的淘气气的！（笑）刚才，我们同学赋予了这个神话不少自己的想象。如果讲述的时候放进整个故事中去，就会使故事更有意思。下面，我们来观看一段女娲造人的动画，你觉得导演的处理哪些让你比较欣赏，哪些方面你还有更好的建议。

（观看《女娲造人》动画片片段）

生：我觉得女娲捏出的人不仅可以跳舞，还可以有更多的动作，比如在女娲身旁叫啊，爬到她身上跟她亲热啊。

生：我觉得动画片里，女娲造出的人跳舞时不应该像跳集体舞一样整齐，每个人都像受过专业训练，动作都做得一模一样的。

师：你的意思是应该让他们各跳各的舞？不过导演现在让他们跳一样的动作，有一种整齐美，你的设计是一种参差美。

生：我认为这部片子很有创意，开始女娲捏的都是女孩，后来她把一个女孩的身体一扔变成男孩了。

师：你看得很仔细。在这个导演的处理中，女娲造人跟上帝造人不一样，上帝造人是先有——（生齐说：男人后有女人。）而女娲造人是——（生齐说：先有女人后有男人。）这个很有意思，同学们回去可以想想，为什么会有这样的差异。

生：我也觉得这个导演处理得很好。女娲捏第一个人的时候捏得很慢，说明初次捏人很小心，后面越来越熟练，动作就越来越快了。

师：特别是后面挥动藤条甩泥点子造人，真是过瘾！

生：男人和女人在一起结伴跳舞，一个女人没有伴就哭了，这时女娲捏了个泥人扔过去，刚落地就变成了一个男人，于是他们俩拉着手跳起来，简直是个奇迹。

师：呵呵，就是个奇迹。所以，人们称女娲是最伟大的女神。《说文解字》中是这样介绍"女娲"的：古之神圣女，化万物者也。（出示这句话，学生齐读。）

三、追问

师：关于人类的起源，各地神话的说法很多。除了女娲造人，还有我们熟悉的普罗米修斯造人、《圣经》里的上帝造人。还有的认为人是植物变的、动物变的，还有认为人是石洞里蹦出来的——直到今天，我国的佤族还把山上的石洞视为圣地，每年举行祭祀。甚至还有的神话认为人是神用雪造出来的。听了这么多千奇百怪的造人神话，你们有什么想说的？

生：我觉得这些造人神话都很有意思，它表明人的脑袋里有很多智慧。还有，这些神话都是古人想出来的，因为现代人都不相信神话，都是相信科学的，但是这些神话至少要比科学有意思。（众笑，掌声。）

师：你真是个小小哲学家。这些瑰丽的神话出自古人，随着人类社会的发展，我们发现了很多，也获得了很多，但遗憾的是，也失去了很多。作为个体，我们在逐渐长大的同时，其实也在逐渐丧失。所以我们今天要读神话，让我们在内心深处与我们的先人有一种精神的相逢。

生：我听了那么多神话有点晕，我不知道人到底是怎么产生的。我想具体了解，哪个神话中的神创造了我们。

师：到底是女娲、普罗米修斯、上帝，还是伏羲、盘古？

生：我觉得肯定有一种神话是说人是从石头缝里蹦出来的，因为《西游记》里就说孙悟空是从石头缝里蹦出来的。

生：我还是感觉科学的依据比较可靠，就是人是由猴子演变过来的。

师：你是科学主义者。更准确地说，人是由类人猿进化来的。

生：古人是怎么想出这么多神话的？脑子多聪明啊！

师：古人想出了这么丰富的神话，各地的人想的不一样，但有时又有惊人的相似之处。这是为什么？我们读着它们，总有很多的疑惑。其实，面对神话，我们有时不必追问这到底是为什么。屈原在《天问》里有一句话，他说"女娲有体，孰制匠之"，意思是，女娲那特殊的形体，又是谁给制造出来的呢？没法回答，这就是神话思维。我们祖先那些奇特的想象，奇异的思维，现代人也许再也无法领会了。

四、变异与宇宙观

师：关于女娲，关于女娲造人，还有很多很有意思的内容，有不少学者都非常感兴趣，进行了很多研究。比如，有一个叫闻一多的学者，也是位诗人，他就认为女娲是个葫芦。（学生都很惊讶）这就要说到另一个版本的女娲造人了，想听吗？

生：（齐）想！

师：那你们知道伏羲吗？

生：（齐）知道！

师：传说伏羲和女娲是兄妹俩。有一回，风云突变，飞沙走石，山洪暴发，淹没了平原、丘陵。于是，小兄妹俩钻进了一个葫芦里。终于，洪水退了，葫芦落在了昆仑山上。兄妹俩从葫芦里出来，辛勤地劳动，无忧无虑地生活着。转眼间他们都长大成人了，伏羲提出和女娲结婚，但妹妹却不同意，说："我们是亲兄妹，怎么可以结婚呢？"伏羲说："如果我们不结婚，世上就不会再有人类了。"女娲一想也有道理，但是还想再看一看天意，就商量向上天占卜。占卜共进行了三次，第一次伏羲女娲在南北山上各点一堆火，如果升在空中的烟绞合在一起，就可以结婚。火着起来后，烟便绞在了一起。第二次，兄妹俩在南北两山往河谷地带滚石磨盘，到河谷后如果两块磨盘贴合了，就表示可以结婚。磨盘也贴合了。第三次，妹妹说：我在前面跑，你在后面追，追到我才可以结婚。兄妹俩绕树跑了起来。妹妹机灵敏捷，追了好久总追不到。伏羲也很聪明，他追着追着，冷不防身子一转，气喘吁吁的妹妹就一头撞进哥哥的怀里，再也挣脱不了。于是他们就结婚了。成亲不久，妹妹就生下了一个肉球。夫妇俩把它包起来，带上天梯去玩。刚到半空，一阵大风吹来，把肉末吹得雪片似的飞向大地。更令夫妻俩惊讶的是，这些肉末落到地上都变成了人，落到什么地方，便以那地方事物的名称为姓氏。就这样，世界上又有了人类。这就是"葫芦造人"的神话。（学生听得很专注）正因为葫芦与人的产生有这样的神话，我国民间有葫芦崇拜的现象。闻一多就认为，伏羲和女娲其实就是葫芦，这是为什么呢？你们看：（出示）

伏羲　　包羲　　匏（páo）瓠（hù）　　葫芦

女娲　　　　　匏瓜　　　　　　　葫芦

师：伏羲，古时候写作"包羲"，也写作"匏瓠"，"匏瓠"就是葫芦。女娲，古时候写作"匏瓜"，匏瓜也是葫芦。你们读读看，包羲——匏瓠，女娲——匏瓜，发现了什么？

生："包羲"和"匏瓠"、"女娲"和"匏瓜"读音有点像。

生：特别是"女娲"和"匏瓜"，读音很像。

师：是的，其实，这里的几个字古音是一样的。所以，闻一多先生从读音的角度研究，认为，伏羲和女娲其实就是葫芦。再请大家看一个有意思的现象，看看这三个字，从它们的字形看，你有什么发现？第二个字是"壶"的繁体字。（出示）

葫——壶（壺）——壹

生：这几个字好像有点儿像。

生：猛一看上去挺像的。

师：不仅看上去字形像，它们的意思也一样呢。前两个字意思是一样的，都是"葫芦"，而"壹"的意思也是葫芦。在天地还没形成之时，天地混沌一片，就是一个大葫芦。盘古开天辟地（师作劈开的手势），你是否想到一个成语？

生：是"一分为二"。

师：是啊，一分为二，于是天地万物诞生了，"一生二，二生三"由此而来。"壹"是"一"的大写字体。在古汉语里，"三"则表示数量多。（出示）

一生二，二生三，三生万物。——《老子》

师：这句话出自《老子》一书，是我国古代著名的道家学说。大家读读。（生齐读）葫芦造人的神话深刻地影响了道家思想，影响着中国人的宇宙观，所以，古老的神话今天还在影响着我们，影响着今天的文学、艺术，甚至我们的生活。神话就在我们身边，这就是神话不朽的魅力。

附：阅读材料

女娲造人

袁　珂

天地开辟以后，天上有了太阳、月亮和星星，地上有了山川草木，甚至有了鸟兽虫鱼，可是单单没有人类。这世间，无论怎样说吧，总不免显得有些荒凉寂寞。

不知道什么时候，出现了一位神通广大的女神，名叫女娲。据说，她一天当中能够变化七十次。有一天，女娲行走在这片莽（mǎng）莽榛（zhēn）榛的原野上，看看周围的景象，感到非常孤独。她觉得在这天地之间，应该添一点儿什么东西进去，让它生气蓬勃起来才好。

添一点儿什么东西进去呢？

走啊走啊，她走得有些疲倦了，偶然在一个池子旁边蹲下来。澄澈的池水照见了她的面容和身影：她笑，池水里的影子也向着她笑；她假装生气，池水里的影子也向着她生气。她忽然灵机一动：世间各种各样的生物都有了，单单没有像自己一样的生物，那为什么不创造一种像自己一样的生物加入到世间呢？

想着，她就顺手从池边掘起一团黄泥，掺（chān）合了水，在手里揉团着，捏团着，揉团成了第一个娃娃模样的小东西。

她把这个小东西放到地面上。说也奇怪，这个泥捏的小家伙，刚一接触地面，就活了起来，并且开口就喊：

"妈妈！"

接着一阵兴高采烈的跳跃和欢呼，表达他获得生命的快乐。

女娲看着她亲手创造的这个聪明美丽的生物，又听见"妈妈"的喊声，不由得满心欢喜，眉开眼笑。

她给她心爱的孩子取了一个名字，叫做"人"。

人的身体虽然小，但据说因为是神创造的，相貌和举动也有些像神，和飞的鸟、爬的兽都不同。这样，看起来似乎有一种管理宇宙的非凡的气概。

女娲对于她的作品，感到很满意。于是，她又继续动手做她的工作，她用黄泥做了许多能说会走的可爱的小人儿。这些小人儿在她的周围跳跃欢呼，使她精神上有说不出的高兴和安慰。从此，她再也不感到孤独、寂寞了。

她工作着，工作着，一直工作到晚霞布满了天空，星星和月亮射出了幽光。夜深了，她只把头枕在山崖上，略睡一睡，第二天，天刚微明，她又赶紧起来继续她的工作。

她一心要让这些灵敏的小生物布满大地。但是，大地毕竟太大了，她工作了许久，还是没有达到她的意愿，而她本人已经疲倦不堪了。

最后，她想出了一个绝妙的创造人类的方法。她从崖壁上拉下一条枯藤

（téng），伸到一个泥潭里，搅成了浑黄的泥浆，向地面这么一挥洒，泥点溅落的地方，就出现了许多叫着跳着的小人儿，和先前用黄泥捏成的小人儿，模样一般无二。"妈妈""妈妈"的喊声，震响在周围。

用这种方法来工作，果然简单省事。藤条一挥，就有好些活人出现。不久，大地上就布满了人类的踪迹。

大地上虽然有了人类，女娲的工作却并没有终止。她又想：人是要死亡的，死亡了一批再创造一批吗？这未免太麻烦了。怎样才能使他们绵延不绝呢？这可是一个难题。

后来她终于想出了一个办法，就是把那些小人儿分为男女，让男人和女人配合起来，叫他们自己去创造后代。这样，人类就世世代代绵延下来，并且一天比一天加多了。

世界最初的七天

［美］房 龙

最初，一切都被黑暗所笼罩，地球飘浮在空中，没有陆地，只有无边无际的水。耶和华之灵在水面上运行，筹划着伟大的行动。耶和华说："要有光！"这时就从黑暗中出现了黎明的曙光，耶和华说："这就是白天。"不久，黑暗重又降临，亮光隐去，耶和华说："这就是夜晚。"他休息了，第一天就这样结束了。

耶和华休息后又说："要有天！其无穷穹窿将把水分开，天将布云行风，吹过水面。"于是天一下子就亮堂堂地出现了，接着，日夜重现，第二天也随之结束了。

耶和华休息后又说："要有陆地露出。"顿时，高高低低的山峰露出水面，刺向青天，山脚下到处都是山谷和平原。于是耶和华说："地上要有孕育种子的植物和开花结果的树木。"大地顿时披上了绿装，晨曦轻拂树木草丛，夜以继日，第三天的工作到此结束。

耶和华休息后又说："天上要有星体，以便标志季节和岁月。白天由太阳来管，夜晚要由月亮来管。"这件事也顺利完成，第四天就这样结束了。

耶和华说："空中要有鸟，水中要有鱼。"他造出了大鱼和各种小鱼，造出了大鸟和各种小雀，让他们在水面和地上栖息，滋生繁殖，享受生活乐趣。晚上，鸟雀把头钻到翅膀底下，鱼儿潜入深水之中。第五天就这样过去了。

耶和华休息后又说："这些远远不够，世界上要有能爬的生物，也有能走的生物。"他造出了牛、虎和现今尚存的所有野兽，还有许多现今已绝迹的野兽。这一切都办好后，耶和华抓起一把尘土，照着他自己的形象塑造，给予生命，命名为男人。置于所有生物之首。第六天的工作就此结束。耶和华对他所造之物甚感满意，第七天他就休息不工作了。

第八天，男人在新的天地之中出现了。他的名字叫亚当。他住在百花盛开的花园里，驯顺的动物带着幼兽来和亚当玩耍，给他解闷。但是他还是感到闷闷不乐，因为所有其他生物都有伴侣，只有他是孤单一个。所有，耶和华就从亚当身上取下一根肋骨，造出了一个女子，名叫夏娃。亚当和夏娃于是生活在了一起，他们漫游各地，以开拓他们称之为"乐园"的家。

普罗米修斯

［德］施瓦布

先觉者普罗米修斯来到了位于蓝天之下、大海中央的大地上。

当时，大地上长满了鲜花和野草，散布着各种各样的动物，鸟儿在树上筑巢，在空中歌唱。只是还没有统治地球的人类。普罗米修斯便想唤醒埋藏于泥土之中的人类生命的种子，让他们使大地更加充满生机。

于是，他面带微笑，若有所思地踏着轻轻的脚步，来到一条河边，从河岸抓起一大团泥土，用手在河里捧了些水浇在上面，把它和成软硬适宜的泥巴，然后用这些泥巴根据神的形象捏出了一个人。这个小泥人儿很招他喜爱，于是他又满心欢喜地捏出了许多相同的泥人。捏完之后，他打量着这些没有生命的形体，陷入久久的沉思。怎样才能使他们具有生命呢？

普罗米修斯是一个善于创造发明的神。他从各种动物身上摄（shè）取了善的或恶的特性，比如狮子的勇猛、狗的忠诚和聪明、马的勤劳、鹰的远见、熊的强壮、鸽子的温顺、狐狸的狡猾、兔子的胆怯和狼的贪婪（lán），然后把这些特性揉合在一起，往每一个人的胸膛里注入属于他的那一部分。这样一来，他们便能像动物一样可以活动了。但是，他们还只是具有一半生命的人，因为他们还缺少创造他们的神的灵气。

在诸神当中，智慧女神雅典娜是普罗米修斯的朋友。她在奥林匹斯山上惊奇地注视着普罗米修斯所做的一切。当她发现普罗米修斯望着他的创造物束手无策的时候，她急忙从奥林匹斯山上下来，把神的具有活力的呼吸吹进他们的口中。于是，他们获得了聪明和理智，这才成为真正的人。

人就这样被造出来了。他们从地上爬起来，像孩子似的到处乱跑，惊奇地望着树木、野草、鲜花和动物。他们也像孩子一样，不懂得思考。他们看见这些物体，却不知道识别它们。他们听见流水、刮风的声音，听见野兽的嗥叫和鸟儿的啁（zhōu）啾（jiū），然而却无法理解这一切，他们不懂得使用自己的双手和力气。他们住在黑暗的洞穴里，因为他们不懂得制造工具，不懂得用伐倒的树木、石头建造房屋。他们不知道如何解释星辰的运行，不懂得根据自然的规律划分四季而加以利用。他们不懂得耕种和收获。他们完全像孩子一样，一切都需要帮助。

普罗米修斯非常乐意帮助他们，便担当起了他们的老师。他们从他那里学会了计数和写字。他们在他的指导下，观察日月星辰的运行，建造房屋，使用牛马耕种田地。通过勤劳的双手，他们造出帆船在海上航行。他向他们指明地下的宝藏，他们找到了金银和铜铁。他们根据他的指导，尝试着制造各种各样的药物，利用油和酒来治疗疾病和伤口。最后，普罗米修斯还教人类预言未来和释梦，并根据鸟儿的飞行和动物的内脏来占卜。总之，凡是对人类有用的，能够使人类满意和幸福的，他都教给他们。人们也用爱和忠诚来感谢他，报答他。

重建儿童文化的巴别塔

——观周益民教学《人类从哪里来》

杨孝如 [①]

一、巴别塔的倾颓——教育双刃剑与儿童失乐园

1. 儿童的一百种语言与一种语言

意大利瑞吉欧学前教育模式的构想创始人洛利斯·马拉古奇在那首著名的《其实有一百》中写道:

> 孩子
> 是由一百种组成的。
> 孩子有
> 一百种语言,
> 一百双手,
> 一百个想法,
> 一百种思考、游戏、说话的方式,
> 一百种倾听、惊奇、爱的方式,
> 一百种歌唱与了解的喜悦。

的确,儿童世界的色彩是如此奇幻多变,以至成人很多时候觉得根本无法理解。但是,奇妙的是,儿童与儿童之间却并不因此而感到困惑和烦恼,他们可以很方便地用这"一百种语言"畅通无阻地进行交流。我想,这大概是因为

---

① 杨孝如,江苏省教育科学研究院副研究员。

在我们看来令人头痛的"一百种语言"，对于儿童来说其实就是一种语言——神性语言。

儿童是有神性的。正如周益民所言："'泛灵论'与生俱来地附着在儿童的身上，'鸟言兽语'是他们丰富的感情世界。"（周益民《"第三件事"：为了文学与童年的欢聚》）当然，"这个'神性'既不是指宗教学意义上宇宙创造者和至上存在的先验属性（即终极、神圣、全知、全能、永恒、绝对、单纯、单一、无限、无形、不动心等特性），也不是指上述属性附体的人格'神'（即真、善、美、正义、仁爱的化身），而是指儿童生下来就对自然和生命有一种天性的真诚，即以一种率真、质朴、天真来混成地对待、触摸周遭的自然与生命。儿童对于自然和生命的感知和体验是直观的、形象的、混沌的、物我不分的，一种完全忘我而与自然为一的非理智的生命感悟或生命直觉。"（毛文凤《儿童神性智慧的守护与存养》）儿童的神性语言，当然不仅仅是语言本身，而是一种源自原始本能的对于自然和生命的感知和体验方式。这种"直观的、形象的、混沌的、物我不分的"神性语言建基于人类的原始本性，因此，要听懂它，必须拥有人类本初共有的生命直觉。无疑，在直觉思维上，儿童比成人更具优势，他们因此而天然地获得了对于看似混乱无序的神性语言的更强的理解能力。因此，对于成人来说，儿童是"生活在别处"，"生活在自己构想的童话世界中，而并非生活在现实世界中"（周益民《"第三件事"：为了文学与童年的欢聚》）。

2. 儿童文化巴别塔及其倾颓

在《圣经》中，语言同一、共处一地是巴别塔建造的前提；在儿童世界里，凭借着同样拥有神性语言、同样"生活在别处"，儿童也建造起了属于自己的文化巴别塔。这座塔的建筑材料是玩具、游戏、幻想、童话、童谣、神话、传说……因此，儿童文化的巴别塔是在一定程度上超功利、超理性，甚至是超现实的，与成人文化存在着巨大的鸿沟。成人绕着这座奇形怪状的建筑转圈，却因为没有掌握童年的密码，无法进入其中，甚至是根本就找不到入口，这的确不是一件令人愉快的事情。非常不幸的是，在前喻文化占据绝对主导地位的传统社会，对于儿童文化的巴别塔来说，成人就是耶和华。尽管儿童在建造他们的文化巴别塔时，完全沉浸于一种自得其乐的愉悦之中，并没有要"塔顶通天，为要传扬我们的名"，挑衅作为耶和华的成人的意图，但是，基于以下两个原因，试图掌握一切的成人却难以容忍这个巴别塔的存在：一是因为不了解，所以隐隐觉得这个塔对自己构成了某种威胁；二是压根就对这座"没有用"的塔持反感和轻蔑态度，认为儿童不应该做这件"没有意义"的事情。总之，最后的结果多半如《圣经·创世记》第十一章所叙述的，耶和华就"变乱天下人的言语"，"使他们从那时分散在全地上，他们就停工不造那城了"——在成人文化的主导、疏引，甚至是压制下，儿童文化的巴别塔荒芜了，倾颓了。

作为小学语文教师和儿童阅读"点灯人"，周益民对儿童文化巴别塔的倾颓无疑是有着切肤之痛的。他对成人主导下的"功利阅读""超前阅读"和"平面阅读（浅阅读）"保持着警惕："即便聚焦已经占比率很小的儿童阅读生活，我们也将失落地面对这样的现状：迫于升学应试压力，作文选、教辅书成为孩子、家长、教师共同认定的'合法'读物；教师、家长出于对孩子心智发展的关怀，为孩子提供、推荐诸多成人文学名著，一般大多沦为孩子案头的'摆设'读物；孩子间自发阅读流传的某些'畅销书'，以漫画、卡通、通俗童书为主，因常遭师长干预而成为孩子们的'地下'读物。"（周益民《"第三件事"：为了文学与童年的欢聚》）

3. 教育双刃剑与儿童失乐园

儿童文化巴别塔的倾颓，往往是以教育的名义。

我们不得不承认，教育是一把双刃剑。研究表明："教育的负向功能同正向功能一样，乃是教育作为社会子系统而存在的一种普遍现象，尽管在许多情况下，教育的负向功能常常具有隐蔽性与延时性的特征。"（吴康宁《教育的负向功能刍议》）教育意味着选择，一方面培育，另一方面斫削。但没有一种教育敢于保证，培育的一定就是"好的"，而斫削的一定就是"不好的"。因此，教育不可能是完美的，"误伤"也是教育的一部分，而且是无法割裂的一部分。更可怕的是，很多时候，在伤害正在发生时，我们都以为是在做正确的事情——我们不都是带着"为你好"的良好愿望和真诚动机把儿童从他们自己的巴别塔中赶出来的吗？我们真诚地要求他们："不要用双手去想，/ 不要用脑袋去做，/ 只要倾听不要说话，/ 了解但毫无喜悦，/ 只有在复活节与圣诞节的时候，/ 才去爱与喜悦。"（洛利斯·马拉古奇《其实有一百》）我们真诚地告诉他们："工作与游戏 / 真实与幻想 / 科学与想象 / 天空与大地 / 理由与梦想 / 不是同一国的"。（洛利斯·马拉古奇《其实有一百》）当然，在两个国度之中，成人一般都是青眯"工作""真实""科学""大地""理由"的国度，而竭力劝导甚至强迫儿童远离"游戏""幻想""想象""天空"与"梦想"的世界。

美国著名思想家乔治·斯坦纳在《巴别塔之后》中认为："巴别塔是人的第二次沉沦，其被遗弃的惨状丝毫不逊于人的第一次沉沦，即亚当被逐出伊甸园。"（转引自李河《巴别塔的重建与解构：解释学视野中的翻译问题》）当属于自己的巴别塔倾颓时，儿童不得不远离自己生活的伊甸园，又不得不放弃自己的神性语言，这种成人眼里的"长大"，在儿童那儿何尝不是失乐园？

二、重建巴别塔——文本选择与教学路向

1. 重建儿童文化的巴别塔

日本作家村上春树在耶路撒冷文学奖获奖演说中说有句话一直刻于"脑壁"（而非"写在纸上贴在墙壁"）："假如这里有坚固的高墙和撞墙破碎的鸡蛋，我总是站在鸡蛋一边。"我想，在成人与儿童之间，如果让周益民来选择的话，他大概也会毫不犹豫地站在儿童这一边。

这样判断是有依据的，周益民说过："当'儿童是情感的王子''天真儿童是诗人'似正进入历史，犹可沦为'非物质文化遗产'之时，作为共时性存在的我，内心深处常不自量力地升起一种责任：呵护儿童的文学阅读，还其在儿童生活的原有位置。"（周益民《"第三件事"：为了文学与童年的欢聚》）探寻周益民走过的路，我们可以看到，无论是语文教学还是班级读书会，无论是办《读书郎》小报还是建儿童阅读研究中心，无论是约请作家走进教室还是对作家进行访谈，周益民始终是站在儿童文化的立场上，以儿童为圆心一圈一圈拓开自己的空间。就这样，"长大的孩子"周益民领着尚未长大的孩子走进了那个叫"儿童阅读"的共同领地，找回一度失落的神性语言，用经典童话、儿童小说、民间文学、神话传说等为砖，共同建造儿童文化的巴别塔。

2. 文本选择：从"童年的文学"到"文学的童年"

文本不仅仅是儿童阅读的对象，它是一个统合性的意义系统，既具有其自身的言语逻辑和意蕴空间，又承载着教师（阅读推广人）对儿童的解读期许和发展预设，还折射出了教师（阅读推广人）对于儿童阅读的认识理解的方向和深度。

统观周益民的儿童阅读课，我们发现，他的文本选择明显呈现出由"个名作品"向"共名作品"转变的轨迹。在推广儿童阅读的初期，周益民选择的文本多是作家创作的"个名作品"，如金波的《逆风的蝶》、程玮的《白色的贝壳》、圣埃克苏佩里的《小王子》等。《皇帝的新装》和《老头子做事总不会错》虽是安徒生的创作作品，但与民间文学有着非常密切的血缘关系，带有"共名作品"的印迹，文本选择由"个名作品"向"共名作品"过渡的迹象开始初现端倪。而《这里有个颠倒的世界》《谜之谜》《绕绕复绕绕》《巧女故事》这些民间文学作品，则无从考证其作者，或者说是在民间流传过程中共同创作的产物，具有显明的"无名"或者说是"共名"的性质。从"个名作品"到"共名作品"，在有意无意间，周益民在文本选择上逆流而上，悄然从"文学的成年"回溯到了"文学的童年"。

我以为，现在我们要讨论的《人类从哪里来》的教学，可能出示出周益民试图进一步接近"文学的童年"的努力。《人类从哪里来》的三个文本《女娲造人》《世界最初的七天》《普罗米修斯》都是神话传说（确切地说，《世界最初的七天》是宗教故事，但它有着非常鲜明的神话传说的特质）。从广义上看，神话传说可以归为民间文学，但是，它在民间文学中产生时间更早。在人类的童年，先民对于自然现象、宇宙运行充满着好奇与遐想，神话传说便是先民对于自然、宇宙朴实而富有想象力的诠释。这种建基于自由想象而非推理验证的诠释，与儿童的思维方式非常相近，因此，诞生于"文学的童年"的神话传说天然地就是"童年的文学"。关于这一点，周益民是非常清楚的，他认为，"神话是真正属于儿童的"，"神话与童年天然地相随相伴"（《赴一场人类童年的精神盛宴》，选自周益民《儿童的阅读与为了儿童的阅读》）。基于这一点，我们有理由相信，选择《人类从哪里来》作为教学文本不是一种偶然，而是建基于周益民对于儿童、对儿童文学的深思熟虑。

3. 教学路向：次优选择下的深度解读

坦率地说，我认为课堂教学不是儿童阅读推广的唯一路径，甚至不是最优路径。阅读是一种自由、自觉的行为，被动的、任务式的阅读毕竟不是件令人愉快的事情。当然，儿童阅读需要引领，但若这种引领是以一种潜移默化、润物无声的方式展开（譬如孔子所赞同的"莫春者，春服既成，冠者五六人，童子六七人，浴乎沂，风乎舞雩，咏而归"），效果无疑会更加令人满意。课堂教学是一种有计划、有组织的师生互动形式，我们必须承认，无论教师有多么强的生本意识、多么高的教学艺术，都无法改变课堂教学的这一特性——教学时间、教学对象、班级授课形式等都是教师难以改变的，更重要的是，在教室（或类教室）环境中，业已形成的教学习俗构成了课堂的"前理解"，对于师生（至少是学生）的课堂期待视野会产生潜在而固执的影响。因此，以课堂教学的形式进行阅读推广，是"戴着镣铐跳舞"，是一种次优的选择。

在次优选择之下，如何摆脱和超越课堂的教学习俗（正如周益民所提倡的打造"反讲桌"的"故事讲桌"（周益民《"第三件事"：为了文学与童年的欢聚》），让阅读活动呈现出不一样的风貌？周益民选择的是深度解读，他似乎试图以解读的深度努力增加着巴比塔的高度。

周益民认为，与我们通常所想象的完全不同，"儿童与成人是生命的两种不同形态"，儿童是有儿童的深度的：一方面，"儿童不仅是诗人，也是哲学家"，他们的很多追问与人类的终极追问不谋而合；另一方面，在"包括情感和想象在内的艺术能力"等方面，"儿童当之无愧地成为'深度'的拥有者"。因此，从儿童出发，深度解读是可能的。（《让"深度"解读成为可能》，选自周益民《儿童的阅读与为了儿童的阅读》）在《人类从哪里来》的教学中，周益民将这种可能变成了现实。

平心而论，作为教学主文本的《女娲造人》对于六年级的学生来说不算艰深，但是，不同的教法依然会赋予课堂不同的深度。课堂的主教学环节是"讲述"，其间，周益民先是要求学生"讲出细节"，继而要求"讲出情绪"，最后要求"讲出自我"，在逐次提高的要求中，学生不知不觉地由"故事复述"走向了"故事创生"。这一过程当然不仅仅意味着言语操练水平的提升，同时，在与文本逐渐深入的互融中，学生对文本的理解也在一步步地加深。有了对文本的深度解读作为平台，在下一个教学环节中，面对周益民"听了这么多千奇百怪的造人神话，你们有什么想说的？"的追问，学生自然而然就有了博得满场喝彩的精到回答：

> 我觉得这些造人神话都很有意思，它表明人的脑袋里有很多智慧。还有，这些神话都是古人想出来的，因为现代人都不相信神话，都是相信科学的，但是这些神话至少要比科学有意思。

课堂如果止于此，已然是非常精彩的了，但是周益民显然还有更大的"野心"，还想将学生引向更高的平台，于是便有了最后的更为深入的"变异与宇宙观"这一环节。

说实话，闻一多关于"伏羲和女娲其实就是葫芦"的考证，以及老子的"一生二，二生三，三生万物"，远远超出了六年级学生的一般文化视野，他们多少会觉得有些艰难和乏味，多少有些被教师"拖着走"的被动。可能正因为如此，从实录上看，师生互动效果并不如前面几个环节那么精彩。从课堂教学技巧来看，在这样的氛围中结束教学是不明智的，甚至有可能会成为课堂的败笔，存在着一定的风险。我不知道周益民是否考虑到了这样的风险，但我愿意相信，是努力想将学生带往文本深处的这一迫切意愿，让他明知险地而故入——这比较符合周益民"一个追求真诚纯粹的人""一个把小学当作大学来读的人"的自我定位。

三、共建巴别塔——显在的对话与潜在的对话

1. 对话与同一言语的形成

巴别塔是要靠天下人的力量共同来建造的，正因为如此，耶和华变乱天下人的言语，把他们分散在各地，巴别塔自然就半途而废。在儿童阅读中建造儿童文化的巴别塔，也需要集合儿童、教师和文本的力量，也需要儿童、教师、文本形成同一的言语——当然，这里的"言语"是一座冰山，它指涉的首先是隐藏水面之下的巨大部分：文化背景、价值取向、思维方式、情感体验等等，然后才是露出水面的言语本身。

同质的言语是最完美的同一言语，但事实上，这在儿童阅读中既是困难，也是不必要的：一方面，儿童、教师、文本有各自的特质，三者"恰好"同质的机率是非常小的；另一方面，迁就儿童、与儿童言语保持同质未必就是最佳选择，因为这会形成方卫平所言的"下位接受"状态，而"处于'下位接受'中的儿童，由于文本没有超越儿童的能力范围，阅读成了一件毫无困难的多余物，成为一种迎合生物状态而非文化状态的低层次阅读"（《让"深度"解读成为可能》，选自周益民《儿童的阅读与为了儿童的阅读》）。在儿童阅读中，教师和文本的言语要与儿童的言语有一定程度的差异，形成"陌生化"的言语场域，

以激发儿童的阅读新奇感，让儿童在"上位接受"的状态中投入阅读活动。

在儿童阅读中，如何在"陌生化"的言语场域中实现儿童、教师、文本的言语同一，从而共建儿童文化的巴别塔？周益民认为，班级读书会带领人的角色之一应该是"同所有的成员都是平等的'聊友'关系"(《班级读书会：自由欢愉的精神家园》，选自周益民《儿童的阅读与为了儿童的阅读》)，这一角色定位启示我们，"聊书"式的对话或许是一个不错的选择。

在儿童阅读中，对话可以促进交流与沟通，强化理解与认同，实现儿童、教师、文本三者之间的"视界融合"，从而能够形成共同认可的同一言语。当然，在对话过程中也会有分歧、冲突，最后未必都能达成共识，但是，只要儿童、教师、文本之间达成了相互尊重和理解，形成了一种"可对话性"，同一言语依然存在——须知，共同的价值取向、共同的规则意识也是同一言语的应有之义。不仅如此，因为这种"和而不同"式的同一语言是建立在价值和观念层面上的深层共识，在某种意义上，它比建立在共同形式和内容基础上的同一语言要更为重要。

2. 显在的对话

因为采用的是课堂教学的形式，因此，在《人类从哪里来》的教学中，最常规也是最显在的对话是师生对话。周益民作为一个优秀的语文教师，师生对话的把握与调控对于他来说是驾轻就熟、游刃有余的，这让整个对话过程显得行云流水、自然圆润。关于这一点，相信每一个现场观摩过教学或阅读过课堂实录的人都能感受得到，此处不再细细分析。这里想稍微深入挖掘一下的，是另一种显在的对话：学生与文本的对话。当然，需要说明的是，学生与文本的对话中也有教师的引领，但教师显然不是对话的主体，而是起辅助作用，因此，此处予以搁置。

学生是在与文本的对话中实现对文本的理解的，因此，这种对话的深度和广度决定了学生文本理解的深度和广度。细细分析《人类从哪里来》的教学，我们大致可以看出，学生与文本（主要是主文本《女娲造人》）的对话呈现出渐次深入的层次性。

首先是还原性对话。通过自主阅读和周益民的点拨，学生首先把握的是文本的故事情节，其具体表现就是学生对文本叙事脉络和关键细节的准确把握，并能比较完整地将故事复述出来。在"讲述"教学中，一开始两位学生"语气比较平淡"的复述就是典型的还原性对话。此后，在周益民进一步的"讲出情绪"的要求和示范下，一位学生在讲述中加入了一些合理的想象性细节，虽然在一定程度上对文本进行了具有创造性的再加工，但这种加工还停留在细节充实和氛围渲染的层面，并没有改变其还原性对话的实质。

其次是创造性对话。还原性对话让学生对文本的内容有了熟稔的把握，在此基础上，周益民又进一步要求学生"讲出自我"。从形式上看，"讲出自我"的主要方式也是对文本进行创造性的再加工，但与"讲出情绪"不同的是，这里的再加工已经不再是基于让故事"更好听"的技术性考虑，而是嵌进了文本的肌理，并沿着这一肌理对文本进行延展性创造。在讲述中，学生之所以让女娲为男人加入了"海的宽广""虎的勇猛""狮子的团结""山的雄伟""太阳的热情"……之所以让女娲为女人加入了"天鹅的矫健""荷花的洁白""月光的皎洁""花儿的美丽"……当然与周益民的示范和引导有关系，但同时，我们注意到，这种创造性加工也能在《女娲造人》的文本中找到对应性的支持："人的身体虽然小，但据说因为是神创造的，相貌和举动也有些像神，和飞的鸟、爬的兽都不同。这样，看起来似乎有一种管理宇宙的非凡的气概。"学生借女娲之手为男人和女人加入的那些优秀素质，不正是让人具有了类神的"非凡的气概"吗？

最后是反思性对话。与文本的对话须"入得其内"，对其精微之处进行细细领悟，又要能"出得其外"，在更大的背景下对其加以审视。如果说学生与文本的还原性对话、创造性对话是"入得其内"的话，那么，反思性对话则是"出得其外"。在"追问"教学环节中，在周益民的引导和追问下，学生从《女娲造人》这一文本中跳脱出来，在不同文本的对比中、在想象与现实的对比中反观文本，并与其进行着反思性的对话。有意思的是，在这种反思性对话中出现了两种相左的观点：一个学生认为"神话至少要比科学有意思"，而另一个学生则认为"科学的依据比较可靠"。能够形成并坚持自己的观点，这恰恰说明了学生与文本的反思性对话是有质量的。

3. 潜在的对话

严格来看，对话与言语应对并不是一一对应关系，而是有着交集的两个范畴。一方面，言语应对未必就是对话。譬如，如果言语双方或其中一方缺乏对话的能力、意愿，那么，即便表面上看起来是言语的应对，但其实双方都是在

"自说自话"，或者其中一方在消极应付，虽然在"嗯嗯啊啊"地应答，其实压根就没往心里去。这种时候，言语双方实际上没有形成实质性的言语融合，很难说是在对话。另一方面，在一些并不具有言语应对形式的情境下，对话却是实际存在的。我们常说的"此时无声胜有声""心与心的交流"，就是这种对话。关于对话的核心特质，苏联文艺理论家巴赫金将之命名为"对话性"："对话性是具有同等价值的不同意识之间相互作用的特殊形式"（董小英《再登巴比伦塔：巴赫金与对话理论》），对话性是要建立一种"同意或反对关系、肯定和补充关系、问和答的关系"。对话性的存在与否，与对话的形式没有必然关联。

《人类从哪里来》的教学文本有三个，其中《女娲造人》是主文本，《世界最初的七天》和《普罗米修斯》是辅文本。如果从课堂教学实录来看，文本与文本之间发生联系只有三次：一处是在学生把握《女娲造人》故事细节的时候，一名学生强调女娲造人用的是"黄泥"，周益民马上提醒学生注意《世界最初的七天》中上帝用的是"尘土"。另一处是在看了动画片之后，在周益民的启发下，学生注意到女娲造人是"先有女人后有男人"，而上帝造人则是"先有男人后有女人"。最后一处是在追问环节的一开始，周益民说"关于人类的起源，各地神话的说法很多。除了女娲造人，还有我们熟悉的普罗米修斯造人、《圣经》里的上帝造人"。这三次中，前两次文本与文本的对话停留在浅表层面，周益民虽则提醒学生注意，但都未深入下去；而最后一次并未构成对话性关系，因此从严格意义上讲并不算真正的对话。当然，在这浅表的显性对话之下，还有更加隐秘的文本与文本的潜在对话。

这三个文本都是关于人类起源的，这一显明的共性形成了共同的话语场域，构成了三个文本之间对话的基础。如果深入文本，我们会发现，虽然三个文本所扎根的古代文明各不同，但关于人类起源的主要情节却是惊人的相似：造人的都是神，造人的材料都是泥（尘）土，都是按照自己（或神）的样子来造的……这些甚至深入到细节的相似性在文本与文本之间形成了一个磁场，虽则我们无法看到，但使得文本或相吸或相斥的磁力是客观存在的。因此，文本虽然是无言的，但相互之间潜在的对话却无时无刻不在进行。师生一旦进入了这一对话场域中，往往也会加入到这种对话中——尽管有时候甚至自己也没有觉察到。譬如，在"讲出自我"环节中，周益民让学生在故事中加入想象性的情节：女娲造人时会"给男人和女人加的各有什么特点"。我们注意到，在《普罗米修斯》文本中，普罗米修斯在造人时"从各种动物身上摄取了善的或恶的特性"，注入每个人的胸膛里。比较学生的回答和《普罗米修斯》的文本，我们能发现一个非常有意思的现象：他们不约而同地提到了狮子、狐狸、鹰等动物，而且对其特性的表述非常相似。周益民在设计这一教学环节时是否有意在《女娲造人》与《普罗米修斯》之间建立对话关系，学生在回答时是否有意参考了《普罗米修斯》的文本，我无从考证，但是，有一点是肯定的，即便师生都是无意，用"巧合"来解释也是缺乏说服力的。我能找到的令人（至少是令自己）信服的解释是，虽然师生、《普罗米修斯》和《女娲造人》三者之间无论在空间和时间都相隔甚远，但基于超越时间、空间和民族的人类共同的文化密码，三者之间的潜在对话成为了可能。

另一种潜在对话是独白。巴赫金认为，"对话性是对话向独白、向非对话性形式渗透的现象"（董小英《再登巴比伦塔：巴赫金与对话理论》），"如果不是在对白中，而是在独白性陈述中，在人与人的意识的关系中，也出现这种同意和反对的关系，肯定和补充的关系，问和答的关系，就叫作对话性"（董小英《再登巴比伦塔：巴赫金与对话理论》）。可见，只要是内蕴着对话性，独白也可以成为一种对话。在教学中，教师的独白并不是自言自语，而是以学生为目标的，此时，虽然学生没有言语的应对，但只要产生了某种思维的、情感的，甚至是生理的反应，师生间的潜在对话就已经建立起来了。譬如，在"变异与宇宙观"的教学环节中，在周益民讲"葫芦造人"神话（独白）之时，"学生听得很专注"，这就是一种潜在的对话。

人类从哪里来，这是关于人的最原初问题，它链接着人类漫长的童年。周益民选择这一文本，不管是有意还是无意，都给了我们丰富而合理的想象空间：《人类从哪里来》，会不会是另一个教学系列的开端？把视线投向人类的童年，是不是与周益民守卫童年的一贯文化立场有关？在周益民的理解中，"童年的文学"与"文学的童年"，对儿童文化的巴别塔来说是不是具有某种根性价值？……但愿事实证明，这些不全是个人的妄测臆断。

9. 千年明月寄相思

——《嫦娥奔月》教学谈

在祖国久远丰厚的传统文化中，在百姓民众口耳相传的接力晕染中，神话是其中颇能给人温暖、给人力量、叫人感动的一种，构成了中华民族的精神象征之一。《嫦娥奔月》（苏教版第9册）就是这样一个古老却又让人久久不能忘怀的故事。故事叙说美丽善良的嫦娥为了免于百姓受害，吃了长生不老药而升天奔月的情景，意象优美，情节动人，引发人们各种美丽的联想。英国剑桥大学神话学教授朱尔斯·卡什福特说，嫦娥的形象是各国月神中最美丽的。教学这篇课文时，要力求通过故事的把握、语言的品味，充分感受人物的外在表现，走进其丰富的内心世界，获得情感的陶冶、心灵的荡涤，进而体悟一种中华文化语境。

动人的故事记心间

像《嫦娥奔月》这类神话早已成为中华文化的有机组成部分，成为浸润炎黄子孙的血脉之源。因此，指导学生较为熟练地讲述故事，既是一种整体性的语言训练，更是一种文化传承的手段，合乎神话耳提面命的流传方式，同时也是深入体验人物内心世界的必要前提。

（1）理清脉络。教学中，在学生正确、流利朗读课文的基础上，可以通过对课文脉络的梳理，帮助学生了然故事情节的发展，即：后羿射日—勇斗逢蒙—嫦娥奔月—遥祝嫦娥，以帮助学生较好地进行故事的讲述。

（2）练习讲述。建筑于整体感受之上，教师可以让学生选择其中的一两个片段自行练习讲述故事、同桌互述互评，这既保证了课堂参与的全员性，又由于有了"听""说""评"角色的多重变换，强化了练习的有效性。

他们都是怎样的人

人物是故事的要素，体会人物形象是领会故事意蕴的关键所在，也是培养学生阅读能力的重要抓手。神话中人物的性格特点大多是二元的，鲜明集中，《嫦娥奔月》也是如此。课文描写了三个人物：后羿、逢蒙、嫦娥，可以指导学生通过研读文中描写人物语言、神情、动作、心理的语句，体会三个人物的不同特点，并用简洁的词语概括对人物的认识。譬如：

后羿的"勇"。其射日时的一系列动作"登上、运足、拉满、一口气射下"等，有力地表现出人物的无比神勇。

逢蒙的"奸"。其人心怀叵测，混在门徒之中，偷取仙药时"假装、手提宝剑、迫不及待、闯、威逼、翻箱倒柜、四处搜寻"等充分暴露出阴险、贪婪的嘴脸。

嫦娥的"美"。不仅外表美丽端庄，飘飘悠悠飞行姿态美丽，更兼内里正直善良，心底无私纯正。

故事流淌怎样的"美"

如果说研读人物的个性特点属于部分条块的深究，那么在此基础上就应将条块融成整体，走进文字想象故事描绘的意象了。这篇课文文字虽然并不艰深，但其间传递的情感却是多彩丰富的，这正为学生的个性化阅读提供了载体与空间。

"嫦娥奔月"是中国最有意境的神话故事。教师可以这样引导：人们常说，美的力量是永恒的。"嫦娥奔月"的故事从远古一路走来，尽管已走了数千年，可人们还是由衷地喜欢它，一辈辈地传诵着它，就因为故事中蕴藏着动人的美。请你们细细地读读课文，一边读一边体会，你感觉到这个故事中都流淌着怎样的"美"呢？

这是一个开放度很大的问题，同时又是一个透过文字直抵内心的引子。学生潜心会文，完全可以得出各具个性的阅读体验：

壮美——后羿"登上昆仑山顶，运足气力，拉满神弓，'嗖——嗖——嗖——'一口气射下了九个太阳"。英雄后羿神勇无比，为民除害，给人阳刚之感。"后羿射日"成为中国最为人熟知的神话之一。即便是对嫦娥的描写，也能捕捉到这样的体验。面对逢蒙提剑威逼，她毫不畏惧，机智周旋，弱女子显壮举。

凄美——嫦娥吃了仙药飞往月宫。后羿"外出回来，不见了妻子嫦娥"。嫦娥在月宫每日里只玉兔相伴，形只影单。后羿、嫦娥四目相视，可无缘再聚。后羿"不顾一切地朝着月亮追去。可是他向前追三步，月亮就向后退三步，怎么也追不上"。有情人从此天上人间难聚首，此情此景，怎不叫人一掬同情之泪。

甜美——后羿、嫦娥从此离隔，可以想见思念总比那日头长。月圆之际，便是那嫦娥悄然伫立桂花树下，深情凝望丈夫后羿之时。身虽不能至，心已相印，天荒地老。这等情感确乎让人心生甜蜜。是啊，两情若是久长时，又岂在朝朝暮暮。

柔美——嫦娥美丽善良，心地纯洁，是个典型的东方女性形象。

优美——"嫦娥吃了仙药，突然飘飘悠悠地飞了起来。她飞出了窗子，飞出了洒满银辉的郊野，越飞越高。碧蓝碧蓝的夜空挂着一轮明月，嫦娥一直朝着月亮飞去。"景物纯净、明澈，画面诗情画意，充满遐思。

学生在体验诉说这些感受时，脑际其实已经生成了丰富的内心视像，教师可以适时出示历代所绘嫦娥奔月的各种画作资料，与学生的想象相互映衬，再指导朗读，力求通过有感情的朗读进一步强化这种细腻的体验。需要注意的是，指导一定要从开掘心理体验的角度着手，要注重个体体验的差异与多样，不宜过分强调技巧。

月亮代表我们的心

每一个优秀的文本都会留下一定的阅读空白，使得读者能够借助自己的阅读积累与生活积淀积极参与文本的二度创作。《嫦娥奔月》的神话同样有这种"疏可走马"的自由空间。教师在引导学生领会课文整体内涵的前提下，可以进一步走进人物内心，并试着外化其心理。不要表层地将此理解成单纯的"读写结合"，这其实是为了进一步体验人物的心灵世界，探究美好的栖息之地，是一个通过"立言"以"立人"的平台。

这一版块同样应该赋予学生个性展示的自由。可以指导学生再次阅读课文相关部分，各自想象后羿、嫦娥或者乡亲们的内心活动，而后以"内心独白"的方式加以文字物化。

这是一个蒙罩着"美"的纱衣的故事，学生的想象应该协调于文本的整体风格，为此，教师可以设置几个"范围题"，让学生情有所依。譬如："月亮代表我的心（嫦娥）""透过开满鲜花的月亮（后羿）""你看你看月亮的脸（乡亲们）"等等。

哪个嫦娥叫人爱

神话是口耳相传的，在流传过程中自然会产生变异，嫦娥奔月的故事历来就有不同的"版本"，课文所叙是"一家之言"。教学中可以有效利用这一资源，介绍另外的传说"版本"。

"版本"一：根据《淮南子》记载，后羿觉得对不起受他连累而谪居下凡的妻子，便到西王母那里求来了长生不死之药，好让他们夫妻二人在世间永远和谐地生活下去。嫦娥却过不惯清苦的生活，趁后羿不在家，偷吃了全部的长生不死药，奔逃到了月亮里。

结合这一材料，可以补充诵读唐代诗人李商隐的名作《嫦娥》：

> 云母屏风烛影深，长河渐落晓星沉。
> 嫦娥应悔偷灵药，碧海青天夜夜心。

"版本"二：有一年，天空出现了十个太阳。后羿决心拯救百姓，天天苦练射术。可是，河伯对他恨之入骨，不断骚扰。后羿十分烦躁。

一位大仙给了后羿一丸仙药，告诉他河伯报仇心切，他将面临大祸，吃了这药，便可摆脱人间一切磨难，升入月宫。嫦娥非常痛苦。她想到丈夫肩负射掉九个太阳的重任，乡亲们需要他。为了让河伯对她死心，为了让丈夫排除杂念，全心为民服务，她决心牺牲自己。主意打定，她找出仙药吞了下去，飞上月宫。后羿把痛苦、惆怅化作了力量，终于战胜河伯，射掉了九个太阳，拯救了人类。

呈现相关材料后，组织学生比较、鉴别、讨论：你们喜欢哪个嫦娥，为什么？这既培养了学生初步的比较阅读能力，训练了其批判性思维能力，更让学生领略到人们对美好的追求与向往，了解到中国上古神话鲜明的尚德精神。

神话是文化的根源，深刻影响着后人的精神生活。在前面教学的基础上，可以简要介绍诗词、戏曲、绘画中以嫦娥为元素的作品，了解嫦娥奔月作为一种独特文化意象所产生的影响。

讲述、诵读、想象、体验、比较，阅读学习的过程伴随着对神的献身精神的崇尚和礼赞，嫦娥为民着想、牺牲个人幸福的美好形象将久驻心间，八月十五的企盼更会让人生发对美好的无尽追忆与感怀，古老的神话必成为民族共同的记忆。

附：相关链接

嫦娥奔月的故事以鲜明的态度和绚丽的色彩歌颂、赞美了嫦娥，与古文献中有关嫦娥的记载相比较，可见人们对嫦娥奔月的故事作了很多加工、修饰，使娥娥的形象与月同美，使之符合人们对美的追求。与现代流传甚广的"嫦娥奔月"相左，《全上古文》辑《灵宪》则记载了"嫦娥化蟾"的故事："嫦娥，羿妻也，窃王母不死药服之，奔月。将往，枚筮之于有黄。有黄占之：曰：'吉，翩翩归妹，独将西行，逢天晦芒，毋惊毋恐，后且大昌。'嫦娥遂托身于月，是为蟾蜍。"嫦娥变成癞蛤蟆后，在月宫中终日被罚捣不死药，过着寂寞清苦的生活。

儿童：既是民间的，也是文化的

——评周益民的"民间文化系列课"

王小庆

　　周益民君上了《这里有个颠倒的世界》，又上了《谜之谜》和《绕绕复绕绕》，接下去据说还准备开发《打油诗》。我忽然想同他说：嘿，你那月亮里的儿童爬出来了，爬到了地上……

　　爬到地上的儿童仍然是儿童，只是身上沾满了泥土。

一

　　益民君对这些课的开发和实验，或许有人会觉得"纯属好玩"。但唯好玩而已，可以在公开课中弄个噱头，真要到了"家常课"中，却如何使得？对大部分一线教师来说，他们面临的是对教材内各个文本的按部就班的解读和教学，能脱离教材体制，由着教师的兴致去改编、创新，对他们而言，只是一种奢侈的梦想罢了。这似乎是中小学语文教学中的现状，也似乎成了普通教师的"冤屈"所在。不过，公开课的价值，不仅仅是"名师"们的教学技术，更是他们授课背后的意识和理念，或者是教师作为思想者对教育的一种态度。因此，武断地以"教育的现实"去棒杀公开课的理想追求，正如不假思索地用新课改的"术语"去鼓吹其中的教育意义一样，都是可笑而幼稚的。如果说《皇帝的新装》中的看客说的是统一的谎话，那么，现在我们好似多了几种声音，却依然是在说谎话，依然在做着看客的事。对益民君而言，他绝没有他的粉丝们鼓吹的"热闹""自由"那般简单，在这些课例的背后，他的思考，出奇的冷峻，也出奇的刻骨。

故我们要评论一节课，断不能被它的表象迷惑。益民君的这些课，仿佛有些调侃：他绕开了教材的选文，自作主张地准备了一些文字与孩子一起学习；而他的课堂，似乎玩气十足，不理会一般人为之拘谨的套路和方法。这些是浅显的特征，而我们的思考，则须"浅入深出"，从他的课程开发和课堂教学中探寻出一种对于教育乃至对于人生的态度和追索。

这样的态度和追索，在我看来，首先是益民君对语文教学的"平民化"立场。

按理说，在学校的教育教学，都须是"平民化"的。因而，语言的教学，也须得立足民间、面向民间。不过，倘我们观察语文教材中的选文、教师对文本的解读理解，或者师生在语言学习中的态度，我们仍不能不得出结论：现实中的语言教学，它的基础很不平民，仍然依附着一种权力意志。语言的教和学，在大多数的场合，都为着培养"合格的公民"。

正是由于这个原因，大多数语文教师，往往屈就于文本的意识形态的解读，由着"教参"的指引，把本就良莠不齐的课文文本沿着道德伦理的方向拽。自然，这其中，也有教师凭借自身的才智，将这些文本在课堂内演绎得精妙绝伦。可惜文本的滞后性（要么落后于时代，要么落后于生活），使得这些教师的辛苦劳作只换来了学生的尽情观赏，而并不能给他们带来持续的语言美的感受，更毋庸说借助语言而作的生活思考了。因此，益民君的"平民化"的语言教学，不是一种简单的另辟蹊径，而是对现行教材、现行语言教学思想的"反动"。

当然，"平民化"并非简单的媚俗，不是靠着调侃和对文本的肆意窜改为乐。在益民君的语言课堂内，"平民化"更多地体现在他对于民间文化的价值趋向和对时代、生活的关注。因此，无论是他对于语言素材的选取，还是他在教学中所把持的态度，都具有强烈的回归民间的意愿。

就说语言罢。对语文教师而言，"平民化"的起码要求是他对语言的朴素而又本真的理解。益民君是彻头彻尾的文学青年，故他的语文教学，具有强烈的"文学教育"的痕迹。只是，倘先前他的"诗化语文"还带有诗情画意的梦想的话，最近的这些课例中，语言的"文学性"则已经踏踏实实地回归到了民间。

在他看来，无论是颠倒歌，还是谜语或是绕口令，都显然是与童谣一般的"最质朴、最自然、最原始的声音"，因此在语言教学上选用这类文体，正反映了他的语言观：即最精粹的语言，必须植根民众，植根生活。

这对于教师而言，可不是一般的语言观。它一下子将语言教学的视野，从伦理的或是经典的文本拉到了广阔的社会——一个既包含历史，也包含现实思考的社会。在这些课例中，教师分别引入了诸如对歌、相声、快板、西河大鼓等民间语言艺术形式，这等于是向学习者传递这样的信号：语料的选择及语言的学习，必须来自时代，来自民间。因此，与其屈就教材选文来进行教学上的修补，还不如直接在民间文学的大海中寻找宝藏。而这一做法，使得语言的教学，可以如活水一般不断新鲜，不断创造力量。

"平民化"使得教师建构起了一种在正统教育话语下特殊的文化身份，摆脱了长期以来教师的概念性形象，而以其独特的思维方式、价值取向及其对现实世界的看法，贴近了他所身处的社会，并无时不具有对权威的批判精神。纵观益民君的这些课例，分明可以看到，他并不迷信"经典"，亦不排斥时尚。在《绕绕复绕绕》一课中，他用"初入江湖""小有名气""名动一方"等游戏一般的"级别"来作为评价的等级，激励孩子去学习、使用语言；在《这里有个颠倒的世界》中，为了教授学生节奏诵读法，他还加入了周杰伦的歌曲。这使得语言教学的课堂，被置于时代背景中，也同时使课堂内语言的使用，不仅反映了生活，更体现了对人、对社会的一种批判。在这个课例中，教师有一席话：

> 可见，颠倒歌让人痛快，除了它好玩有趣，有一些颠倒歌其实还是绕着弯地、曲折地说出了人们的心里话，说出了人们的愿望，耐人咀嚼。自古以来，我国民间就流传有不少这样的颠倒歌，抨击不合理的社会现象和是非颠倒的怪事，诉说自己的不满。

又如在《谜之谜》中，有一处设计：

师：如果把谜语也比作一个人，你觉得那是一个怎样的人？
生：我觉得他琢磨不透。
生：我觉得他很神秘。
生：我感到他是个智慧、机智的人。

生：我认为他富有幽默感。

生：我觉得他还富有感情。

师：所以，谜语总是和快乐、笑声联系在一起，即使皱着眉头，也是一种思考的愉悦。难怪古今中外的人都喜欢猜谜，谜语成了世界上许多民族共有的民俗文化现象。

在这里，益民君不仅将语言现象作为一种对象在课堂内与学生进行交互研究，也同时将对语言的理解升华到了对人的思考。从某种意义上看，他的语言课堂，已经摆脱了技术教学的层面，而直接被置于了社会的大问题之中。语言的教学，来自社会，回归对社会的思考，正在此处得到了充分体现。

二

"平民化"使得益民君的课堂展现了一种文化视野，而不是简单的课程建构。因此，我们可以粗略地说，他的这些课例实践，实际上是在做着文化启蒙的事。

以教育的方式启蒙人，大致是教育者历来的梦想，虽则事实上并不能如愿。这里的原因，有体制的问题，有民众的基本素质问题，亦有长期以来一个民族形成的刻板性格、生活方式以及思维模式问题。因此，在教育的领域启蒙人，鼓吹西方的自由思想自是要遭到权力意志的压迫和民众的冷漠；用"知识教育"去启蒙人，现在看来，也只助长了物欲化和思想的僵化。对学校的孩子来说，他一走出校门便要遇着一个持强烈的传统文化特性的人群，因此，简单地以西方的教育模式来促进启蒙，到底因为"不合国情"而显得力不从心。

故"文化启蒙"的重要性顿时凸现。我不晓得益民君在设计和教授这些课时，是否考虑到了对人的文化启蒙，但观察他的教学作为，我们依然为他在传统文化上的追索而兴奋不已。

严格地说，当益民君向学生推介颠倒歌、绕口令这些民间语言艺术时，他已经在传播一种传统的文化意识了。但在具体的操作中，他仍以他对文化教育的观念，来对学生进行潜移默化的"教化"。

一是对文化知识的荐介。

虽然纵观他的几个课例，师生大多是在对某一种语言形式进行欣赏和操练，但在关键的时刻，教师还是及时地提供了相应的文化背景知识。这点相当重要，因为一旦学生明白了课堂内所接触的语言形式的要义和特征，那么，他们会迅速建立一种文化视野，也容易在课后的阅读中进一步地深入研习。

譬如在《绕绕复绕绕》中，当师生在对"经典的绕口令"进行练说和写法欣赏之后，教师及时地引入了"快板"和"西河大鼓"两种表演形式，并介绍了"马派"创始人之一马增芬的演唱；在《这里有个颠倒的世界》中，教师向同学推介了《孺子歌图》；而在《谜之谜》中，教师则提供了一种材料，介绍"谜语"的由来：

> 谜语在春秋时叫言隐、隐语、廋（sōu）辞；在汉时叫射覆、离合；在唐时叫反语、歇后；在五代叫覆射；在宋时叫社谜、藏头、市语；在元时叫独脚虎、谜韵；在明时叫反切、猜灯、弹壁；在清时叫切口、缩脚韵、文虎、灯虎等，俗称闷儿、昏子。

老实说，教师在这里还是讲谜语，不过，文史常识的增加，可使得知识得以拓展和延伸。另外，由于术语本身的有趣，这些文化知识的习得并不枯燥艰难，反倒可借谜语另类说法的生动有趣，而显出文化味道的浓厚。

二是对母语的坚持。

自学校教育出现以来，我们所依靠的思想大多是舶来货。"兴学堂，废科举"，中国的教育，一直就摆脱不了西方词语系统的笼罩。在语言教学领域，我们也分明地感到，外族语言和文化侵略的长驱直入，已经导致了民族心理的扭曲变形。因此，益民君坚守"民间文化"，实质上是对民族语言的坚守，也是对母语纯洁性的坚守。

这里点明了益民君这一系列课的文化启蒙目标，即以语言的趣味、循序渐进的运用，挖掘语言的根底，从而培育一种民族的自豪感。因此，师生之前对于这些语言形式的格律、音韵、修辞等手法的研习，便顿时具有了宏大的文化目标指向，即以母语的坚持，来抵抗外来文化的殖民，发扬传统文化的精粹。

与其他宣扬"文化启蒙"的人不同，益民君眼里的文化，更多的是充满乡土气息的质朴的民间文化，并且坚定地认为，这样的文化可以也应该同儿童的阅读紧密结合。因此，他的"启蒙"，并无刻意的痕迹。在启蒙方式上，他十分高明地将语言材料置于孩子的视角之中：无论是课题名称，还是其中的语言素材，甚或是学生在课堂内创作出来的作品，都在孩童似的游戏教学中实现了它预设的意义。在对这些语言艺术的习得和创作中，孩子留给自己的，更多的是一种思维能力以及精神上的收获。这些收获，仿佛一颗种子，终会在其人生的路上，长出思想的果实。

冯骥才先生说过，民间文化永远是"民族文化的源头和根基"，因此，益民君在他的课堂中的文化启蒙，是自觉走向大众、自觉走向生活的一种态度和行为，并摆脱了借"经典"鼓吹语文虚无的高尚的陋俗，也摆脱了语言唯美主义对民间文学的狭隘理解。

三

虽然益民君在其课堂教学中又要民本又要文化，但他恐怕最要关注的，是面前的儿童学习者。中小学教学的实施，可以有成人的理想模式，但其对象，永远是有别于成人思维的儿童。这是我们万不能忘记的。事实上，益民君的"文化启蒙"的过程，也是他对儿童理解的过程。早在《让"深度"解读成为可能》中，他就指出：

> 另外，人们还常常忽视了一点，从儿童走向成人，某些方面的能力会得到发展，但是，有些方面的能力却可能出现退化，比如包括情感和想象在内的艺术能力。在这些方面，儿童当之无愧地成为"深度"的拥有者，成人应该心怀虔诚地从他们那儿获得创造的力量、灵感和智慧。

因此，儿童不是"低幼化"的代名词。至少在艺术能力方面，儿童要比成人高明。正如华兹华斯（Wordsworth）说的，童心是成人之源泉（child is father of the man）。"人长大，这些记忆也会长大。人长大，童话也会长大。长大的童话会成为一个人未来的人格。"事实上，随着益民君《这里有个颠倒的世界》等课例的推出，他对儿童的理解也在"长大"。对儿童化的审美变迁，是我们研习他这系列课时不能绕开的话题。

老实说，在《童年的月亮爬上来》中，益民君对儿童化的理解尚带着一些虚幻的图景。虽然成尚荣先生总结出其中的实质是"让语言在人的创造中成为一种图景，获得生命，让人在语言的言说中成为一种价值存在"，但言说的内容，却仍然停留在玻璃般透明的"经典"童话文本，如《小王子》。因此，在这个时期，益民君对童话和童话教育的理解，本身便是充满着童话色彩。

我们自然不能否认这种乌托邦式的童话理解的合理之处。事实上，益民君对童话的几乎是膜拜的心理，直接促使了他带着孩子们对这些文本的研读。因此，"读书会"是"诗化语文"时代最显著的教学模式。但是这样做，仍不免招致了成人世界的鄙夷。

其一，选用的文本在多大程度上是"经典"的？如郑飞艺在《语文的文化，儿童的文化》中说的：

> 经典是所谓文质兼美的，而像《月光光》《拜月亮》等童谣确为经典。如此看来，一部分童诗的语言质地还不能说是精品；退一步说，即便这些童诗仅具有样本功能（实际上确实发挥了样本功能，学生的创编基本上仿拟童诗而非童谣的样式），也要求语言质地的上乘。

这里的说法，到底有些吹毛求疵；但有一点我们不能不警惕：即便仿拟经典童谣来获得语言的"美"，也只是一种在童话世界中的浸濡。我们是否想过，儿童最终要从这种浸濡中出来？或者，该如何出来？从一种语言形式到另一种语言形式的过渡，首先需要内容上的转移、成熟。否则，儿童化恐怕真的成长不起来了。

其二，语言如何同世界保持联系？语言是存在的"家"，因此，在"诗化语文"中，儿童"通过语言跟世界缔结一种和谐、完美的关系"；然而，在功利化的社会中，孩子的童心即便是珍贵的，它到底要爬出来，要对他周围的世界进行一种反观和思考。在这个时候，"诗化语文"的"完美"到底还能走多远？

其实这里包含着一种思想之于行动的二律背反。当我们带着"童年"的心思去理会这一世界时，我们会陷入更深的精神泥潭。因为周遭的世界，并非一种充满理想和激情的世界，而我们倘以为自己有了对童年的理解，要去改变这个世界，则只会成为堂吉诃德。因而钱理群先生在他的《我的精神自传》中，便提出了"思想的实现即思想自身以及思想者的毁灭"这个命题。

实践的发生会使得思想和思想者毁灭，并非意味着我们不要思想。因为在某种意义上讲，思想和行动可以互相独立。但思想要关注行动的可能性，因而我们对儿童化的理解，便不能脱离生活的实际，更不能脱离时代的特征。儿童阅读的组织，须包含对现实的关注和批判。从《这里有个颠倒的世界》到《绕绕复绕绕》，益民君对儿童的理解得到了很大的变迁。这首先表现在他对语言的选择和运用上，更贴近民间，从而使得儿童能走进更为广阔的视野，生成更有力的人格和意义。其次，他以一种"游戏"的手法，演绎语言的要素和内容。从教学法的意义看，这十分切合孩子的认知心理，也颇符合孩子的现实生存状态。如在这些课中，教师都传授给学生以诵读这些文体的"秘诀"，并在课堂内外实际操练、改编和创造；同时，在操练的过程中，又分析其语言精要，如节奏、比喻等。用教师的话来说，是要学生在操练中成为"语言魔术师"。更可贵的是，在这些课例中，教师不唯在语言的习得和操练上指导学生，更通过民间语言艺术的特殊形式，引导学生对人生、对社会进行批判。

> 师：可见，颠倒歌让人痛快，除了它好玩有趣，有一些颠倒歌其实还是绕着弯地、曲折地说出了人们的心里话，说出了人们的愿望，耐人咀嚼。自古以来，我国民间就流传有不少这样的颠倒歌，抨击不合理的社会现象和是非颠倒的怪事，诉说自己的不满。新中国成立前老百姓中就流传着这么一首颠倒歌（出示）：
>
> > 泥瓦匠，住草房；
> >
> > 纺织娘，没衣裳；
> >
> > 卖盐的，喝淡汤；
> >
> > 种田的，吃米糠。
> >
> > 编凉席的睡光床，
> >
> > 当奶妈的卖儿郎。

（指名一生读）

> 师：还是颠倒歌，不过已经让人笑不起来了。大概正是因为这种颠倒世界的耐人寻味，许多童话作品也有这样的描写。看过郑渊洁的童话吗？（很多学生点头表示看过）他有一部童话叫《魔方大厦》，其中的第三集是《装在罐头里的爸爸妈妈》。这天，主人公来克来到了一座奇怪的城市，这座城市的所有大人都归孩子管，连市长都由孩

子轮流当。这回，来克当上了市长。我们来看看来克市长办了件什么事——

（放映动画片片段。来克想到自己的爸爸妈妈整天把他关在家里，总是按照大人的意志来管他，还不让他交朋友，憋得难受。他就想让大人也尝尝憋得慌的滋味儿。他宣布了施政方案："把所有的爸爸妈妈都装进罐头里。"）

师：你们觉得郑渊洁了解咱们孩子的心思吗？

生：我觉得他很了解我们，我们孩子总是被大人管头管脚。

生：我们孩子不是一天到晚都该待在家里的，爸爸妈妈真不了解我们，现在让他们尝尝这样的滋味。

生：跟我想的是一样的，有时候爸爸妈妈啰嗦死了，我就恨不得马上长大，不再受他们的管束。

师：爸爸妈妈们想要我们学习好，出发点是好的，但是他们却不知道那样压抑了我们的个性发展，郑渊洁正是用这样一种荒诞又极端的方式说出了我们的心声。如果说前面颠倒歌里大多是一般生活知识、常识的颠倒，是直接的内容颠倒，那么这些则是需要思想后才能发现的对生活现实的颠倒，是思想的颠倒。我想，今天我们学到了一种方法，以后，当我们感到郁闷、压抑、烦恼的时候，也可以通过这样一种方式进行宣泄（有学生说"写颠倒歌"），是的，可以到语言里去颠倒一下。（生点头，笑。）

在此处，教师与其说与儿童一起研习语言、操练语言，还不如说在通过语言进行着哲学上的对话：一种对人类文化存在价值和存在方式的探讨。马修斯在《哲学与儿童》中指出："通过诗意的途径谈论哲学是最容易走进儿童的一条途径。""重要的是儿童自主地和我们一起关注生活。"显然，益民君也明白这个道理。

四

无论从哪个层面讲，周益民君的"民间文化系列课"（姑且这么说）都给人造成了很大的冲击。这些冲击或者会造成技术上的鹦鹉学舌，但更有价值的，恐怕是他的思考和留给人的思考。

第一，从课程论的意义上看，益民君的探索至少开拓了我们对于语文教材选文的思路。文本的选择，毕竟是基于我们对于儿童化的理解，基于我们对于语言的文化性理解。因此，"教师、学生也完全可以理直气壮地参与'自我教材'的构建"。

第二，语文的本质是什么？尽管我们对此可以有不同的理解，但文化的继承性和创造性，一定是语文教学必须有的责任。

第三，从文化的视野来看，益民君的探索使得我们重新树立了对传统文化尤其是传统民间文化的信心，并坚定了我们从母语中获得的尊严。

　　　　黑　黑　黑白的黑
　　　　黑板的黑　黑毛笔的黑
　　　　黑手手的黑
　　　　黑窑洞的黑
　　　　黑眼睛的黑

　　　　外　外　外面的外
　　　　窗外的外　山外的外　外国的外
　　　　谁还在门外喊报告的外
　　　　外　外——
　　　　外就是那个外
　　　　……

这是高凯的《村小·识字课》。或许那些山村孩子更能理解周益民君，更能成为他那爬到地上并带有泥土的儿童罢！

探索者的回归和创造

刘占泉 [①]

一、凝视：探索者在追求什么

从 2007 年秋天开始，周益民老师陆续积累了一批小学中高年级的语文教学案例，专门探究如何将民间文学作品引入课堂教学实践。他在各地上过多种公开课，涉及的阅读内容形式多样，包括童谣（儿歌、颠倒歌、谜语歌、绕口令），摇篮曲，春联，民间故事，神话传说等。所到之处，小学生欢欣雀跃，语文教师赞叹不已，作家、学者和业内专家也给予诸多好评。

益民老师究竟在追求什么呢？凝聚到一句话上，他在探索"回归"这个主题。回到何方，归于何处呢？凝视之后，我想如是归纳观察者心目中的"回归"的内涵——

第一个关键词是"**儿童**"。儿童作为受教育者，他们理所当然地要成为一切教育活动的终极目的，应该让他们像过节一样地上课，尤其是从心眼儿里喜欢上母语课。益民老师做到了，他的那些实验课，每一节都像是一次儿童母语实践的歌舞狂欢活动。

第二个关键词是"**真实**"，也就是儿童学习与习得母语的真实的语言环境。当然，限于班级授课等客观条件，所谓"真实"一般还是个近似值，但那些实验课已经取得的初步效果，在很大程度上逼近了学习与习得的真实内核。

第三个关键词是"**话语**"，确切地讲，指负载着乡土文学与传统文化的言语作品，以及这种话语形式本身。相连带着，还有一个关键词是"**乡**"，指母语涵

---

① 刘占泉，任职于首都师范大学文学院。

育着的儿童和教师生存的故土，或者说成故土涵育出来的母语特质。

把这些关键词汇合起来，我想这样概述探索者的教育与教学的专业追求。

——这是一次小学汉语文课程改造与建设的艰难探索，试图新开辟一条战线，弥补长久以来课程与教材的缺失。其价值在于，从树立正确的语文学科性质观的高度，益民老师决心在唯工具论与人文主义泛化这两条歧途之间，走出他自己的课程创新之路。坚持实践，升华理论，未来的收获不仅在于课程内容的更新、拓展乃至部分重构，可能还会在汉语文课程论深度研究方面有所贡献。

——这是一次小学汉语文课堂教学的科学性、艺术性相互结合的艰难探索，试图在教学设计、课堂结构、资源整合等诸多侧面，营造出新鲜的授课样式和浓郁的诗化氛围。当全新的课程内容与有效灵动的教学形式联结成一个比较完美的整体，这一次探索便化作实实在在的田野耕耘，其汉语文教学论方面的深远意义是不能忽略的。

——这还是语言学、民间文学、儿童文学、儿童语文教育心理学等若干学科，在语文教学改革实践中交汇碰撞而产生的一次艰难探索。益民老师对此有过阐释，他说：通过教改尝试，"我第一次真正地开始审视语言的力量，第一次真切地意会语言超越'工具'的存在，我信服了语言与人的同位一体"。他认定，"民间文学是一个民族的文化传统，是民族历史的积淀"，在这些经典的文学原创中，"保留了语言自身的多样性、丰富性和独创性，展示出民族文化的异彩纷呈与自然亲切，张扬着母语的本真特点"。他从传承与教化的角度告诫说："所有这些深深镌刻的古老记忆，成为我们的一种文化身份。"他一心想建造一座新的母语教育的巴别塔，矗立在民族文化的长河岸边，用塔顶上的灯光，为急匆匆跑向现代化的大人和孩子们，照亮一片葱茏温润的牧草——那是神奇的精神家园。

二、透视：从三个维度查看探索足迹

这里所要说的三个维度，亦即上文概述过的三种探索：课程的；教学的；精神与文化的。我从儿童精神涵育与民族文化传承这个维度说起，限于篇幅和问题的复杂性、特殊性，拟将三个维度综合在一起，扼要说说个人感受。

母亲，母语，歌谣，故事，这便是幼儿最珍贵的精神泉源；从牙牙学语到蹒跚学步，这便是他们最重要的成长经历。其中，语言能力生成发展的过程，奠定了文化传承的根基，在每一个儿童记忆深处烙下特定的心理印痕。这种印痕是民族的，是乡土的，附着在稔熟的儿童话语里，延伸到学龄期，一般便悄然淡化，仿佛渐渐消失了。益民老师这次历时五年之久的教育探索，爆发出亲切的精神呼唤，让冰封的精神泉源沿着教学渠道再度涌流，洗礼着滋润着一颗颗待哺的童心。这种呼唤、暖热、接续和修筑教学渠道实现再生提升，这才是这次探索活动的核心密码吗？一切从这儿开始，认识、评价、解码和进一步发展，这才是这次探索的原点和本意吗？很有意味的一片思考空间，一个研究高度。

在汉语文教学研究领域，百年来打了几个死结。死得最为彻底的一个结便是：这一门汉语文课程的基本性质到底姓"道"还是姓"术"。百年演进的各个时期，具体概念不大一样，现如今一般纠结在人文性与工具性的关系上。人们习惯了两分法，略微进一层便是折中调和。益民老师的系列教学案例，相关专家行家的大量评论文字，在启发我转换思路：能不能暂时离开两分法、折中调和法，从论辩方法的层面，跳跃到另外一种未知层面呢？比如，想一想这个关于儿童精神的生活的乡土的民族文化境遇的呼唤问题。

我读益民老师的专业文字，始于三年之前。我发现益民老师属于特立独行的那一类，他的教学宣言，与他真实践行的教学实验之间有时存在一定的距离。他是"诗化语文"的倡导者，正如绿色语文、青春语文、深度语文、语文味语文、非预设语文、无痕语文等等几十面旗帜在飘扬；每一种几乎都是一线探索者从应试教育夹缝中挣扎出来的赤诚奉献，我一直在默默注视着，追随着，感佩着，很少评说什么。其他探索者在维护、扩展自己的教学理念的时候，益民老师悄悄转向了。他从课堂教学操作行为，转向了课程创建行为，继而完成了课程与教学的比较完美的联结，并进一步深入探究课程论、教学论及其他研究领域的理论问题，诞生了这一次汉语文教育历程之中艰难而快乐的探索，这一部记录探索历程及部分细节的书稿。

这种特殊的探索活动，启发我，最好暂时不去纠缠于理论论辩的死结，而是退回到教学案例、教学实践、教学宏观微观探索的最有活力的区域。一旦有了天文望远镜，月球里的嫦娥就渴死了；一旦有了环球航海，地球不是圆的都不行了：我们的现代化本土教育尤其是汉语文教育，母语教育，如果主义暂时说不清楚，不如先涉入具体问题，比如，探索创建母语教育的巴别塔。益民老师被誉为民间文学文化的点灯人，落实对于孩子们心灵的照耀，这个事业还不急迫还不圣洁吗？有评论者说，听益民老师的语文课，总会听出宗教情结。为一个亿万群体的精神与民族文化的传承问题而探索，倘若没有朝圣者的虔诚自信，筚路蓝缕的笃行，那真是无法想象了。

最初，我听益民老师说这个探索的初衷，疑虑还是比较突出的。那些年语文教学中，人文论泛化庸俗化、弱化语文常规知识、文本过度阐释等等不良倾向比较突出，且还打着课改的红色大旗，迷惑性相当大。面对"人文""精神的底子""语言等同于人本身"这类敏感的概念，我很是担心鼓吹过界，离开汉语文教学的基本任务。

益民老师书稿里呈现了若干教学案例，作出卓有成效的实践探索，这和课程、教材层面上的系统建构尚有一定距离，但考察其内在思路，的确贯穿着课程创建的冲动和基本脉络。

我找到益民老师自己的一则简要说明："在中低年级，民间文学的阅读目标最主要的定位在故事（歌谣）自身，能够讲出、诵唱，甚至是喜欢，就是我们需要的目标。随着年级增高，在这一前提下，需要进一步观照故事（歌谣）背后的文化语境。这也就是我常常将低年级甚至学龄前儿童诵读的童谣放至高年级课堂的一个重要原因。"

与这个思路相适应的教学方法，也是相当简练合用的：诵读与讲述，分别适用于韵语体歌谣、散文体故事等，这乃是两种基本的演练方式，借以真实地还原作品的原生态的语境特点（有时还需要适当借用方言来演绎复现）。此外，高年级逐渐提高演练与欣赏浸润的要求，选用的主要方式有：作品形式的赏析（如民间传说的叙事模式）、文化意象的揣摩（如远古英雄形象）、对不同民族的相同题材作品内容的比较（如创世纪传说）、对不同艺术形式表现特色的比照（如内容和主题相似的诗文、绘画、戏曲、舞蹈、雕塑等）。如此观察判定，益民老师的这项实验和探索，基本性质还是属于汉语文和汉语文教学的，对于培养语文能力、全面发展语文素养具有直接的推动作用。

这样讲，依据便包蕴在这批教学案例之内，很值得作出精细的统计研究。我仅从大处抓住几个硬指标：

（1）上每一课（均在一小时以内），都印发使用数则至十数则精选的相关民间文学作品，供学生在教师引领下诵读讲述和品味欣赏；

（2）学习每一种民间文学类别，都传授一些精要好懂有用的相关语文知识、其他常识，还有用于语文技能训练的操作性知识；

（3）课上，学生主动的语文实践活动占据中心位置，包括自读、商讨、问答、朗读、诠释、动笔编写等多种形式，教师的"教"完全建立在学生的"学"之上；

（4）几乎所有案例，都实现了承前启后的开放式教学，即：授课伊始充分调动学生原有的潜在的相关积累（如儿时听过的摇篮曲、说过的颠倒歌、背诵过的月亮谣、讲过的老故事等），做足"唤醒"的功课，而结束本课时激发趣味，余音不绝，为课下学生主动完成后续演练，到生活的广阔天地去学语文、用语文、涵育文化精神奠定良好基础。

益民老师在课堂教学过程中，特别注重追求科学性与艺术性的完美结合，追求语文味道的纯正优美，这部书稿里呈现的大部分案例都称得上是活生生的教学标本，弥散着美好的诗味诗意。对此，许多评论者已经针对具体的教学环节和细节，进行了细致评说。在这里，我仅摘出几个要点管窥一二。

要点之一：信息量比较大，有思想的震撼力和语言张力。小学高年级的阅读课，往往几百字的课文要嚼上两节课，信息量太小，缺乏思想情感的冲击力和语言张力。益民老师教"颠倒歌"，有一个教学环节是引导学生体会"颠倒的意味"，他依次呈现的文字和音像信息有：(1)诗人耿占春追忆儿时跟着姥姥学说颠倒歌的时候，仿佛在过节，他说：这和强者欺侮弱者的生活世界是多么不同，童谣的编唱者在话语中颠覆了它，为无数失败的反抗者复了仇，为被奴役者喊出了疯狂的愿望。在这些童谣中，我度过了一个古老的语言的狂欢节。(2)教师带领学生诵读幼儿园时代便熟悉的童谣，启发他们读出颠覆后的痛快淋漓的感觉："小槐树，结樱桃，杨柳树上结辣椒。吹着鼓，打着号，抬着大车拉着轿。蚊子踢死驴，蚂蚁踩塌桥，木头沉了底，石头水上漂。小鸡叼个饿老雕，老鼠拉个大狸猫，你说好笑不好笑。"(3)抨击不合理社会现象的颠倒歌："泥瓦匠，住草房；纺织娘，没衣裳；卖盐的，喝淡汤；种田的，吃米糠。编凉席的睡光床，当奶妈的卖儿郎。"(4)童话作家郑渊洁的《魔方大厦》第三集《装在罐头里的爸爸妈妈》。主人公来克来到了一座奇怪的城市，这里大人都归孩子管，连市长都由孩子轮流当。这回，来克当上了市长。（放映动画片片段。来克想到自己的爸爸妈妈整天把他关在家里，总是按照大人的意志来管他，还不让他交朋友，憋得难受。他就想让大人也尝尝憋得慌的滋味儿。他宣布了施政方案："把所有的爸爸妈妈都装进罐头里。"）益民老师与学生初步交流后，启发道：爸爸妈妈们想要我们学习好，出发点是好的，但是他们却不知道那样压抑了我们的个性发展，郑渊洁正是用这样一种荒诞又极端的方式说出了我们的心声。如果说前面颠倒歌里大多是一般生活常识的颠倒，那么这些则是对生活现实的颠倒，是思想的颠倒。……

要点之二：呈现、渗透富有文化内涵和语言学习积累价值的经典语料。请看这几分钟的课堂实录——

师：谜语的出现确实非常古老，欧洲谜语最早出现于古希腊神话——"斯芬克斯之谜"。来看看我国最早的谜歌。（出示）

《弹歌》："断竹续竹，飞土逐肉。"（弹弓）

[译文：砍下了竹子，系成了弓子，射出了弹子，打死了麂（jǐ）子。]

师：有人认为这是黄帝时的歌谣，那就差不多 5000 年了。周作人认为这是中国最好的谜语。大家一起读读。（生读）

师：再看 2000 多年前《周易》中收录的一则谜语。（出示）

女承筐，无实；士刲（kuī）羊，无血。

——《周易》

（译文：一个女子挎着竹筐，筐里什么东西也没有；一个男子正在用锋利的刀子割羊，可是羊并不流血。）

师：这是在干什么？（生迷茫）读了文学家郭沫若的这段话就明白了。（出示）

……假使你画出一片碧绿的草原，草原上你画出一群雪白的羊，在那前景的一端你画出一对原始人的青年夫妇，很和睦的一位剪着羊毛，一位承着篮子。这怕会比米勒的一牧羊少女，还要有风致罢？

——郭沫若

要点之三：执教者用爱来呼唤爱，给予学生终生难忘的教学情境、诗化语文。教摇篮曲那一课，有一个环节是体验这类作品的情感。老师讲了一个故事，大意是：动物园里，小狮子哆哆孤苦伶仃，狗妈妈为培养小哆哆付出了全部的爱，经常给他唱摇篮曲："小哆哆，乖宝宝，宝宝快睡觉。……"小哆哆长成了大雄狮，被送到城里的马戏团，狗妈妈站在路边，目送着哆哆远去，泪流满面。好几年过去了，这一天，哆哆在笼子里睡着了。这时，从遥远的地方传来那首熟悉的摇篮曲，那是苍老的狗妈妈哼唱的摇篮曲。狮子听到了，感应到了——是妈妈！哆哆使出浑身的力量，撞坏笼子冲了出去。快跑！哆哆如同金色的风！快跑！哆哆就像发光的箭！快跑！哆哆的鬃毛迎风飘动！快跑！快跑！快跑！

师：我们同学一起读——（师生合作读）

生：（齐）快跑！

师：哆哆如同金色的风！

生：（齐）快跑！

师：哆哆就像发光的箭！

生：（齐）快跑！

师：哆哆的鬃毛迎风飘动！

师生：（齐）快跑！快跑！快跑！

师：城里一片混乱，端着来复枪的警察在追赶狮子。在小城边白雪覆盖的小山坡上，哆哆找到了狗妈妈！狗妈妈已经老态龙钟，奄奄一息了。……

师：……狗妈妈在哆哆的怀里，就像一个孩子一样，她笑了。奇怪的是，脚印在小山坡的中央突然不见了。有好多人说，当天晚上他们看见一头狮子背上驮着一只老狗飞走了。

师：……有时候，最柔软的往往最有力量。……

师：那是我们生命里听到的最早的歌谣，是我们最初的家园。所以，古今中外，有那么多成年人去写作摇篮曲。著名作曲家舒伯特、莫扎特、勃拉姆斯的摇篮曲就在全世界唱响。

难怪诗人们这样说（出示，师生齐读）：

我最初的世界 / 是外婆唇边的摇篮歌

这样上课，多好哇！这样的民间文学课程，就要有这样的上法儿，是乡土气息的也是诗意氤氲的，是内心久已珍藏的也是刚刚吮吸咽下的，是浅显稔熟的也是深邃陌生的，是"道"的也是"术"的，是校墙里教室里课本里的也是田野上河流边牧草中的——是学生的也是教师的。

祝愿这一次艰难快乐的探索自由延伸，继续照耀着母语教育的温暖阳光。

周益民民间文学课例的课程论价值

陆平[①]

近年，江苏省特级教师周益民老师开发出一系列民间文学课例，并出版了专著《回到话语之乡——周益民的"另类课堂"》，在全国小语界产生了很大影响。本文试对其课例的语文课程论价值予以解析。

一、挖掘本土知识，拓出语文课程内容新领域

长期以来，我国小学语文教科书里民间文学作品占比极小；为数不多的作品又分散在各册中，以单篇选文的面目呈现。回顾我国语文课程发展历程，古代蒙学教材主要是以"三""百""千"为代表的识字教材，《唐诗三百首》等诗文选本，"四书五经"等儒家经典。清末语文独立设科后，沿用文言教材；壬戌学制后，小学改"国文"为"国语"，语体文逐渐占据主要地位，新文学运动作家作品成为选文重点。受语言文学大众化思潮影响，新中国成立初期的教材选入了一些汲取民间文学营养的作家作品。改革开放以来，语文教材选文不断更新，但民间文学作品依旧形单影只。因此，民间文学几乎为我国学校语文课程所遗忘，遑论从课程高度开发出相应的语文课程与教学内容。

民间文学的生命在广大民众之中。在学校语文教育长期缺位的背景下，家庭和社区教育成为民间文学传播的主渠道。在漫长的农业社会中，儿童与家长生活在一起，躺在摇篮里听着母亲吟唱的童谣成长；跟随大人参加农业劳动，

---

① 陆平，教育学博士，南通大学教育科学学院副教授，硕士生导师。

耳濡目染着本乡本土的歌谣、传说。改革开放以后，我国加快走上了工业化、城镇化道路，数亿农民进城务工，数千万流动儿童远离故土，留守儿童远离父母，儿童与家长的工作生活相疏离，民间文学的家庭和社区教育途径被阻遏。校外教育的式微，加剧了民间文学教育传播的危机。

"废科举、兴学堂"以来，现代科学知识大量进入学校课程，人文学科亦然。在全球化的今天，儿童被迪士尼动漫包围；阅读教学多引入西方儿童文学作品；时下兴盛的绘本阅读，也弥漫着"欧风美雨"。可以说，"全球化"实乃"西方化"，发达国家在全球化的旗号下行使着西方文化的霸权。"现代课程的核心内容是科学知识"，"具有一种不言而喻的知识霸权"（石中英《教育哲学导论》）。在课程编制时，以现代知识的"客观性""普遍性""中立性"标准来贬低、排斥本土知识，使得本土知识的合法性被剥夺和解构，在社会生活中逐渐被"集体性遗忘"。我国民间文学在小学语文课程中的处境即本土知识遭冷落的一个例证。语文教育家于漪指出："语文教学是母语教学，民族语言是民族的根，是民族的精神家园。"（于漪《历史经验与现代生活的融合——从〈美国语文〉教材引发的思考》）优秀的民间文学凝聚着民族语言、历史、精神、文化的精髓，母语教育工作者不能漠然视之。

20世纪80年代以来，第三世界国家的一些有识之士重新发现了本土知识的价值。在我国小语界对此仍处于"春风不度玉门关"的背景下，周益民老师凭借敏锐的专业触觉，认识到"民间文学作为另一种意义的自然，儿童也正与它日渐疏离，民间文学负载的民族文化同样正令人忧虑地远去"（周益民《回到话语之乡——周益民的"另类课堂"》）。于是，他肩负起专业的责任，创制出一系列民间文学课例，彰显民间文学的教学价值，为小学语文课程内容的除旧布新，拓展出一片新领域。

二、以课例生成教学内容，推进语文课程内容建设

笔者以周老师专著中的9个课例为抓手，梳理每堂课的主要教学活动，归纳教学活动所指向和生成的核心教学内容，即教者在教学过程中主要教了什么，学生实际学了什么。

课 例	主要教学活动	核心教学内容
课例1《童年的月亮爬上来》	（1）《拜月亮》等一组童谣童诗，说感受。 （2）仿《天问》，学问月，创编童谣童诗。 （3）结合童谣童诗，讨论"孩子看月亮都有什么特点?" （4）读《月之故乡》，比较"成人的月亮"与"孩子的月亮"的区别与联系。	诵读童谣童诗，读出儿童看月亮的童真、童趣。
课例2《这里有个颠倒的世界》	（1）读例文，揭示"颠倒歌"特点：幽默诙谐，生动有趣。 （2）出示《草房子》颠倒歌，尝试不同读法：学相声捧哏、加衬词，以不同节奏读，用方言读。 （3）创造性诵读一组颠倒歌；介绍《孺子歌图》。 （4）出示"小贴士"，创编颠倒歌。 （5）出示例文，讨论这首颠倒歌"为谁复了仇?"表现性朗读；出示例文，感受其所宣泄的情绪。	阅读理解"颠倒歌"文体特点和功能；学习不同的读法，创编颠倒歌。
课例3《谜之谜》	（1）猜谜，引出谜语。 （2）扩词，出示一组"谜词"；结合例子，讲清概念"谜面""谜底""谜目"；读资料，了解谜语称谓的变迁。 （3）猜谜，讨论编制谜面的要诀，领会谜面的形式特点；猜谜，选最佳谜面；欣赏对歌，读，跟唱；试编谜语，与经典谜语比较，赏经典谜语。 （4）赏远古谜语，猜谜语起源。	感受、掌握谜语的语言形式特点；仿编谜语；欣赏经典谜语。
课例4《绕绕复绕绕》	（1）诵读绕口令，要点："关键字词单独练，由慢到快有序练"；出示绕口令，诵读并归纳出"对偶令"等类型；欣赏快板、西河大鼓表演的绕口令，模仿按节奏说。 （2）讨论"绕口令有什么特点?"按读音规律填字；探寻"比比令"规律，仿编。 （3）欣赏梅子涵、庄子作品中具有绕口令意味的片段。 （4）练绕口令，听歌《中国话》，找绕口令，拍桌说《扁担与板凳》。	欣赏不同类型、不同表现形式的绕口令；了解绕口令的特点；运用多种形式说、编绕口令。

课 例	主要教学活动	核心教学内容
课例5《摇啊摇》	（1）听，感受摇篮曲风格；归纳特点：用词反复，语言与动作协调；声音变化。 （2）用方言念童谣《摇摇摇》；诵读一组摇篮曲。 （3）比较：民间与作家创作的摇篮曲的不同；不同地区摇篮曲的风格差异。 （4）讲故事《温情的狮子》，讨论"是什么使得狮子不顾牢笼禁闭，冲了出去？"读诗人的评语。 （5）仿写《唱给（爸爸、妈妈、爷爷、奶奶……）的摇篮曲》。	感受、比较摇篮曲的特点；诵读摇篮曲；仿写。
课例6《春联》第二课时	（1）诵读五副春联，归纳春联"内容美"。 （2）结合例子说清楚春联的对仗要求，诵读"晨读对韵"，对对子。 （3）朗读一组与南京有关的对子；读对联，感受声律美。 （4）回顾《春联琐记》，围绕四副对联，依音韵规律推敲语序，用字，适用场合，欣赏书法艺术。	掌握春联对仗知识，感受声律美，对对子，"炼字"，推敲使用场合等。
课例7《巧女故事》	（1）激活旧知，揭示民间故事"口耳相传"的特点。 （2）析读题目；讲《九斤姑娘》，学习"把长文读短"方法，说清主要情节；用方言范讲，揭示"地域性"特点；对比说，揭示"口语化"特点；越剧唱词与讲义比较，揭示"变异性"特点。 （3）出示表格，比较《九斤姑娘》与《巧姑妙答》，讨论巧女故事的叙事结构特点；合作创编故事。 （4）提示阅读其他类型的巧女故事。	读、讲、比较巧女类民间故事，掌握民间故事特点；领会其叙事结构特点，创编故事。
课例8《人类从哪里来》	（1）谈话引入造人神话故事。 （2）指导讲神话，"女娲造人的过程可以分为几步""讲清细节""讲出情绪""讲出自我"，评析女娲造人动画。 （3）谈论不同地域的造人神话，学生质疑问难。 （4）引入不同版本女娲造人故事，师讲伏羲、女娲造人故事，比较、解析相关词语、字音、字形以及先民的宇宙观。	学习讲神话故事，质疑问难，解析相关词语、字音、字形和先民的宇宙观。

课　例	主要教学活动	核心教学内容
课例9《嫦娥奔月》	（1）理清脉络，讲故事。 （2）研读描写语言、神情、动作、心情的语句，体会人物特点；细读，讨论："你感觉到这个故事中都流淌着怎样的'美'呢？" （3）读，想象后羿、嫦娥或乡亲们的内心活动，写内心独白。 （4）介绍另两版本故事，讨论：你们喜欢哪个嫦娥，为什么？简介诗词、戏剧、绘画中以嫦娥为元素的作品，了解文化意象的影响。	讲神话故事；研读、感受人物特点和故事之美；想象并写作；阅读、欣赏嫦娥奔月文化意象的美。

倪文锦教授指出："当前我国语文课程与教学的最大问题，主要不是出在教学方法上，而是出在课程与教学内容上。"（倪文锦《挑战与应答：语文教学科学化、艺术化追求》）语文课程内容建设之路有两条：一是"自上而下"，由语文课程专家、教材专家和教学专家承担，从教育目标、课程目标出发，从事系统的研制工作；二是"自下而上"，中小学语文教师尤其是优秀的语文教师结合具体的教学工作，开发出一个个优秀课例，从中加以提炼。然而，"对优秀教师所创制的教学内容，我们尚缺乏细致的总结和提炼"（王荣生《新课标与"语文教学内容"》）。笔者通过梳理周老师的民间文学课例，归纳和提炼出如下几条，可资研制语文课程内容参考：

第一，开发出了多种民间文学样式、经典篇目及相关阐释。这些课例所涵盖的民间文学样式包括童谣、颠倒歌、绕口令、谜语、摇篮曲、春联、民间故事、神话。诗人金波说："虽然小学低年级语文教材中出现过一些民间传统童谣，但是还没有出现过颠倒歌、绕口令这种类型的传统童谣。所以，我认为周老师把绕口令和颠倒歌纳入小学语文教学是个创举。"（周益民《回到话语之乡——周益民的"另类课堂"》）笔者以为，将金先生的评价置于语文课程内容建设层面来说也是恰如其分的。周老师在经典篇目开发上亦出示出实绩，如诵读经典童谣《月光光》《拜月亮》，从儿童视角观照月亮文化；诵读经典颠倒歌《小槐树》等，从语篇所表现的情绪、语言表现力视角作出解读；练说《扁担与板凳》等经典绕口令，"玩一种语言的游戏"。

第二，开发出一系列民间文学方面的语文知识。这些知识包括两类：一是陈述性知识，如颠倒歌文体特点和功能，绕口令特点、类型及表现形式，摇篮曲特点，春联对仗知识，谜语语言形式特点，"巧女故事"叙述结构特点等；二是程序性知识，如颠倒歌的不同读法及创编方法，多种说绕口令方法及编创策略，摇篮曲的读法及仿写策略，怎样讲清楚神话故事、怎样想象仿写，用比较法研读文本等。

第三，开发出一系列具有课程意义的语文实践活动。如引导学生诵读创编童谣、颠倒歌、摇篮曲，猜谜语、赏谜语、编谜语，诵春联、对对子、"炼字"，研读、创编民间故事等，让孩子们沉浸于民间文学阅读盛宴、民族语言狂欢活动之中，习得母语，受到优秀民族文化传统的熏陶。

上述语文课程与教学内容不仅对儿童母语学习具有工具性价值，而且对他们感受并传承中华民族的优秀文化传统、思维与情感表达方式、历史经验，树立起民族自尊心和自信心都具有深远的意义。

三、评析与展望

如何评价周益民老师的"另类课堂"开发行动？笔者以为——

首先，周老师民间文学系列课例的研制，对于语文课程内容建设作出了实质性努力。面对语文课程内容的缺失，语文教育界批判的声音多，建设性工作少。周老师所开发的多类文本及经典篇目具有重要的教学价值，足以纳入语文课程内容。有研究者赞其课例的课程资源开发价值，"他独具慧眼，善于挖掘易被别人忽视的东西，开发鲜活的课程资源"（吉忠兰《韵味无穷的"颠倒歌"》，选自周益民《回到话语之乡——周益民的"另类课堂"》）。不过，笔者更看重渗透其间的教学内容，在相当程度上具有弥补我国小学语文课程内容阙如的作用。

其次，此为语文课程内容建设的局部工作。陈金铭先生认为周老师的"目的很明确，形成一个以民间语文为教学内容主体的课程"（陈金铭《十分好玩，十分有用》，选自周益民《回到话语之乡——周益民的"另类课堂"》）。对此，笔者的理解是，语文课程具体形态可以且应该是多元的，若定位于教者追求个性化的语文课程形态，是有此可能的；但是"语文"作为基础教育阶段的国家课程，要形成"以民间语文为教学内容主体的课程"，似乎不太现实。作为国家课程，语文包括文学、语言等不同层次、不同领域的课程内容。就文学教育而言，在集团性忽视民间文学的背景下，补救阙如是必要的；但也得看到，我国从古到今的"作家文学"作品蔚为壮观，对于儿童语文素养的提升也具有重要的价值。就语言学习而言，民间文学语言表达形式特点鲜明，回到这一话语之乡，有助于儿童的母语习得，但"作家文学"语言的规范、典雅，对促进儿童语言发展也价值巨大。除了文学语言，儿童的科学语言、日常生活语言也得发展。从全局来看，刘占泉先生的评价颇中肯，"益民老师书稿里呈现了若干教学案例，作出卓有成效的实践探索，这和课程、教材层面上的系统建构尚有一定距离"（刘占泉《探索者的回归与创造》，选自周益民《回到话语之乡——周益民的"另类课堂"》）。

正因为"尚有一定距离"，展望未来，民间文学领域语文课程内容研发的空间很大，需要一批有志者从不同视角、不同路径协同创新。以神话教学为例，课例8，周老师教了学生怎样讲神话故事的程序性知识，解析字词和先民的宇宙观；课例9，通过感受性阅读，欣赏故事及文化意象的审美价值。同是教神话，《美国语文》中"龟背上的土地"即神话单元，编入了3篇神话故事、1篇相关散文，教材模块包括：阅读指导、背景知识、文学与生活、文学聚焦、选文《龟背上的土地》及问题指南、选文《在灰熊直立行走的时候》与《纳瓦霍起源传说》及问题指南、选文《伊罗奎伊宪章》及问题指南、作品积累。（马浩岚编译《美国语文》）该单元教材开发出如下语文教学内容：阐释"起源神话"知识；激活阅读过程中的读者反应；阅读检索、提炼文本信息；结合文本，围绕问题链，作出解释、分析、推断、比较、评价、综合，习得阅读此类文本的程序性知识；归纳3篇神话的共同点；复述，"对故事改编以便能适应你的听众的需要"；写作，重点学习"有效的重复"技巧等。美国语文教材所呈现的丰富的民间文学教学内容，为我们从事该领域课程内容的研发工作提供了思路。

人是一种来自语言的造物

耿占春[①]

　　我没有从事中小学语文的教学经验，看到江苏省特级教师周益民老师的教学实验后我想说几句话，只是出于这样一种愿望：希望这样的实践更多一些，更丰富一些，因为语言下的自由是孩子们最初的福音。作为一个以语言为生的人，收集编写过《意大利童话》的卡尔维诺曾痛斥人们对语言的漫不经心的滥用，他说应该鄙视那种"从小学到大学平庸的传授凡夫俗子们的文化"的方式。我知道，孩子们从小就不得不忍受千篇一律的所谓中心思想、段落大意、语言特色、时代背景等套话。套话是一种对真实经验毫无意识的语言。

　　我想借此强调一下体现在周益民教学实践中的语言观，相对于中小学语文教育的不尽如人意之处，他的教学所具有的创造性的、新颖的意义。我们通常将语言理解为交流工具，这自然有其重要的意义。如果没有语言这种交流媒介，没有共同的语法规则，如果社会话语是一种如诗歌那样不透明的媒介，充满隐喻、象征和歧义，那么社会生活中就不可能进行任何有效的协作，也难以彼此理解。因此注意到他人话语中的经验与事实的表述，以及文本中的主题、修辞和逻辑自然是非常有意义的事情。然而这一类话语主要是就公共生活的表述而言的，它涉及对公共事务的讨论、辨析、论争，以便求得人们对某些事情的基本共识，或最低限度的相互理解，以维系共同体的生活。语言表述的法则如同共同体的基本准则一样，而且语言的准则、语言的可论证性和可交流性，以及各种话语之间的相互质疑与回答，事实上已成为社会生活的合理性基础。因此，尽管现代哲学与诗学思想表达了对语言的可交流性的质疑，语言依然是我们的

---

① 耿占春，海南大学教授，河南大学特聘教授，博士生导师，当代诗人，文学评论家。

生活世界赖以创建理解形式、沟通思想的媒介。

　　语言的理性功能，即其公共性与交流功能，注重的不是贯彻某一权力话语主体所表达的确定的真理，而是充分注重达成公共准则的合理前提，只有分析、论争性的语言，即表述怀疑、论证、反驳式的话语才具备这一理性功能。为此，公共话语必须消除唯名论的权力话语的影响，一切概念都是此时此地的，概念的创制来自真切的经验，概念就是经验自身的表达。这种语言观质疑任何成见，尤其是那些所谓威权思想和权力话语。我们的教科书所选择的文章显然并不是体现这一批判精神的。相反，它多半是向孩子们灌输一种成见或某种貌似永远正确的道理，而非唤醒其批评意识与怀疑精神，它难以培养起这种建立在语言的公共性与交流功能之上的对话能力。在能够进行独立思考之前，往往"事先"被灌输了一种一切都有标准答案的成见式的思想方式。他们活泼的感受力、排除成见的分析能力多半已被一脑子标准答案遮蔽了。

　　理性的、分析式的语言并不是全部，如果从公共生活领域来到个人的内在世界，面对个人的内心感受，自然也就会从语言的交流功能转移到语言的表现功能或诗化功能上。语文课本中的诗篇和一些"美文"，应该就是注重表达主体感受和抒发情感的，据我有限的了解，周益民老师恰恰就是将教学的热情与创新性放在了语言的诗化功能上。诗歌的语言即是对语言的突出，也是对语言的边界意识的强调。在内心生活、情感与感受领域，语言不再是透明的工具，书不尽言，言不尽意，甚至不可言传等语言体验都成为内心经验表述的一部分。让孩子们充分注意到语言的魅力，又注重经验与感知的"不可言传"性，渗透在周益民老师的教学中。他在给孩子们讲述"月亮"的诗歌时，不仅是诵读、讲解诗篇本身，更注意引导、唤起他们关注自身的记忆与经验。也许，对不可言传的体验，将会对学生们的感受力进行启蒙，最终，这也是对"成见"和固有观念的去蔽。尤其是他对一系列"颠倒歌"所做的课堂实践，深为符合孩子们自由嬉戏的天性，使他们得以自由地参与到快乐的话语实践中来。作为一个中小学教师，他肯定不止一次地听到过孩子们课下自己编排的那些看似没有什么确定意义的"你拍一，我拍一，马兰开花二十一"之类的"童谣"，还有孩子们经常恣意窜改的"诗歌"。童谣、儿歌，是孩子们最初的自由运用语言的自主实践。在童谣和颠倒歌里，语言不是表达客观事实的工具，而是表达着"语言的欢乐"，表达着依赖语言而存在的自由嬉戏精神，同时，也深刻地传达出自由的想象力，传递着他们的世界将以人的意志为转移的意志。"颠倒歌"表达的是人们心中的意愿。弱小的孩子们是那么容易体会"颠倒歌"的快乐。伴随着孩子们的阵阵笑声的，是天性的唤醒。人的意愿就植根于话语的自由表达之中。通常的语言用法都只是聚焦于作为交流工具的语言，或者作为"思想的外壳"这样陈腐的见解，而益民老师的诗教却旨在唤醒孩子们对语言自身的感知，唤醒孩子们对话语的虚构力量的认识，借以唤醒他们心中对世界的想象力与感受力，唤醒某种来自语言深处的欢乐感与节日感。

　　长期以来，由于课文教材篇目的选择多半沾染着意识形态的陈词滥调，也由于分析模式的陈旧，在语文学的教学中，语言的秘密、语言的力量很难为孩子们所感受到。在一个人一生中对语言最敏感的阶段，他们在语言学习中失去了接触语言神秘力量的幸运。而周益民班级上的孩子们是幸运的，他们在周老师的诗教实践中，学习的不只是字、词、句的书写，既非寻章摘句，也不是段落大意之类的套话，他们会发现语言的无穷魅力，发现一种奇异的、呈现在语言中的世界的另一种表象，发现他们心底的欢乐。周益民的语文教学实践，令人在一个充满陈规的领域里看到了革新。

图书在版编目（CIP）数据

静悄悄的课程建设：周益民语文课谱／周益民著.—上海：华东师范大学出版社，2017

ISBN 978-7-5675-6382-7

Ⅰ.①静... Ⅱ.①周... Ⅲ.①小学语文课—课程建设—教学研究 Ⅳ.① G623.202

中国版本图书馆 CIP 数据核字（2017）第 074546 号

大夏书系·语文之道

静悄悄的课程建设
——周益民语文课谱

著　　者	周益民
策划编辑	朱永通
审读编辑	任媛媛
封面设计	奇文云海·设计顾问

出版发行　华东师范大学出版社

社　　址　上海市中山北路 3663 号　邮编　200062

网　　址　www.ecnupress.com.cn

电　　话　021－60821666　　行政传真　021－62572105

客服电话　021－62865537

邮购电话　021－62869887　　地址　上海市中山北路 3663 号华东师范大学校内先锋路口

网　　店　http://hdsdcbs.tmall.com

印　刷　者　北京季蜂印刷有限公司

开　本　本　700×1000　16 开

插　　页　1

印　　张　16

字　　数　220 千字

版　　次　2017 年 5 月第一版

印　　次　2019 年 3 月第二次

书　　号　ISBN 978－7－5675－6382－7/G·10301

定　　价　39.80 元

出版人　王　焰

（如发现本版图书有印订质量问题，请寄回本社市场部调换或电话 021-62865537 联系）